LA GRAMÁTICA DESCOMPLICADA

Taurus es un sello editorial del Grupo Santillana

www.taurus.santillana.es/mundo/

Argentina
Av. Leandro N. Alem, 720
C 1001 AAP Buenos Aires
Tel. (54 114) 119 50 00
Fax (54 114) 912 74 40

Bolivia
Avda. Arce, 2333
La Paz
Tel. (591 2) 44 11 22
Fax (591 2) 44 22 08

Chile
Dr. Aníbal Ariztía, 1444
Providencia
Santiago de Chile
Tel. (56 2) 384 30 00
Fax (56 2) 384 30 60

Colombia
Calle 80, 10-23
Bogotá
Tel. (57 1) 635 12 00
Fax (57 1) 236 93 82

Costa Rica
La Uruca
Del Edificio de Aviación Civil 200 m al Oeste
San José de Costa Rica
Tel. (506) 220 42 42 y 220 47 70
Fax (506) 220 13 20

Ecuador
Avda. Eloy Alfaro, 33-3470 y Avda. 6 de
Diciembre
Quito
Tel. (593 2) 244 66 56 y 244 21 54
Fax (593 2) 244 87 91

El Salvador
Siemens, 51
Zona Industrial Santa Elena
Antiguo Cuscatlan - La Libertad
Tel. (503) 2 505 89 y 2 289 89 20
Fax (503) 2 278 60 66

España
Torrelaguna, 60
28043 Madrid
Tel. (34 91) 744 90 60
Fax (34 91) 744 92 24

Estados Unidos
2105 N.W. 86th Avenue
Doral, F.L. 33122
Tel. (1 305) 591 95 22 y 591 22 32
Fax (1 305) 591 91 45

Guatemala
7ª Avda. 11-11
Zona 9
Guatemala C.A.
Tel. (502) 24 29 43 00
Fax (502) 24 29 43 43

Honduras
Colonia Tepeyac Contigua a Banco Cuscatlan
Boulevard Juan Pablo, frente al Templo
Adventista 7º Día, Casa 1626
Tegucigalpa
Tel. (504) 239 98 84

México
Avda. Universidad, 767
Colonia del Valle
03100 México D.F.
Tel. (52 5) 554 20 75 30
Fax (52 5) 556 01 10 67

Panamá
Avda. Juan Pablo II, nº15. Apartado Postal
863199, zona 7. Urbanización Industrial
La Locería - Ciudad de Panamá
Tel. (507) 260 09 45

Paraguay
Avda. Venezuela, 276,
entre Mariscal López y España
Asunción
Tel./fax (595 21) 213 294 y 214 983

Perú
Avda. Primavera 2160
Surco
Lima 33
Tel. (51 1) 313 4000
Fax. (51 1) 313 4001

Puerto Rico
Avda. Roosevelt, 1506
Guaynabo 00968
Puerto Rico
Tel. (1 787) 781 98 00
Fax (1 787) 782 61 49

República Dominicana
Juan Sánchez Ramírez, 9
Gazcue
Santo Domingo R.D.
Tel. (1809) 682 13 82 y 221 08 70
Fax (1809) 689 10 22

Uruguay
Constitución, 1889
11800 Montevideo
Tel. (598 2) 402 73 42 y 402 72 71
Fax (598 2) 401 51 86

Venezuela
Avda. Rómulo Gallegos
Edificio Zulia, 1º - Sector Monte Cristo
Boleita Norte
Caracas
Tel. (58 212) 235 30 33
Fax (58 212) 239 10 51

ÁLEX GRIJELMO

LA GRAMÁTICA DESCOMPLICADA

TAURUS

PENSAMIENTO

D. R. © Álex Grijelmo, 2006

D. R. © De la edición española:

Santillana Ediciones Generales, S. L., 2006
Torrelaguna, 60. 28043 Madrid
Teléfono   91 744 90 60
Telefax   91 744 92 24
www.taurus.santillana.es

D. R. © De esta edición:

Santillana Ediciones Generales, S.A. de C.V., 2006
Av. Universidad núm. 767, Colonia Del Valle,
C.P. 03100, México, D.F.
Teléfono   5420 75 30
www.taurusaguilar.com.mx

Primera edición en México: septiembre de 2006
Segunda reimpresión: marzo de 2007

ISBN: 970-770-066-1
      978-970-770-066-6

D. R. © Diseño de cubierta: Carrió / Sánchez / Lacasta

Impreso en México

A Pepa Fernández,
la radio en persona

ÍNDICE

Tercera parte
El pensamiento encadenado

Introducción innecesaria

El ser humano hace muchas cosas a cada instante sin saber que las hace, y todavía conoce menos las que ha hecho en el pasado sin saber que las hacía. El corazón late pero no nos ocupamos nunca de que lo haga. Parece mentira que dependa nuestra vida de ello y que apenas le hagamos caso. Simplemente, sabemos que late. La biología que nos ha construido —o la biología que el propio ser humano ha construido, quién sabe— ha logrado que el corazón funcione por su cuenta, que los pulmones respiren solos, que los párpados se abran y se cierren sin que nadie se lo ordene y que la nariz huela incluso cuando no nos conviene que lo haga.

Tampoco sabemos por qué hablamos como hablamos, y en la vida cotidiana no nos ponemos a dar instrucciones a nuestras palabras, sino que simplemente laten en nosotros, respiran y huelen. No en vano almacenan también, como los seres humanos, unos códigos genéticos que las desarrollan y las ensamblan.

Los médicos se dedican a averiguar por qué late el corazón; y los gramáticos interpretan las razones de que exista el modo subjuntivo. Ambos fenómenos de la evolución humana los usamos cada día sin gobernarlos, pero en la explicación de su funcionamiento descubriremos nuestra forma de vivir y nuestra manera de pensar.

El lenguaje se ha dotado de muchos mecanismos similares a los biológicos, y dispone de palabras que son como plaquetas que acuden solas a taponar una herida, de verbos que ponen en marcha los brazos de una frase, tiene artículos que engarzan sus huesos como las *articulaciones,* y como los cartílagos; creó los adjetivos que nos dan el aspecto que tenemos y se ha inventado los adverbios que atemperan o amplían cada una de nuestras acciones.

Los científicos del cuerpo humano han averiguado por qué nos salen granos o hematomas, qué ha ocurrido en nuestro cuerpo para que eso suceda; los científicos de la palabra intentan saber por qué pronunciamos una oración yuxtapuesta o una subordinada, qué ha pasado por nuestra cabeza para que elijamos esa construcción y no otra, cómo funciona el arsenal de sufijos que hemos creado con una especialización tan certera.

Este libro no está pensado para memorizar la gramática sino para pensar en ella y con ella. El lenguaje es el pensamiento; y conocer la estructura de nuestro lenguaje equivale a conocer cómo se han estructurado nuestras razones. La gramática trocea, pues, lo que pensamos; y nos permite averiguar, como explicaba el gramático Andrés Bello, lo que pasa en el alma de quien habla; y nos ayuda a ordenar la realidad. La gramática enseña a exponer las ideas, pero sobre todo enseña a generarlas.

La obra que tiene el lector en las manos no es exhaustiva. Hablando sólo sobre los pronombres se podría escribir un libro de este mismo tamaño, y mayor aún: o de las preposiciones, o de los adverbios. Pero esta gramática sí pretende dar una idea general de cómo se estructura el lenguaje y cómo funciona; y puede constituir así un pórtico para adentrarse en estudios más prolijos y técnicos, a los que el lector de este libro acudirá ya bien pertrechado.

Vamos a estudiar aquí los músculos de nuestro corazón mental, porque conocer su mecanismo nos servirá para obtener mayor rendimiento de él aprovechando sus sístoles y sus diástoles, y para insuflar sangre oxigenada a todos los capilares de nuestras frases.

Este libro —que les parecerá heterodoxo a numerosos gramáticos—, se ha escrito sin muchos de los tecnicismos lingüísticos que tan árida han hecho la materia a millones de alumnos, incluido el autor. Se citan algunos, eso sí, que deben ser del dominio de toda persona instruida, con el fin de que el interesado pueda hacerse con ellos y manejarse luego en otros textos más avanzados; pero siempre con una explicación sobre su origen y su significado, de modo que la barrera léxica que se levanta en toda ciencia no alcance mucha altura y pueda sortearse con un leve impulso. La obra se propone que una persona no especializada, y de cualquier edad, pueda manejar con soltura los conceptos gramaticales —los conceptos, más que las palabras que los nombran—, servirse de ellos en la práctica y comprender en su conjunto todo el sistema.

Descomplicada. La *Gramática descomplicada* usa en su título una palabra que —al menos en el momento de editarse este libro— no aparece en el Diccionario de la Real Academia Española: «descomplicada». Sin embargo, representa una formación legítima, creada con los recursos de nuestro idioma, y es vocablo común en algunos países de América, especialmente en Colombia. Podría haber servido también el vocablo «sencilla»; pero se ha querido transmitir aquí la idea de que la obra pretende devolver a lo sencillo lo que siempre se ha tenido por complicado; y si los gramáticos nos han transmitido esa idea de complejidad en el funcionamiento del lenguaje, ello se debe a que cuanto más se afina en su estudio más normas impensadas afloran y nos deslumbran: ¡incluso hemos descubierto que las excepciones tienen sus reglas!

Quede para los científicos de la lengua el estudio detallado y complejo, y para su mejor entendimiento entre sí los vocablos áridos y sin embargo precisos que deben emplear. Aquí se ha pretendido crear las condiciones para que surja en el lector un amor por su lengua que tal vez le conduzca a volcarse en el conocimiento profundo de sus resortes naturales y en la lectura de verdaderas obras de investigación lingüística. Y no tanto con el propósito de que adquiera nuevos conocimientos o se sorprenda con los que desconocía, sino de que perciba con claridad cuánta gramática sabía sin recordar que la sabía, cómo movía su corazón sin darse cuenta y hacía circular por sus venas miles de litros de sabiduría involuntaria llena de glóbulos rojos. Y con la intención, además, de entretener y divertir en este camino.

Cómo se habla. Había de incluirse en este breve prólogo una advertencia fundamental, que se plasma a continuación: las gramáticas no dicen cómo se debe hablar, sino cómo se habla. La medicina no establece cómo debe funcionar el cuerpo humano, sino cómo funciona. Si el cuerpo humano deja de funcionar como funciona, entonces no funciona. Aquí la «norma» es «lo normal»; y la «regla», «lo regular». Y todo lo que se desvía de ahí —en la lengua como en la medicina— tiene consecuencias.

Entre los millones y millones de hablantes que han empleado el español en los últimos siglos se ha conseguido esta maravillosa creación de la inteligencia que es nuestro idioma; entre los millones de seres humanos que han poblado la Tierra se ha conseguido la evolución que nos hace caminar sobre los dos pies y que nos ha dado un tamaño mayor del cerebro. Son esos antecesores quienes han dictado sus leyes y sus evoluciones, colectivamente, sin saberlo; y no los gramáticos ni las academias, como los médicos no han determinado cuántos glóbulos rojos debemos tener en la sangre. Los gramáticos y los médicos se han dedicado a estudiar cómo funcionan el cuerpo y el idioma, para enseñarnos a cuidar sus naturalezas sin dañarlas.

Ojalá que el respeto a esa obra colectiva —el idioma común, patrimonio histórico y cultural de todos los hispanohablantes— nos permita dejarla en herencia a las nuevas generaciones en toda su riqueza, como los montes, como los ríos, como el muérdago silvestre o como el lince ibérico, a salvo de las depredaciones artificiales de un progreso que a veces avanza hacia atrás.

INTRODUCCIÓN NECESARIA

¿Qué es la gramática? La gramática es el estudio sistemático de las relaciones que han tejido entre sí las sílabas, las palabras y las oraciones. Ellas mismas se han organizado, sin que nadie les haya mandado nada. ¿Quién habría podido hacer eso? Nadie. Todos estos elementos de la lengua se han acostumbrado a vivir en su gran nación, en la que han formado asambleariamente su propio gobierno, sus normas de tráfico y hasta su policía y su camión de la basura. Las palabras han creado su apetito y también su propio sistema de alimentación, han generado las venas por las que circulan sus conexiones y han heredado los genes que las alumbraron para cederlos luego a los nuevos vocablos que se formen con ellos.

La vulneración de ese sistema produce supuraciones: la redundancia del pleonasmo, la descoordinación de las concordancias, la incoherencia de los tiempos y los modos... Esas supuraciones no suelen ser graves, pero muestran generalmente algún problema que, si no se atiende, puede degenerar en una infección mayor que afecte incluso al pensamiento.

Han existido durante estos siglos muchos gramáticos, desde luego. Pero su trabajo llegó cuando ya las palabras, las sílabas y las oraciones se habían organizado a su aire, como el otorrinolaringólogo llegó después de que se creara la garganta. Ellos —los gramáticos y el otorrino— se limitaron a explicar cómo funcionaban.

Ahora bien, si queremos hablar con corrección y, sobre todo, expresarnos con inteligencia, igual que si queremos vivir en higiene y salud, debemos conocer las fuerzas de la naturaleza, y también aquella que los vocablos, las sílabas y las oraciones se han dado a sí mismos sin que nadie les pudiera decir nada.

Leamos estas palabras:

Is res matícagra al tidadíver lararim depue noc ciagra mosbesa.

Todos los vocablos de esa línea están formados con letras de nuestro alfabeto, incluso podemos pronunciar sus sílabas sin dificultad. Pero no entendemos nada. ¿Por qué?: porque en ellos se ha roto el núcleo de su significado. Es como si un coche tuviera el volante en la parte de atrás y los faros apuntaran hacia el auto que le sigue, y en vez de tener las ruedas abajo las llevara en el techo. O como si creáramos un cuerpo humano con los órganos desordenados, de modo que el corazón no repartiera sangre sino aire, y los pulmones estuvieran conectados con las venas y no con la nariz. Casi ni diríamos que es un coche ni diríamos que es un ser humano, aunque ambos cumplieran todos los requisitos para serlo por disponer de los elementos necesarios.

Recompongamos ahora los vocablos cuyas sílabas habíamos alterado:

Si ser gramática la divertida mirarla puede con gracia sabemos.

Enseguida nos damos cuenta de que las palabras nos suenan ya conocidas, pero también de que la frase no pertenece a nuestra gramática: los coches, que ya están aquí bien hechos y tienen las ruedas sobre el suelo, no nos sirven para llegar al lugar adonde nos dirigimos; se han despistado porque las calles cambiaron de dirección y ellos entonces no van a ningún sitio. Las venas conectan ya con el corazón pero se han hecho un nudo y no saben repartir la sangre por el cuerpo. Entendemos ahora lo que significa cada una de esas palabras, y sin embargo el significado de todas ellas juntas nos resulta desconocido. Han caído en el desorden, y ninguna ha aparcado donde le corresponde.

No nos deprimamos: las mismas palabras nos servirán para construir esta alternativa:

La gramática puede ser divertida si sabemos mirarla con gracia.

¡Ahora sí! Ahora sí tenemos unos términos que responden a las normas de nuestro léxico y de su morfología, y una relación entre ellos que respeta la sintaxis.

Con todo esto, nos damos cuenta a la vez de que ese orden tiene que ver con nuestro pensamiento. No pensamos en nada si se nos viene a la cabeza la frase desordenada anterior («si ser gramática la divertida mirarla puede con gracia sabemos»), salvo en que estamos diciendo una tontería; ni podemos pensar nada con las palabras cuyas sílabas se habían alterado *(is res matícagra al tidadíver lararim depue noc ciagra mosbesa),* salvo en que tal vez se trata de un idioma desconocido.

El *orden gramatical* es, por tanto, el orden de nuestro pensamiento.

Y el orden de las sílabas constituye igualmente el reflejo de su significado.

Los errores que oímos en nuestra vida cotidiana no llegan a la magnitud de los ejemplos anteriores, pero a menudo percibimos que una persona dice o escribe frases que, por incorrectas, no están bien pensadas. Y si eso le sucede con frecuencia a un mismo interlocutor, podemos preguntarnos entonces qué calidad puede tener su inteligencia.

Eso no implica que el orden haya de ser igual en todos los idiomas (en alemán, por ejemplo, los verbos van al final de la frase; y una palabra como *is* existe en otras lenguas pero no en español). Sin embargo, cada persona que piensa en su propio idioma necesita de su gramática para que el pensamiento funcione y para entenderse con los demás. Necesita, por tanto, de unas reglas; y le hace falta conocerlas bien, aunque sea inconscientemente.

Tal funcionamiento resultaría imposible, desde luego, si, colocadas las palabras en el orden necesario, no estableciéramos bien las concordancias.

Por ejemplo, así:

La gramáticas podía serán divertidas si sabríais la mirar con gracias.

Y también dificultaríamos la comunicación si confundiéramos los acentos:

La grámatica puedé ser divértida si sábemos mirarlá con graciás.

Las palabras no se dejan manejar así como así. Ellas tienen, como hemos dicho, sus propias normas. Y quien no las sigue dificulta sus posibilidades de hacerse entender y, por supuesto, de convencer a los demás.

Pues bien: éste es el trabajo que aquí nos proponemos: revisar la gramática, aprender o recordar o descubrir sus normas, explicarlas con sencillez, mostrar las consecuencias de no conocerlas… y pasar un buen rato.

Tal empeño constituye sobre todo un ejercicio de abstracción, la mejor gimnasia para aprender a pensar. *Abstrahere* significaba en latín «separar»; y la abstracción consiste en separar de las cosas —y aquí de las palabras— sus esencias, a fin de estudiarlas en cuanto coinciden y en cuanto divergen, con el objeto de analizar sus evoluciones y llegar a reglas generales que nos adiestran para la tarea de la deducción y la comparación.

Tendremos que separar incluso las palabras de sus significados, y aprender que un mismo término no sólo puede mostrarnos sentidos distintos sino también funciones diferentes. Nos interesará aquí sobre todo la función de las palabras y de sus elementos, y calificaremos unos y otras a tenor de esas misiones que les encomendamos.

Si nos preguntaran qué función ejerce la palabra «ayer», podremos decir que se trata de un adverbio de tiempo; pero no habremos respondido bien porque para ello necesitamos conocer el papel que cumple en una oración concreta. Sí, estaremos ante un adverbio de tiempo en la oración «ayer me preguntaron», pero ante un sustantivo en «me preguntaron si me interesa el ayer».

La palabra «mañana» puede ejercer tres desempeños distintos en una misma frase, por ejemplo en ésta:

Esta mañana me avisaron de que mañana me preguntarán si me preocupa el mañana.

Y los distintos papeles de las palabras, una vez que los dominemos, nos darán paso a jugar con ellas, para seducir y agradar.

Y escribir, por ejemplo: *Ayer me dijo que no le preocupa el mañana. Mañana me dirá que no le preocupa el ayer.*

Aquí no miraremos un cuchillo y nos limitaremos a eso, a mirar un cuchillo. Analizaremos su función: si se está usando como herramienta de cocina o como arma mortal. Que ambas funciones puede reunir un mismo cuchillo.

Leyendo todo esto seremos conscientes de cuánto sabíamos sin darnos cuenta, de la cantidad de flujos que discurren por los órganos del cuerpo humano sin nuestro gobierno racional. Y de cuán listas son las palabras, ellas solas, que funcionan dentro de nosotros en conexiones formidables; como inteligentes son las células que cumplen con el papel adecuado, como esa píldora que tragamos y que encuentra siempre el lugar exacto donde nos duele para llegar hasta él y aliviarnos. Y nos daremos cuenta de todo lo que pueden enseñarnos las células, los flujos, los reflejos, las palabras inconscientes, para que, con ellas y con ellos, y con su orden y sus sistemas, logremos razonar mejor y vivir más felices.

Capítulo 0
Aquí no va la fonología

Muchas gramáticas empiezan con un denso capítulo dedicado a la fonología; es decir, referido a la manera en que pronunciamos los sonidos que forman el lenguaje. A menudo se incluyen ahí unos horribles dibujos, que muestran la boca por dentro, la lengua y la laringe; y que despertarán la extrañeza del lector o del estudiante que se haya animado a conocer las normas de nuestro idioma y disfrutar de ellas, porque se preguntará de sopetón si no estará realmente ante un tratado de ciencias naturales, tal vez de medicina. O de otorrinolaringología.

Fricativas o africadas, oclusivas y explosivas, bilabiales y palatales… Muchos las aprendimos en el colegio y después necesitamos volver a estudiarlas. Así que esta gramática renuncia a semejante capítulo, no vaya a ser que, por mor de la costumbre y de la ciencia, desanime al animoso, desapasione al pasional y desincentive al encendido.

Se trata, por otra parte, de unos conocimientos prescindibles si deseamos saber cómo funciona el idioma en nuestra mente. Complementarios y muy interesantes, desde luego, a la vez que prescindibles en este punto.

No pasará nada si a lo largo de nuestra vida olvidamos qué es una fricativa, pero no podemos olvidar qué es un adverbio.

PRIMERA PARTE

EL MECANO DEL LENGUAJE

Capítulo 1
La morfología

Otra cosa es la **morfología.** Esto ya tiene su gracia, porque se trata de empezar por lo más pequeño de la escritura, lo cual da idea de que iremos caminando sin denuedo hacia lo más grande.

> *Morfología* se formó con los cromosomas del griego *morfé* (forma) y el consabido *logía* (tratado o estudio). Vamos, pues, a estudiar las formas de las palabras.

La gramática es el despiece del pensamiento: consiste en tomar una idea y empezar a hacerla pedazos para averiguar cómo funciona nuestra mente lingüística. Lo mismo que se toma un trozo de piel y se analizan sus células al microscopio para saber qué está pasando en ellas. El más pequeño de esos fragmentos de la gramática es la letra (la letra si tomamos una frase escrita; el fonema o sonido si tomamos una frase hablada). Y hemos de empezar por los trozos diminutos, para observar cómo encajan en los engranajes, porque si sabemos cómo funciona algo podremos lograr que funcione mejor.

¿Y qué es lo más grande? Lo más grande es *El Quijote*, podríamos responder. Pero, en general, lo más grande del sistema lingüístico son los libros. O, mayores aún, las bibliotecas. Empezaremos por lo más pequeño.

En esta obra iremos, pues, desde lo ínfimo hasta lo grandioso. Empezaremos por la simple letra para pasar a la sílaba; y luego a la palabra, y a los tipos de palabras y sus funciones. Eso es la morfología. Y de ahí a la oración (grupo de palabras que expresan un pensamiento completo), y de ella a la sintaxis (la relación entre palabras y oraciones)... Sólo conociendo bien lo que hay en el camino podremos redactar con coherencia una carta... quién sabe si también una novela magistral.

Lástima que *El Quijote* ya esté escrito.

LA UNIDAD MÍNIMA: LA LETRA Y EL FONEMA

La unidad mínima de la lengua escrita es la **letra.** La unidad mínima del lenguaje oral es el **fonema.**

A veces, letra y fonema coinciden (por ejemplo, la letra *e* y el fonema /e/) pero en otras ocasiones difieren (así, la letra *c* y su sonido /k/ en la palabra *cosa,* a diferencia de la misma letra *c* de la palabra *cesa,* donde suena /z/; o la letra *u* que se hace muda en la primera sílaba de la palabra *querubín* y por tanto no representa ahí por sí misma ningún fonema).

Si dividiéramos la lengua más allá de la letra o el fonema, sólo encontraríamos el silencio. La letra y el fonema van paralelos, de modo que una es el reflejo del otro y viceversa. Cuando la letra se mira al espejo, encuentra el fonema: su correspondiente en el otro lado de la lengua. Cuando el fonema se observa en las aguas del lago, en realidad ve una letra flotando sobre ellas.

➢ **Letra viene del latín *littera*.** (En cambio, la *litera* del dormitorio viene del catalán *lliteral,* y ésta de *llit* en ese mismo idioma, en el que significa «cama»; no vayamos a confundir una etimología con la otra por culpa del sueño: una cosa es la *littera,* que deriva en «letra», y otra la *llitera* que deriva en «litera»).

➢ **Fonema viene del griego** *fónema,* que significa «sonido de la voz» y se compone del sufijo *-ma* y de la raíz *foné* («sonido»), que todavía hoy nos sirve para crear sustantivos mediante su adición a una raíz griega (por ejemplo *micrófono*).

El idioma español tiene 29 letras:
A, b, c, ch, d, e, f, g, h, i, j, k, l, ll, m, n, ñ, o, p, q, r, s, t, u, v, w, x, y, z.

Sin embargo, el Diccionario de la Real Academia Española incluye dos menos en su última edición (2001), porque no ordena ya como letras la *ch* y la *ll*. Ambas se llaman también *dígrafos (di-grafos:* con el prefijo griego *di-,* que significa «dos»: en este caso, dos rasgos, dos signos, dos letras), y en la ordenación internacional de enciclopedias y diccionarios no figuran como tales, sino que se integran en las entradas *c* y *l* respectivamente. Así lo acordó también la Academia en 1994. Pero eso no significa que se hayan suprimido como letras propias de nuestro idioma. Una cuestión es cómo se ordena el diccionario, y un asunto distinto cuáles son nuestras letras. Por ejemplo, las siglas correctas del Partido Comunista Chino son PCCh, aunque la *ch* se inserte en el orden de la letra *c.*

La mayoría de las letras representan fonemas concretos y precisos. Pero hay excepciones:

La C
La *c* representa dos sonidos, equivalentes el uno a /k/ y el otro a /z/ (*caramba, cierto, cabrón, cero*).

La Q
Comparte sonido con la *c*, y con la *k* cuando ambas suenan como /k/ (*quilombo, pequeño, aquí*).

La Y

También la *y* tiene dos sonidos *(caray, vaya)*.

La B y la V

Por el contrario, la *b* y la *v* comparten su sonido *(bien, vigila)*, que a veces ceden a la *w*.

La W

La *w* no es patrimonial del idioma español, y se usa para palabras con origen en otras lenguas: sólo 22 vocablos empiezan con esa letra, según el Diccionario. Una parte de ellos tiene pronunciación /b/, como *wolframio*, y otra parte sonido /gü/ (como *whisky*). Cuando las palabras introducidas en español con *w* se convierten en términos de uso común, esa letra suele tornarse en *v* al cabo de los decenios *(wagon,* en *vagón; walzen, wals,* en *vals)* o en *gü* o *gu* (así *güisquería).* Tan ajena es esta letra, que en el ámbito hispano tiene incluso nombres diferentes: «doble u» (México y Colombia, por ejemplo), «be doble» (Argentina), «doble be» (Chile) o «uve doble» (España).

La K

La *k* le roba a veces el sitio a la *q (kiosco, kilo).*

La G y la J

Igual pasa con la *g* y la *j,* que se roban entre sí *(general, jeta, Giménez* y *Jiménez),* porque la *g* también se desdobla: *ganar, generoso.*

La CH

La *c* adquiere un valor distinto si se encuentra con la *h* (como en *chocolate),* pues ambas forman otro sonido.

La LL

La *l* también varía al doblarse en *ll* («elle» o «doble ele»), porque en ese caso comparte tal fonema con la mitad de las funciones de la *y (lleva, ya).*

La H

La *h*, por su parte, hace lo contrario de la *u:* sirve a la pronunciación si va detrás de la *c (chico)* pero es muda en los demás casos *(huy).*

La I

La *i* (latina) comparte sonido con la *y* (griega) cuando ésta se encuentra sola o relegada al final de palabra *(caray, buey).*

La R

Y la *r* suena fuerte o suave según el lugar que ocupe *(rozar, arena),* de modo que necesita una gemela si quiere sonar fuerte cuando va entre dos vocales *(arrea),* pero no cuando empieza ella el vocablo (en este caso siempre suena fuerte, como sucede en *rata).* Estas «gemelas» se llaman en lingüística «geminadas», palabra técnica que procede del latín *geminare:* «duplicar». Gemelas y geminadas como el signo Géminis.

La U

No se pronuncia si sigue a la *q* o a la *g* (salvo cuando lleva diéresis detrás de la *g (vergüenza, lingüístico).*

La Z

Comparte sonido con la *c* cuando ésta es suave *(zapato, cesa)* y sólo se usa ante *a, o* y *u,* reemplazando a la *c* en esa misión.

Ahí se termina el lío, porque las demás letras reflejan sonidos exclusivos y concretos.

➤ **En el terreno de la lengua, todo procede de algún origen.**
A veces podemos desconocer el origen exacto; pero existe. Nos resultaría muy difícil poner en marcha un idioma nuevo, incluso una palabra nueva, que no viniese de ningún sitio. En todo lo que concierne al idioma, hacen falta precedentes.

La lengua que hablamos sigue asemejándose aquí a la biología, pues todo lo que sucede en la vida procede también de algo preexistente.

Las letras del español nos llegaron desde el alfabeto latino, que, aunque no lo parezca, deriva a su vez del griego. También son latinas las letras del inglés, el francés, el italiano, el portugués, el catalán, el euskera o vascuence, el alemán, el gallego, el finés, el gaélico, el rumano… El latín fue generoso y se lo prestó en su día a unos idiomas que, en aquellos años remotísimos, no se escribían sino que sólo se hablaban. Y para escribirse, tomaron el alfabeto de una lengua que entonces se hablaba pero también se escribía. Eso sí, cada uno lo adaptó a su manera.

Más tarde, esos idiomas prestaron a su vez estas letras latinas a los que entraron en contacto con ellos: el hindi, el aymara, el quechua, el suajili…

Otras lenguas, por su parte, disponen de alfabetos distintos al nuestro, como el árabe, el hebreo, el ruso…, o incluso tienen otro tipo de escritura, no alfabética, como el chino. Y al leerlas, somos incapaces de entender nada. Las letras árabes nos parecen gusanitos; y los signos chinos, dibujos animados. ¿Por qué? ¿Por qué no entendemos nada con esos signos? Porque necesitamos un código de la circulación para desenvolvernos en cualquier idioma. Si no lo conocemos, estamos perdidos. Ese código es la gramática, y su unidad mínima, la letra (y el fonema). Ya hemos dado un repaso a su misión. Vayamos ahora a la primera unidad compleja.

Las sílabas

Las letras (los fonemas) se unen entre sí en sílabas, que son los compartimentos en que se divide una palabra. (Sílaba procede del latín *syllaba*, y éste del griego *syllabé*).

➢ **Las sílabas, al reunirse, van formando las palabras.** Pero antes que las palabras forman las raíces. A las raíces se sumarán luego las desinencias, los afijos…Y así va creciendo esto.

La importancia de estudiar las sílabas radica en que influyen a la hora de acentuar los vocablos (y, por tanto, a la hora de pronunciarlos).

➢ **Las sílabas se forman mediante la unión de letras (o de fonemas).** Pero también pueden constar de una sola letra o un solo fonema.

No todas las letras tienen el mismo carácter. Algunas no saben estar sin compañía, les pasa como a ciertas personas; y otras en cambio no le ven ningún problema a la soledad. No sólo son capaces de vivir sin nadie en su sílaba sino que también pueden construir ellas solas una palabra.

➢ **Podemos deducir las sílabas de un vocablo por sus «golpes de voz».** En *lío* marcamos dos impulsos: *li* y *o*. El primero consta de dos letras y dos fonemas; mientras que el segundo sólo tiene una letra y un fonema. O sea, que la tercera letra no quiere mucho lío, precisamente, y prefiere estar sola en su sílaba.

Hay también palabras de una sola sílaba *(mi, tú, ve, he, ha, sol, voz, col, mal…)*, y hasta de una sola letra *(y, o, a…)*. Pero también las formamos larguísimas, como veremos luego. Siempre hay gente que prefiere vivir en grupo.

➢ **Algunos fonemas, pues, se bastan por sí mismos en la sílaba:** pero son sólo los representados por las vocales *(a, e, i, o, u,* además de la *y* cuando suena como /i/). Por ejemplo en el primer impulso de la palabra *arena* (/a/). Otros no sirven de nada si no tienen junto a ellos una vocal: el fonema /n/, pongamos por caso. Una *n* no es nada si no se le ajunta por ejemplo una *o.* Y entonces es muchísimo: *¡No!*

He aquí la auténtica y genuina diferencia entre vocales y consonantes. Aquéllas pueden constituir por sí mismas una sílaba y hasta una palabra; pero las consonantes necesitan ir acompañadas por una vocal (excepto, como hemos dicho, la letra consonante *y*, que puede ir sola si equivale al fonema o sonido /i/).

➤ **Las sílabas son, pues, los golpes de voz;** y todo hablante dispone de una intuición natural para diseccionar las sílabas de una palabra. Pero si alguien no fuera capaz de hacerlo, podríamos explicarle que son sílabas los grupos de letras (o de sonidos) que admiten cambiar de sitio en grupo.

Porque el idioma funciona como una máquina llena de piezas que se pueden desmontar. Algunas son simples, y otras van enganchadas a nuevas piezas con las que encajan bien. Eso sí, en el caso de cambiarlas de lugar puede ocurrir que la máquina no funcione, como ya hemos visto. Pero siempre sabremos qué piezas forman una unidad. Montar y desmontar palabras puede resultar tan entretenido como hacer y deshacer rompecabezas, o como construir un castillo con pequeños módulos de plástico que, esparcidos sobre la mesa, jamás nos darían la impresión de que fueran capaces de formar un conjunto de formas reconocibles.

Así, en la palabra *rinoceronte* podemos identificar las piezas *ri-no-ce-ron-te;* porque también podríamos crear con ellas la palabra «ritecenoron». Cada grupo que podemos cambiar de sitio es una sílaba. Las identificamos enseguida por instinto, cada una con su vocal, por lo menos una.

➤ **Por tanto, una palabra nunca puede sumar menos vocales que sílabas.** *Rinoceronte* tiene cinco sílabas, cinco golpes de voz, y jamás podría contar con menos de cinco vocales.

Sin embargo, sí puede tener más vocales que sílabas. *Murciélago* suma cuatro sílabas pero nos muestra cinco vocales. ¿Por qué? Porque dos de esas vocales *(ie)* forman un solo golpe de voz que, con su consonante correspondiente, se puede cambiar de sitio: «murláciego», por ejemplo. Hagamos las alteraciones que queramos («gociélamur», «cielámurgo»...), la sílaba -*cie*- de esta palabra siempre llevará pegadas las dos vocales. ¿Qué pasa entonces? Que estamos ante ¡un diptongo!

El diptongo y el triptongo

Bienvenidos al reino del diptongo y del triptongo.

¿Y por qué se llama **diptongo?** Por la piececita *di-*, que en griego significa «doble» (ya lo hemos visto en *dí-grafo)*, y la raíz, también de origen griego, *-ptongo:* «sonido»; «doble sonido», pues: en este caso, dos vocales.

Ya vemos cómo entran en juego las distintas piezas que hemos comprado para construir el castillo medieval de plástico o el fuerte del Séptimo de Caballería. Si fueran tres vocales las que formaran esa pieza estaríamos lógicamente ante... ¿qué?: ¡un **triptongo!** por supuesto. ¿Y si fueran cuatro? En ese caso no tenemos un término para nombrarlo porque carecemos también de palabras con las que armar el experimento. Sí encontrará el lector vocablos donde se junten cuatro vocales *(leíais,* por ejemplo), pero cuando llega la cuarta letra ya se ha roto el triptongo previo.

Si se sitúan dos vocales juntas, puede ocurrir que formen un solo golpe de voz, y por tanto un diptongo (como en la primera sílaba de *cuatro: cua-tro,* donde podríamos inventar la palabra «trocua» con las mismas piezas y ver que *cua* constituye una sola sílaba), o que formen dos golpes de voz, y por tanto dos sílabas (como en *cro-ar,* donde podríamos alterar las dos sílabas y crear la palabra «arcro», de modo que también se comprueba que *cro* es independiente de *ar,* y por tanto el grupo /oa/ no forma una sílaba, sino dos).

También ocurre que a veces el acento rompe el conjunto formado por tres vocales para dividirlo en dos sílabas, como pasa en *ve-ní-ais;* pero si sólo tenemos un golpe de voz, las tres vocales se consideran partes de una sola sílaba: *buey,* y, por tanto, un triptongo.

El hiato (I)

Cuando dos vocales juntas no forman parte del mismo golpe de voz, sino que constituyen dos impulsos distintos —como sucede en *cro-ar*—, no se llama diptongo sino **hiato.**

Se denomina así porque procede del latín *hiatus,* palabra que en aquella lengua significaba «grieta» (también «abertura» o «hendidura»). Y en efecto, en el *hiato* se produce una grieta entre las dos vocales, de modo que cada una se queda a un lado del terreno en el que se acaba de abrir el precipicio (como en las películas de acción). Las dos se salvan, pero quedan en dos lados distintos y sin puente de madera destartalado que las una.

Así que el hiato es un «rompediptongo», pero se llama hiato desde hace siglos y «rompediptongo» nos lo acabamos de inventar.

Algunas palabras se pueden pronunciar con hiato o sin él, y la Real Academia considera válidas las dos formas: *austriaco* (diptongo) y *austríaco* (hiato), *cardiaco* (diptongo) y *cardíaco* (hiato), *reuma* (diptongo) y *reúma* (hiato), *Rumania* (diptongo) y *Rumanía* (hiato)…

Volveremos sobre el hiato en el capítulo relativo a los acentos.

La raíz

La raíz es la esencia de una palabra; la unidad mínima y necesaria dentro de ella y la que le aporta su significado principal.

Se ignora de dónde vienen (al final de los finales) las palabras que usamos. Su origen está oculto, como las raíces de los árboles. No vemos dónde terminan éstas, cierto, pero sí podemos adivinar su trayectoria.

Las referencias más inmediatas de nuestro idioma para analizar el origen de los vocablos son el latín y el griego; también el árabe. El latín, el griego y otras lenguas tomaron a su vez sus palabras del idioma indoeuropeo, ya desaparecido en la actualidad. Pero ¿y de dónde las tomó el indoeuropeo? El hecho de que en los tiempos primitivos se hablaran lenguas que no se escribían nos ha impedido saber de dónde procede en último término la **raíz** de cada palabra, porque aquellas gentes además de no tener letras no tenían grabadoras digitales. No nos han dejado ningún documento para estudiar su lenguaje (les agradecemos sin embargo los punzones, las vasijas y las pinturas rupestres; las mandíbulas no eran necesarias, pero gracias también). Si hubieran sabido escribir aquellos seres primitivos, el rastro que nos habrían dejado sus palabras nos bastaría para comprender el origen de los pueblos y las migraciones que se produjeron no sólo en la antigüedad más antigua sino también en el primitivo mundo de los cavernícolas.

Ese párvulo rastro que conocemos ya sirve para justificar una vida entera con su estudio, y para que disfrutemos persiguiendo una etimología como el policía disfruta cuando encuentra a un delincuente por el rastro que deja.

Sabemos que las palabras de idiomas distintos se parecen a veces: *lake* significa «lago» en inglés; y no es difícil adivinar una relación con la palabra griega *lákkos* o con el vocablo latino *lacus* (del que proceden, por ejemplo, el español *lago* y el francés *lac*). ¿Qué forma fue primero? Ninguna: todas ellas vienen, en última instancia, del indoeuropeo *lakus,* que significaba «depósito de agua» (concepto en el que podían incluirse los lagos y el mar). Y no es casualidad tampoco que se llame *lagar* al recipiente donde se fabrican la sidra o el vino, tras suavizarse la *k* en *g* en su evolución hacia el castellano (como ha sucedido con otros muchos términos, entre ellos la misma palabra *lago).*

De aquel *lakus,* han derivado las demás por distintos caminos y en desarrollos que duraron siglos y siglos, que acontecieron según las normas de la evolución lingüística recompuestas luego por los filólogos mediante sus deducciones y analogías. Los filólogos han recorrido hacia atrás el camino que las palabras hicieron hacia delante, como los detectives reconstruyen el crimen siguiendo los pasos que dio el asesino antes de cometerlo.

Todas las palabras nos muestran, pues, un rastro histórico merced a las letras que contienen (incluidas las incómodas haches, las bes y las uves —o be alta y ve baja, como se llaman en América—, las ges y las jotas…). Las letras nos dan una especie de marca genética que nos permite deducir sus paternidades. Una niña rubia de ojos azules nos muestra que entre sus antepasados hubo alguien así, lo cual a veces trae problemas si se observa que toda su familia es morena y de ojos negros. O viceversa. Y un niño mulato nos sugiere que desciende de una maravillosa mezcla de razas. Una palabra que en español se escribe con hache puede señalar que en latín ya la tenía (como en *hábil),* que ha experimentado una mutación desde la *f* latina (como en *harina)* o que la ha tomado de otras lenguas que la llevaban también (como *harén).* El lenguaje suele dejar rastros.

Las palabras se dividen en sílabas; y éstas, al juntarse, nos ofrecen la raíz, que ejerce la labor de soportar el significado.

La raíz es entonces la base del sentido, y a menudo se relacionan ambos —sentido y raíz— con alguna lengua antigua de la que proceden. Como hemos observado antes en aquel juego donde alterábamos las piezas de sílabas y palabras, si se rompe la raíz perdemos la noción de lo que estamos leyendo. Persigamos ahora la raíz.

Ya hemos visto que las palabras del español pueden tener una sola sílaba:

y, o, ni, vi, da, ya

O dos:

chufa, cerdo

Pero también pueden tener tres:
pirulí, animal

O cuatro:
alpargata, camisones

O cinco:
futbolístico, aburrimiento

O seis:
impopularidad, contraindicaciones

O siete:
meteorología, carpetovetónico

Incluso pueden tener ocho sílabas:
sobredimensionamiento

O nueve:
anticonstitucionalmente, otorrinolaringólogo

Pero a partir de cuatro sílabas nos solemos encontrar no tanto con palabras largas como con palabras alargadas: es decir, a la raíz se le han añadido algunas piezas.

Ultramarinos es una palabra larga, si la comparamos con la mayoría de las que usamos en castellano. Sin embargo, su raíz consta de una sola sílaba: *mar.* Así que se trata más bien de una palabra alargada.

> La unidad mínima de significado es el semantema.

En esto también, el idioma sigue los pasos de la biología. En la conjunción de cromosomas que se necesitan para componer una célula (es decir, una palabra), la raíz cumple la misión principal (viene a ser el núcleo). Y cada uno de esos genes adheridos tiene como función activar un significado adicional, igual que nuestros genes activan nuestro color del pelo o la altura que alcanzamos de adultos. Cuando se unen unos genes y otros, forman un nuevo ser; que es el resultado de esos dos padres.

La palabra **semantema** viene del griego (donde el verbo *semaíno* equivale a «significar»), y del ya referido sufijo, también de origen griego, *-ma* (que sirve para formar sustantivos mediante su adición a una raíz).

Por eso la semántica es el estudio de los significados de las palabras, porque las piezas que componen cada palabra quieren decirnos eso.

Es más: no les queda otro remedio que decirnos eso, porque la carga genética que almacenan les conduce a activar tal significado.

Así que *mar* es el semantema de *ultramarinos*. Y sabemos que forma la raíz (o *semantema*, o *semema*, o *lexema;* que todos estos nombres se han inventado los gramáticos para llamar a la misma cosa desde distinta perspectiva), porque con ella se pueden crear otras palabras que se refieran al mismo asunto, al contrario de lo que sucede con las piezas que se le han añadido.

(Y claro, sí, también podemos formar palabras distintas con la pieza *ultra* pero ya no se encuadrarán en el mismo tema, a diferencia de lo que ocurre con *mar, marear, marinero, marinería, marea, marítimo…: Con ultra* formamos tanto *ultramar* como *ultravioleta:* nada que ver entre sí en cuanto al significado).

¿Qué ha ocurrido para que una raíz tan pequeña como *mar* se haya alargado tanto hasta crear *ultramarinos?:* que se le han añadido elementos por delante y por detrás. Estos cromosomas adicionales que unimos a la raíz (cuyos genes proceden de *mar* en latín) son los siguientes: *ultra-,* un prefijo latino y castellano que significa «más allá» (en este momento, tenemos ya el significado «más allá del mar»); *-ino,* un sufijo que significa «relativo a» (así que *marino* es «relativo al mar»); dentro de *-ino* hallamos también con nuestro microscopio el cromosoma que activa la función del masculino *(-o;* porque podríamos haber elegido *-ina).* Y finalmente la *-s* del plural. Todos ellos son los cromosomas que forman un microbio del lenguaje, una palabra que apenas es nada si la comparamos con el conjunto de los miles de vocablos que forman el idioma.

Una vez constituida la palabra, podemos referirnos con ella a las *tiendas de ultramarinos* o a los *países ultramarinos;* es decir, a las tiendas donde se vendían productos llegados del otro lado del mar; o a los países que están situados más allá del océano.

Todas esas piezas que hemos ido uniendo entre sí son **morfemas,** término que, nuevamente, deriva de aquel vocablo ya visto de origen griego: *morfé* («forma»).

Los morfemas son los componentes mínimos dotados de significado (léxico o gramatical) que construyen una palabra. Formas pequeñas que van montando una forma grande.

Los llamamos **morfemas derivativos** si se añaden a la raíz para formar otra palabra distinta: *prefijos* si **pre**ceden a la raíz; *sufijos* si la **su**ceden; *interfijos,* si van en su **interi**or; o *afijos* si no queremos resaltar ni una cosa ni otra o reunirlos a todos ellos en una sola expresión (*afijos,* o sea que «ah, no se sabe»: pueden unirse **a** la palabra por cualquier sitio).

Y los llamamos **morfemas flexivos** o **desinencias** si lo que hacen es indicar género, número, persona..., es decir, distintas formas de una misma palabra.

La raíz, por su parte, no siempre equivale a una palabra entera, porque a menudo es más reducida que aquélla: así, *encalvecer* tiene como raíz «calv» (no *calva*, pues no decimos «encalvaecer»).

La parte de la gramática que estudia todos estos fenómenos se llama **morfología.** ¿Por qué se llama así? Ya lo hemos dicho: porque en griego *morfé* significa «forma»; y «logía» equivale al «estudio de algo». (A los gramáticos les da por denominar las cosas en griego, sobre todo a los gramáticos griegos). Así pues, la morfología es el estudio de las formas. En este caso, de las formas que adoptan las palabras.

Pasemos ahora de las formas a la *formación,* con lo cual no cambiamos el cromosoma principal del vocablo.

LA FORMACIÓN DE PALABRAS

➤ ¿Cómo se crea una palabra?

El principal problema radica en saber de dónde viene una palabra. Más exactamente, de dónde viene una raíz. Por qué *caníbal* significa «ser humano que se come a otro ser humano, generalmente cuando ya está muerto», pongamos por caso. Los filólogos saben que *caníbal* es una deformación de *caríbal,* con erre, y que se llamaba así al salvaje de las Antillas (o sea, del mar *Caribe)* que se cocinaba a los exploradores despistados. Vale, hasta ahí bien. Ya sabemos que *caníbal* viene de *caríbal,* y que *caríbal* viene de *Caribe.* Pero ¿de dónde viene *Caribe?* Seguiremos investigando, y siempre habrá un momento en que no podamos avanzar (o sea, retroceder) y nos quedaremos con un palmo de narices.

Cuando buscamos el origen de una palabra, estamos persiguiendo su **etimología.**

➤ ¿Por qué etimología?

Porque ya hemos dicho que a los gramáticos les da por llamarlo a todo con nombres griegos, y *étimo* (del griego *ety-*

mos) quiere decir «significado verdadero». (De «logía» ya hemos dicho que equivale a «estudio» o «afición»).

Así que *semántica* y *etimología* son cuestiones que guardan relación con el significado de las palabras; en el primer caso —*semántica*—, con el sentido que las palabras tienen ahora; en el segundo —*etimología*—, con el origen de ese sentido y la evolución que ha ido experimentando hasta nuestros días. La etimología es realmente «la verdad de las palabras». A veces no entendemos bien un término hasta que sabemos de dónde viene; porque esto nos permite relacionarlo mejor. No olvidemos que todo el lenguaje es relación; y que la inteligencia también se ejercita y se demuestra con la capacidad de relacionar unas cosas con otras (por eso nos parece tan buen ejercicio intelectual la gramática; por el doble motivo de que sirve para analizar cómo pensamos y porque constituye una magnífica gimnasia mental).

Una vez que tenemos ante nosotros la raíz de la palabra (la unidad mínima de significado), lo demás es coser y cantar.

Tomemos la raíz *mar,* ya que estábamos hablando de agua salada. De mar nos salen *marino, marinero, maremoto, marítimo…,* eso si nos fijamos en las piezas que ponemos por detrás *(sufijos);* pero también *submarino,* si vemos las posibilidades de colocar algo por delante *(prefijos).*

Los prefijos y los sufijos sirven para vestir las palabras, que a veces quedan muy disfrazadas con ellos. Se les van añadiendo como si fueran piezas de un mecano, y consiguen alterar su aspecto hasta hacerlas irreconocibles.

Por sus funciones (aparte de sus significados), los hay que convierten verbos en sustantivos (por ejemplo, *comunicado,* de *comunicar),* sustantivos en verbos (el futbolístico *tarjetear,* de *tarjeta),* adjetivos en sustantivos *(precocidad,* de *precoz),* adverbios en sustantivos *(prontitud,* de *pronto)* y sustantivos en adjetivos *(operístico,* de *ópera).* Pero de los adjetivos, los verbos, los sustantivos y demás elementos hablaremos más adelante. Sirva este párrafo sólo para explicar que las piezas que añadimos pueden alterar no sólo el significado sino también la función de una raíz.

En resumen, las palabras se forman de dos maneras: o bien se han creado a partir de un vocablo ajeno a nuestra lengua (generalmente del latín, el griego o el árabe, pero también de otros idiomas), o bien nacen de nuestro propio almacén de herramientas mediante la adición de nuevas piezas.

El 35 por ciento de las palabras que figuran en el diccionario del idioma español se han construido con los propios recursos de nuestra lengua, entre ellos la afijación y la composición (de la que hablaremos inmediatamente).

Una raíz como «tend» puede darnos un verbo: *tender;* un sustantivo: *tendencia;* un adjetivo: *tendencioso;* o un adverbio: *tendenciosamente;* incluso muchos verbos de significado distinto: *distender, extender, pretender, entender, contender, atender...* Y aún quedan otras posibilidades: *tendenciosidad, tendido* (eléctrico)...

Lo mismo puede pasar con una raíz como «roj», de donde se forman *rojizo, enrojecer, enrojecimiento, sonrojar, pelirrojo, rojiblanco...* Eso se debe a los cromosomas que hemos ido uniendo a la raíz, por delante o por detrás. Y gracias a eso nuestro vocabulario crece. Vamos a verlo por partes.

TUERCAS Y PIEZAS

Como no podía ser menos, la palabra **prefijo** tiene un prefijo: *pre-,* que significa «delante» y también «antes» (como sucede, por ejemplo, en *prever:* ver antes de tiempo; o *preocuparse:* ocuparse antes de tiempo y pasarlo fatal cuando bastaría que nos ocupáramos en el momento adecuado). Se llama *pre-fijo* porque va delante del fijo. Por ejemplo, tenemos la raíz *caspa* y el prefijo *anti-,* que juntos forman *anticaspa.* Si añadiéramos algo por detrás (como en *casp-oso),* se trataría de un sufijo (o sea, *-oso,* con perdón).

Los prefijos no suelen cambiar la categoría de la palabra: si se ponen delante de un verbo, lo que resulta sigue siendo un verbo *(caer,* y *recaer).* Pero a veces, eso sí, convierten los sustantivos en adjetivos, sobre todo en formaciones muy modernas. *Arrugas* es un sustantivo; pero *antiarrugas* funciona como adjetivo (crema antiarrugas). Sucede a menudo con *multi-, anti-* y *post-:* cepillo *multiuso,* chaleco *antibalas,* tratamiento *postparto:* la raíz de un sustantivo pide trabajo como adjetivo y lo obtiene con el disfraz adecuado que le proporciona el prefijo. Éste es un fenómeno relativamente reciente en nuestra lengua.

En cambio, los **sufijos** (los que suceden a la raíz) sí pueden hacer maravillas a la hora de cambiar la categoría de las palabras: ¿tenemos el verbo *apagar?* Pues ellos crean el sustantivo *apagón;* ¿tenemos el adjetivo *cálido?* Pues ellos se apropian del sustantivo *calidez.* Los sufijos están dotados de poderes mágicos.

Pero tampoco les faltan a los prefijos algunas habilidades, desde luego. Entre ellas, la de cambiar mucho el significado de lo que se dice con la raíz simple.

Pueden ocasionar diferencias abismales, incluso conseguir que una palabra adquiera el significado contrario.

Por ejemplo, no es lo mismo:
Tener una relación *matrimonial* que una *prematrimonial.*
Dar un *paso* que dar un *repaso.*
Residir en una *vivienda* que habitar una *infravivienda.*
Jugar la *temporada* que jugar la *pretemporada.*
Adquirir un vestido para *mamá* que comprar un vestido *premamá.*
La lista de las 10 personas que van mejor *vestidas* que la lista de las 10 personas que están mejor *desvestidas.*
Decir *qué gran vergüenza* que exclamar *qué gran sinvergüenza.*
Hacer algo a *pelo* que hacerlo a *contrapelo.*
Sufrir una *aparición* que una *desaparición.*

Temer algo *remediable* que temer algo *irremediable*.

Comprar en un *mercado* que comprar en un *hipermercado*.

No significa lo mismo *dígalo sin vergüenza,* que *dígalo, sin-vergüenza.*

Ni es lo mismo el *lleno* que el *relleno*.

O un *quite* que un *desquite*.

Tampoco es igual *contar* que *descontar*.

Ni es lo mismo *cargar* que *encargar*.

Ni resulta igual *correr* que *recorrer* o *descorrer*.

Ni *coger* que *recoger* o *acoger*.

Ni *cortar* que *recortar*.

Ya hemos dicho que los prefijos y sufijos son tales cuando, al separarse de la raíz, no pueden valerse por sí mismos. Ahora bien, podemos encontrar palabras como *construir, destruir, instruir, obstruir...* donde adivinamos unos prefijos *con-, de-, in-, ob-,* pero no tenemos la raíz «struir». ¿A qué se debe eso?: a que hemos recibido estas palabras directamente del latín, lengua donde ya llevaban sus prefijos incorporados (al verbo *struo,* que significaba «disponer por capas», «reunir ordenadamente»). Nos llegó la pieza completa, sin que nosotros hayamos tenido la oportunidad de unir sus partes y jugar con el mecano.

El funcionamiento de los prefijos y los sufijos puede sorprendernos como en su día ocurrió con el funcionamiento de los glóbulos blancos, por ejemplo.

Se parecen mucho a esos útiles variadísimos que se almacenan en una ferretería sin que sepamos para qué sirven (pues para algo deben de servir si se llaman *útiles):* tapones, tacos, cuñas, tornillos, palomillas... De repente alguien tiene un problema en su auto, lo lleva a arreglar porque es incapaz de resolverlo... y un operario que se ha estudiado bien el mecanismo de la máquina aprieta una simple tuerca y lo arregla. Y nos cobra carísimo. Probablemente le preguntará el dueño del coche: ¿Es capaz de cobrarme este dineral sólo por apretar una tuerca? Y el mecánico contestará: «Por apretar una tuerca, no; por saber qué tuerca había que apretar».

En la práctica con el lenguaje, todos somos ingenieros de nuestro taller de automóviles. Siempre sabemos qué tuerca debemos apretar; pero sin haberlo estudiado.

Por ejemplo, el sufijo -*ble* es la pieza adecuada para convertir un verbo en adjetivo. La tenemos en el almacén y la usamos cuando alguien la necesita, incluso nosotros mismos. Entra en la tienda de herramientas el verbo *utilizar,* por ejemplo, y si necesita convertirse en adjetivo porque lleva consigo un sustantivo con capacidad de concordar a su lado, le acoplamos el sufijo y ya tenemos una palabra nueva, perfecta de chapa y pintura: *utilizable.*

Pero si llega un verbo de otro modelo, por ejemplo un verbo intransitivo como *salir* (es decir, de los que no tienen complemento directo porque la acción se agota en ellos), no encontraremos ninguna pieza para esa función, sencillamente porque no se han fabricado con destino a esa marca. No podemos decir «salible». Para *salir* tendremos, eso sí, una pieza que lo puede convertir en sustantivo: el sufijo -*ida,* con el que formamos *salida.* Que a su vez no habría servido para *utilizar* porque no podemos decir «utilicida».

Hemos percibido, pues, que las piezas para crear palabras que almacenamos en nuestro taller mental no son multiuso. Cada una corresponde a determinados engranajes, y un verbo no puede convertirse en adjetivo terminado en -*ble* —sufijo que denota la capacidad de un verbo de realizarse, de ser realizable— si no es transitivo y de acción. Un auto normal lo podemos convertir en descapotable en el taller, pero difícilmente haremos de él un camión de cinco ejes. Como dijo aquel torero, El Gallo, «lo que no puede ser, no puede ser; y además es imposible».

Y si entra un caballo en nuestra tienda de herramientas automovilísticas —no debe resultar extraño, pues los autos suelen tenerlos—, dispondremos de distintos sufijos a tenor de la voluntad que nos muestre su dueño (cada uno con su precio, desde luego). Por una determinada cantidad podemos transmutarlo en adjetivo «relativo a esa especie» y acoplarle el sufijo *-ar: caballar,* que ya se podrá situar junto a *cría,* por ejemplo. Al cliente le saldrá un poco más caro si desea un adjetivo más contundente, con el que molestar un poco a su vecino. El dueño de la tienda le podrá suministrar el sufijo *-uno,* y se llevará empaquetado el adjetivo *caballuno;* el mismo sufijo que el dueño del taller gramatical acababa de vender a un cliente que entró con un pincho *moro* y salió con un pincho *moruno.*

En ocasiones se presenta algún despistado que desea convertir un nombre abstracto en diminutivo, cuestión harto difícil. El dueño del establecimiento ni se molestará en buscarlo: no podrá encontrar nunca diminutivos que ensamblen con *amabilidad, confianza* o *justicia,* por poner algún ejemplo de palabras positivas. Y si los improvisase por no decir «se me han agotado» o «de esto no despachamos» —algo siempre penoso para el comerciante—, tendría que inventar palabras como «amabilidacita» o «confianceta», tan feas que el cliente preferirá no llevárselas.

La persona que despacha en la tienda suele conocer bien los gustos de sus clientes (es decir, de las palabras que se presentan a la puerta porque quieren resultar de utilidad a alguien). A veces dispone de varias piezas distintas que cumplen una misma función; pero él sabe que encajan mejor en unos mercados que en otros. Si viene la palabra *función* porque desea servirle de algo a un médico, por ejemplo, para ser reformada de manera que pueda significar una función múltiple o diversa, el tendero mecánico le venderá el prefijo *poli-,* muy del gusto de los doctores. Y se llevará *polifunción,* como el día anterior un compañero suyo de Urgencias se llevó *politraumatismo.* En cambio, si se presenta un vocablo que desea ofrecerse a un político para esa misma función de diversidad, le venderá *pluri-,* de modo que pueda crear *plurifunción*, o *plurifuncional, pluri-nacional* y *plurianual* (en estos casos con un precio mayor, pues se lleva prefijo y sufijo. Y, siendo plurianual, durará más tiempo).

Hagamos ahora el inventario de tuercas y piezas, y de las aplicaciones que tienen, para comprender lo ricos que somos.

No se trata aquí de aprenderse todos estos mecanismos, sino de ver —repasándolos— la potencia de nuestro armario de herramientas y el veloz funcionamiento de nuestra mente gramatical cuando las usamos casi sin pensar.

Los prefijos

La gramática —gracias a la intuición de millones de hablantes durante siglos— ha establecido una cierta especialización de las piezas que se adhieren a una raíz, porque los afijos han almacenado en sus escuetos signos una gran carga de significado.

Empecemos con los prefijos.

En ellos, los significados son herederos de grupos de letras similares en el griego o el latín.

En la gran caja de piezas con la cual podemos construir el inmenso castillo del idioma tenemos, por ejemplo, partículas especializadas en multiplicar el valor de la raíz o base de significado. Logran con ello establecer una cantidad concreta de lo que se cuenta en el sustantivo. Se trata de prefijos como *mono-, bi-, tri-, cuadr-*... Con ellos formamos *monopatín, bipolar, tridimensional, cuadrofónico*... Y muchas otras posibilidades (*tetraganador, pentacampeón, decálogo, centuplicar*...).

(Uno de ellos se nos muestra esquivo: el prefijo *cuatri-* funciona en palabras como *cuatrienio, cuatridimensional* y otras; pero en ciertas palabras toma la forma *cuadr-* y eso nos hace equivocarnos cuando decimos «cuatriplicar» en vez de *cuadruplicar*).

Esos que hemos citado (sólo en parte, pues suman muchos) nos dan una idea exacta de cantidad. Pero también tenemos unos cuantos que multiplican sin fijar un número determinado: *pluri-, multi-, poli-...* Y con ellos formamos *plurianual, multidifusión* o *polivalencia.*

➢ **Otros prefijos sirven para negar lo que se dice en la raíz** (*a-política, an-aeróbico, anti-comunista, anti-clerical, des-colocado, dis-función, in-acabada, im-perturbable, i-rreal, i-localizable, contra-rrevolución...*).

(Y en ellos *an-* reemplaza a *a-* cuando le espera una vocal a continuación. *Im-* sustituye a *in-* cuando precede a *b* o *p;* y se emplea *i-* delante de *r* y *l*).

➢ **Los hay que sirven para denotar repetición o insistencia** (*re-inventar, re-pensar, contra-ventana, contra-barrera, recontra-tonta, requete-bobo...*).

➢ **Y otros se han especializado en significar por encima** (*hiper-protección, sobre-alimentación, super-buena, ultra-ligero...*). Al contrario que sus opuestos *infra-* o *sub-* (*infra-dotado, sub-desarrollo, infra-vivienda...*).

Por resumir, diremos que las *piezas prefijo* pueden referirse:

• al tamaño de lo que se dice en la raíz:
macro-concierto, maxi-falda, micro-mundo, mini-bús;

• al espacio o al tiempo en que la situamos:
ante-cocina, ante-ayer, entre-pierna, entre-tiempo, extra-comunitaria, pre-colombino, proto-rromance, sobre-volar, sub-cutánea, sub-terráneo, so-portal, tras-tienda, ultra-mar;

• al cargo, dignidad o condición:
archi-duque, contra-almirante, ex presidente, sub-secretaria, vice-almirante, vice-rrector, archi-diócesis;

- o a la idea de acción o relación conjunta:
con-ciudadano, co-dirección, inter-dependencia, co-protagonista.

- Sin olvidar los que forman verbos a partir de sustantivos o adjetivos:
en-calvecer, en-ternecer, en-vejecer, a-comodar, a-cartonar, a-tontar, a-mariconar, en-mohecer.

Podríamos citar muchos más, pero se trata sólo de observar el funcionamiento y la creación de palabras que permiten los prefijos. Esto es sólo el manual de instrucciones, no el inventario.

Abreviamiento de palabras prefijadas

Cuando decimos *voy al súper* no es que *súper* tenga significado propio, sino que funciona como abreviación de *supermercado* (como sucede en *auto* con valor de *coche* —o *carro* en América— por abreviación de automóvil). Se aprecia con claridad si observamos que no es lo mismo *Voy al súper* que *Nos lo pasamos súper,* pues en este último caso *súper* se considera abreviación de otra palabra: *superbién.* Por tanto, el primer *súper* y el segundo no son la misma palabra, sino el mismo prefijo y la misma abreviación.

Puede suceder, insistimos, que un prefijo absorba el valor completo de la palabra: *tele-visión* significa «ver desde lejos» (por el adverbio griego *téle,* «a distancia»). Con el mismo prefijo se forman *teléfono, telecomunicaciones, telepatía, teledirigir...* Pero el uso tan frecuente de *televisión* —excesivamente frecuente— ha permitido a su apócope apropiarse del valor entero de la palabra. Así, creamos *teleprogramas, teleadicto, telediario,* o *telegenia,* por ejemplo, sin que *tele* signifique aquí «a distancia» sino «televisión».

Los sufijos

Los sufijos son piezas que van por detrás de la raíz porque la su-ceden (los prefijos la pre-ceden); es decir, se escriben o pronuncian **su**cesivamente después de la raíz, incurren en una **su**cesión… No se nos puede escapar así lo que significa *su-*…

Son muchííííííísimos los sufijos. Tienen sufijos palabras como *librero* (libro), *carajal* (carajo), *graderío* (grada), *toril* (toro), *novelesco* (novela), *santanderino* (Santander) —*santandereano* para el Santander de Colombia—, *arboleda* (árbol), *anclaje* (ancla), *aceitera* (aceite)…

Y esos sufijos aportan un significado a la palabra, aunque por sí solos no lo tengan fuera de ella.

Estas piezas ofrecen muchísimo mayor muestrario que los prefijos; y también mayor polivalencia, pues una de ellas puede encajarse con la raíz para ejercer distintas funciones según el caso.

Así, *-ero* puede significar lugar donde se contiene algo *(moned-ero)* o profesión *(tend-ero)*. Y *-ada* vale tanto para golpe fuerte *(corn-ada, pat-ada, pedr-ada)* como para indicar cualidad o conducta propia de lo representado en la raíz *(cacic-ada, cabron-ada)*.

Vamos a citar algunos de los significados de los sufijos, entendiendo que una relación exhaustiva nos llevaría muchas páginas y que no hace falta una relación completa de piezas para entender cómo funciona el mecanismo.

➤ Son curiosos, por ejemplo, **los sufijos que indican un golpe,** pues a menudo guardan relación con el propio sonido de la pieza *(-azo, -ón,* además de *-ada)*. Por ejemplo, *martill-azo, empuj-ón, cabez-azo, tir-ón, manot-azo, cod-azo, tromp-azo…).*

No son muchos.

➤ **Los que nos refieren una cualidad** de lo representado en la raíz muestran muchas más variedades:

igual-dad, unanim-idad, cort-edad, leal-tad, llor-era, tont-ería, sabihond-ez, llan-eza, alegr-ía, oportun-ismo, simil-itud, espes-or, cord-ura...

Y también los que dan idea de grupo:

avellan-eda, muchach-ada, turist-erío, put-erío, pel-ambre, campan-ario, palabr-ería, feligr-esía, corna-menta, vel-amen, robled-al, paisan-aje, arma-mento, oliv-ar, pedr-era...

➤ Y no suman pocos **los que sirven para formar profesiones** *(anticu-ario, cata-dor, carpint-era, dent-ista, barre-ndera, act-or, cant-ante, dependi-enta, bailar-ina...).*

(Ha de advertirse aquí que el sufijo *-ista* es una sola pieza, compacta y sólida: es decir, la *-a* final forma parte del bloque y no es una nueva adición cromosómica. Por eso decimos *el dentista* y *la dentista*, como debemos decir *el modista* y *la modista*).

➤ En cuanto a **los gentilicios**, se forman con sufijos curiosos que van por zonas geográficas. Por ejemplo, *-eco* se aplica a los habitantes de Guatemala pero también a sus vecinos mexicanos de Yucatán o de Chiapas *(guatemaltecos, yucatecos, chiapanecos)*. Y lo mismo pasa con el sufijo *-io* y algunos países vecinos de Rusia *(armenio, estonio, ucranio...)*.

A veces todo esto guarda relación con la historia y con las lenguas autóctonas de esas regiones. Por ejemplo, podemos comparar los gentilicios de Afganistán y Pakistán. Los nombres de estos países se forman con el sufijo *-stan* en ambos casos, que procede del persa *stan*, donde significa «tierra de». Así, Afganistán significa «tierra de los afganos»; y Kurdistán, «tierra de los kurdos», por ejemplo. Ambos gentilicios fueron anteriores a los nombres de sus países, lo que explica que sean más cortos. Eso no ocurre con *Pakistán* y su gentilicio *pakistaní*. ¿Por qué? Porque en este caso el gentilicio es posterior al nombre del país, y porque nunca existió la tribu de los «pakisos». En efecto, el nombre Pakistán se formó en 1930 con las primeras sílabas de los territorios que comprendía: Punjab, Afgan, Kashmir y Sind (invirtiendo en este último caso sus dos primeras letras para facilitar la pronunciación), a las que se añadió el sufijo *-stan*. Una decisión artificial y política ocasionó un gentilicio diferente a los que había creado la tradición en la misma zona.

Otros gentilicios en español son los que apreciamos en: *eslov-eno, chil-eno, albacet-ense, aten-iense, ilerd-ense, malagu-eña, tibet-ano, mexic-ano, grancanari-o, burg-alesa, genov-és, ceut-í, mallorqu-ín, moscov-ita, ginebr-ino, argent-ino...*

➤ Lógicamente, también tenemos **sufijos para crear nombres** de países o de lugares. Los más productivos son *-ia* y *-landia*, que también significan por esta vía «la tierra de». Así, *Iber-ia* es la «tierra de los iberos», e *Ital-ia* «la tierra de los ítalos», como *Gal-ia* «la tierra de los galos». Y *-landia* significa igualmente «sitio de» o «lugar de», en nombres como *Groen-landia, Is-landia, Fin-landia...* (el sufijo similar anglosajón *-land* nos da derivados como *Irlanda* o *Zelanda*). Estos sufijos han propiciado también modernos nombres comerciales, como *Zumolandia, Jugolandia, Disneylandia, Acualandia, Babelia, Argentaria...*

➤ **Más sufijos.** Algunos designan el lugar relativo a lo que se dice en la raíz (*come-dero, vesti-dor, verte-dero, perch-ero, notar-ía, caballer-iza, pari-torio, sana-torio, par-aje...*); y otras piezas similares sirven para que nos refiramos a las crías animales (*jab-ato, ballen-ato* —éste no tiene música, ¿eh?, y se escribe con *b*—, *lob-ezno, os-ezno, ansar-ón, aguil-ucho...*); y también los tenemos para reflejar actitudes habituales (*cantar-ín, hablad-or, abus-ona, pesim-ista* (donde tampoco existe «pesimisto»).

El sufijo *-ista* da mucho juego, y sirve tanto para este último apartado como para profesiones —lo acabamos de ver— o como para denominar a los seguidores o partidarios de una doctrina: *marxistas, socialistas, comunistas, fascistas, felipistas, aznaristas, zapatistas, zapateristas, peronistas, chavistas, castristas, derechistas, indigenistas...*

➤ Y, por supuesto, conocemos **los que forman el nombre de un enfermo** en relación con su enfermedad: *grip-osa, cancer-osos, catarr-osa, sid-oso, tubercul-oso...*

Los sufijos no sólo aportan una modificación del significado de la raíz sino que también pueden alterar, como sabemos, su función gramatical.

➤ Por ejemplo, algunos **convierten adjetivos en nombres abstractos:** *floj-era, socarron-ería, esbelt-ez, destr-eza, cerril-idad, avar-icia, dulz-or, exact-itud, pesad-umbre, bland-ura...*

➤ Y otros **forman sustantivos derivados de verbos:** *fren-ada, acab-ado, marid-aje, alab-anza, aleg-ato, hall-azgo, arm-azón, reac-ción, sopl-ón, acomet-ida, descos-ido, arma-dura, amagu-e, destil-ería, habla-duría, temer-idad, funda-mento, aturdi-miento, mar-eo, arre-ón, escapa-toria...*

➤ Y no faltan los que **convierten verbos transitivos de acción en adjetivos:** *am-able, ejecut-able, razon-able, vis-ible, permis-ible...*

➤ También existen **sufijos que crean sustantivos de acción** derivados de verbos, sustantivos o adjetivos *alcald-ada, enem-istad, golf-ería, sabihond-ez, chala-dura, chivat-azo, apag-ón...*

Nuevas palabras

Estas listas no son exhaustivas, insistimos. Se trata sólo de dar una idea de las inmensas posibilidades de creación de palabras que han aportado los prefijos y los sufijos. El lector interesado encontrará más ejemplos y un análisis más pormenorizado en los libros específicos citados en la bibliografía.

Los sufijos y los prefijos continúan sirviendo para crear palabras por analogía con otras. Por ejemplo, *feretral,* inventada por Pío Baroja para significar la tristeza funeraria; o *agostidad,* aportación del español moderno de España para descalificar las decisiones de un gobierno adoptadas durante los periodos de vacaciones (por analogía con *nocturnidad:* con poca luz); o *tuneladora,* máquina inmensa que horada túneles para vías de comunicación subterráneas, muy de moda en Madrid; o *unipalabraria,* que se usará aquí para designar las oraciones de un solo vocablo.

Hemos visto, además, que distintos sufijos y diferentes prefijos tienen funciones similares. ¿Por qué? Porque eligen a veces unas palabras y desechan otras. Decimos *taxista* (de taxi), *motorista* (de moto), *ciclista* (de bicicleta) o *automovilista* (de automóvil), pero ese sufijo *(-ista)* no ha querido saber nada de los conductores de camiones, a los que se denomina en España *camioneros* y no «camionistas». ¿Por qué? No lo sabemos bien.

Llama la atención, no obstante, que muchas raíces que permiten la terminación en *-ista* acepten también el sufijo *-ismo,* lo que no sucede con *camión* (y sí con *ciclismo* o *motorismo…*). Pero tampoco acepta *-ismo* la raíz *taxi,* pues no tenemos el término «taxismo» a pesar de que hemos creado *taxista* (palabra con la que sucede igual que con *antena,* que da *antenista* pero no *antenismo),* y eso se debe simplemente a que no existen los movimientos o abstracciones que justifiquen la creación de esas palabras, que sin embargo son posibles en el sistema y se generalizarán en el momento en que los hablantes lo perciban necesario. El recurso existe, sólo hace falta activarlo. Mas para ello hace falta una idea general —compartida por muchos hablantes— que lo ponga en marcha.

Por ejemplo, si existieran estudios para llegar a taxista probablemente se llamarían estudios de «taxismo». Pero no existen.

Algunos prefijos se parecen mucho a las preposiciones, porque, de hecho, son preposiciones. Pero el hecho de que un prefijo y una preposición coincidan no quiere decir que signifiquen exactamente lo mismo. Por ejemplo, *sobre* y *sobre-:* no es lo mismo *reducir sobre sueldo* (se le quita a alguien una cantidad de la nómina) que *reducir sobresueldo* (se reduce el sueldo adicional). Ni es lo mismo *violencia contra cultura* que *violenta contracultura*.

(El hecho de que dos palabras se escriban juntas o separadas puede alterar su significado. No es lo mismo *se comió una medialuna* —se zampó un bollito— que *se comió media luna* — se estrelló contra un cristal; bueno, contra medio cristal—).

Diminutivos, aumentativos y despectivos

Un tipo especial de sufijos son los que sirven para alterar el tamaño de lo que expresa la raíz: para reducirlo o aumentarlo; y también para despreciarlo o apreciarlo.

En este último punto vemos cómo la gramática y el pensamiento se funden con mecanismos similares: las formas que muestran el aprecio hacia algo coinciden con las que trasladan su tamaño reducido. Y así funcionan los sentimientos humanos, que tienden a considerar entrañable lo pequeño (empezando por los niños y las crías animales).

Por ejemplo, se dice mi *perrito* porque es pequeño o bien porque, siendo grande, lo designamos cariñosamente.

➤ Los diminutivos

Según el tono que empleemos, los diminutivos pueden ser también despectivos. Un día de 2005, el presidente de Colombia le insistía al de Panamá sobre la necesidad de construir una carretera que uniera bien los dos países. Pero Panamá nunca ha querido esa vía de comunicación, porque teme facilitar la entrada ilegal de personas. Al cabo de un rato de insistir, el presidente panameño dijo «que no era tan importante la *carreterita*». Y sonó refeo.

Los sufijos de diminutivo son principalmente *-ito, -ico, -ecillo, -ete, -ino, -ículo, -uelo* y sus correspondientes femeninos (*perr-ita, tint-ico, coch-ecillo, maj-ete, pequeñ-ina, mont-ículo, riach-uelo*).

➤ Los aumentativos

Los principales sufijos para formar aumentativos son *-ón, -ote, -azo* y sus correspondientes femeninos (*grand-ón, cuerp-ote, golp-azo*). También con ellos se pueden componer palabras connotadas afectivamente, aunque de manera distinta a lo que sucede con los diminutivos. En éstos, el tamaño reducido invita mentalmente a la ternura; con los aumentativos el mecanismo mental representa la idea de «un gran». Así sucede en *padrazo* (un gran padre), *compañerazo* (un gran compañero) o *porterazo* (un gran guardameta).

➤ Los despectivos

Los principales sufijos despectivos son *-ajo, -ejo, -aco, -astro, -ucho, -uelo, -uzo* y sus femeninos correspondientes (*papel-ajo, arbol-ejo, libr-aco, artist-astro, elefant-ucho, mujerz-uela, borrach-uzo*).

Como estamos hablando de los diminutivos, aumentativos y despectivos (todos ellos sufijos), veamos estos ejemplos:

Raíz	Diminutivo	Aumentativo	Despectivo
Hombre	Hombrecillo	Hombretón	Hombrezuelo
Mujer	Mujercita	Mujerona	Mujerzuela
Cama	Camita	Camota	Camastro
Pájaro	Pajarico	Pajarote	Pajarraco
Gente	Gentecilla	Gentota	Gentuza
Perro	Perrito	Perrazo	Perrucho
Cerdo	Cerdito	Cerdazo	(El despectivo suele coincidir con la raíz... cuando se aplica a personas)

➤ Otros sufijos que **permiten expresar una opinión** sobre lo expresado en la raíz son los que aparecen en estas palabras:

pic-acho, tont-aina, viv-ales, niñ-ato, list-illo, señorit-ingo, bod-orrio, tint-orro, cas-uca, bland-urrio…

➤ Algunos términos con diminutivos y aumentativos cobran a veces **significado propio,** diferente de la raíz pero distinto también de la simple idea que darían un diminutivo o un aumentativo aplicados a ella:

No es lo mismo *pajarilla* que *pajarita.*
No es lo mismo *palomica* que *palomilla.*
No es lo mismo *ventanita* que *ventanilla.*
No es lo mismo *trancón (atasco* en Colombia y Venezuela)
    que *trancazo.*
No es lo mismo *cucharaza* que *cucharón.*
No es lo mismo *zapatote* que *zapatazo.*
No es lo mismo *manaza* que *manotazo.*
No es lo mismo *plumita* que *plumilla.*
No es lo mismo *cajota* que *cajón.*
No es lo mismo *mesita* que *mesilla.*
No es lo mismo *jarrota* que *jarrón.*
No es lo mismo *arcaza* que *arcón.*
No es lo mismo *bolsito* que *bolsillo.*
No es lo mismo un *tornito* que un *tornillo.*
No es lo mismo poner unas *banderitas* que poner unas
    banderillas.

➤ Otras palabras formadas mediante la **sufijación del aumentativo o el diminutivo** ni siquiera han dejado otra alternativa: *apagón, monaguillo, rodilla…* Tienen significado propio con ese sufijo, no se refieren a una raíz que signifique lo mismo aunque con otro tamaño (no derivan del «apago», el «monago» ni la «roda»; en todo caso sucedería al revés, pues éstas se deducirían de *apagón, monaguillo* y *rodilla).*

➤ Algunas **palabras, provenientes en su mayoría del latín,** muestran un sufijo *-ículo, -ícula,* que en esa lengua se utilizaba para la formación del diminutivo. En ocasiones, es fácil adivinar la raíz sobre la que se han formado esos diminutivos: así *retícula* (de red) o *partícula* (de parte)…; pero en otras, no nos resulta fácil ya rastrear esa raíz: por ejemplo en *adminículo,* formado sobre *admineo;* o *artículo,* sobre el sustantivo latino *artus).*

➤ El idioma español es tan rico, que incluso se ha atrevido a **combinar aumentativos con diminutivos:**

Chuleta - Chuletón - Chuletoncillo.
Sala - Salón - Saloncito.
Marica - Maricón - Mariconcete.

En este tipo de combinaciones se conjuntan el aumentativo —por una parte— y —de otra— un matiz afectivo favorable representado por el diminutivo:

Me voy a comer este chuletoncillo que me ha preparado mi maridito.

Y a veces se refuerza una idea con dos diminutivos o dos aumentativos juntos, como se ve en estas progresiones:

Chico, chiquito, chiquitín, chiquitito.
Mano, manota, manotota.
Grande, grandota, grandotota.

Hemos hecho hasta aquí un repaso general de los prefijos y sufijos. Aún debemos hablar de los interfijos o infijos.

Los interfijos

Los **inter**fijos están **inter**nos en la palabra. Interfijos o infijos son las partículas que se ponen en medio de algo, generalmente entre la raíz y el sufijo: por ejemplo, *café-l-ito*. Esa *-l-* es un interfijo; como también sucede con *-ec-* en *sol-ec-ito (Estoy tomando el solecito)* o *mes-ec-ito (Vaya mesecito llevamos)*, o *jef-ec-illo (Sólo soy un jefecillo)*. Otro interfijo es *-ar-* en *hum-ar-eda.*

Los interfijos sirven para que suene mejor la palabra nueva, de modo que facilitan su pronunciación (y evitan así «mesito», o «jefillo»; o «cafeíto», que sería una palabra bastante «feíta»; o «solito», que nos haría ver un Sol muy solitario).

Pero podemos identificar también un cierto significado de los interfijos (como hicimos con prefijos y sufijos).

➤ Curiosamente, encontramos aquí algunos interfijos que coinciden en sonido con otros analizados anteriormente como sufijos y que vienen a significar lo mismo. Se trata de los que sirven para ofrecer **un matiz despectivo:** *-arr-, -orr-, -urr-, -uj-.* Es el caso de *pint-arr-ajear, chism-orr-ear, cant-urr-ear, apret-uj-ados…*

➤ Y no falta cierta analogía también en el caso de los interfijos que dan **idea de contundencia** o golpe: *-ot-, -et-, -at-* (junto a los sufijos *-ón* y *-azo). Man-ot-azo, zap-at-azo, golp-et-azo, pis-ot-ón, palm-et-azo…*

➤ Otros interfijos sirven para dar **idea de acción reiterada y sin interés:** *-ic-, -iqu-* (a los que se añaden los sufijos *-ear* y *-eo): polit-iqu-eo, llor-iqu-ear...*

➤ Y también los tenemos para dar **idea de abundancia o gran tamaño:** *-ar-, -er-, -an- (cas-er-ón, polv-ar-eda, boc-an-ada…).*

➤ Y cerramos la relación con los que dan **idea de acción repetida:**
-ot-, -et- (ante los sufijos *-eo* y *-ear): lig-ot-eo, toqu-et-ear, pic-ot-ear…*

Las desinencias

Quiere decirse, con todo lo repasado hasta aquí, que si tenemos una raíz dispondremos igualmente de una inmensa cantidad de partículas que nos permiten formar palabras a partir de aquélla. Eso hace posible, por las mismas razones, descomponer las palabras para examinar sus partes como si desmontáramos un motor.

A los sufijos, infijos y prefijos se les llama *morfemas derivativos,* porque sirven para crear palabras nuevas pero derivadas de otra (por ejemplo, de *botella* sale *botellero*).

En cambio, a los morfemas que crean, por ejemplo, los tiempos de los verbos o que marcan el género y el número de una palabra se les conoce como *morfemas flexivos* o *desinencias,* porque no forman vocablos nuevos sino que hacen flexible una misma palabra. Así, *niño* es la misma palabra que *niña,* que se flexibiliza para denotar el género. *Acabará* es el mismo verbo que *acaba,* pero se flexibiliza para denotar la idea de futuro. En cambio, *robledal* es una palabra distinta de *roble,* como *monedero* difiere de *moneda*.

Por tanto, tenemos *morfemas derivativos* (o *afijos*) y *morfemas flexivos* (o *desinencias*). Pero morfemas al fin y al cabo.

Son desinencias:

• Las que sirven para determinar el género o el sexo: *-o, -a, -esa, -isa, -triz, -ina*.

Perr-o/perr-a, inglés/ingles-a, barón/baron-esa, diablo/diabl-esa, sacerdot-e/sacerdot-isa, actor/ac-triz, emperador/empera-triz, zar/zar-ina, héroe/hero-ína.

• Las que sirven para marcar el número: *-s, -es*.

Arma/arma-s, guardés/guardes-es, borceguí/borceguí-es, bigudí/bigudí-es, jabalí/jabalí-es.

En realidad, el singular no suele tener una marca propia: la palabra en singular coincide con la palabra misma. Para crear un plural, deberemos añadir generalmente una letra o dos: *-s* o *-es*. Los sustantivos con acentuación llana o esdrújula que terminan en *s* o *x* no añaden nada a su raíz: *la caries / las caries; el tórax / los tórax*.

Sobre la formación del plural hablaremos más extensamente en el capítulo de los sustantivos y los adjetivos.

Lo que hemos explicado para los sustantivos y los adjetivos sirve asimismo para los verbos. También los verbos tienen una raíz y unas desinencias que hacen flexible esa raíz. *Pintaba* se forma sobre la raíz «pint-» y la terminación *-aba* que corresponde a un tiempo verbal del pasado. *Variará* nos muestra la raíz verbal «vari-» y la terminación *-ará* que corresponde al futuro. (La raíz de un verbo es lo que nos queda después de quitarle al infinitivo su terminación. Las terminaciones de infinitivo son *-ar, -er, -ir*).

Pero eso lo abordaremos luego también, porque no hemos llegado aún a los verbos. Se trataba sólo de distinguir entre la afijación *(probar, comprobar)* y la flexión *(suspenderás, suspendiste)*.

(Rectificamos: *aprobarás, aprobaste*).

Todo este tropel de piezas de un juego de arquitectura que hemos esparcido sobre la mesa acude a nuestra mente a una velocidad de vértigo cuando necesitamos cada una de ellas. Generalmente, hallamos primero la raíz que sostiene el significado principal de lo que deseamos nombrar. Si hemos conocido una idea tonta, tendremos enseguida ante nosotros esa raíz, *tonta*, y en un tiempo imperceptible la asociaremos al sufijo *-ería* para convertir un adjetivo en sustantivo: *tontería*. Parece increíble que podamos dominar con tanta precisión un arsenal de recursos tan inmenso.

Composición

Algunas veces, al descomponer una palabra veremos que sus piezas sí pueden funcionar solas. Entonces lo que examinábamos no era una palabra formada por afijación, sino por composición.

Y no es lo mismo componer que descomponer.

La composición se basa en juntar raíces (*sacamantecas, pelagallos, destripaterrones, catacaldos*... y algunas que no son insultos: *quitanieves, matarratas, espantapájaros* —bueno, ésta a veces sí lo es—, *hojalata, sacacorchos, ganapierde, cuentagotas, guardaespaldas, aguanieve*... Tales palabras son compuestos, pues se forman con dos términos en igualdad de condiciones: los dos tienen vida propia. Son vocablos que se casan y se divorcian según les parece, porque cada uno puede ir por su lado.

A veces, eso sí, uno de ellos sufre alguna alteración en su raíz (generalmente para mejorar su sonido y hacernos más fácil la pronunciación: *rojiblanco, cantautor, aguanís*...).

Clases de palabras

Con todo lo que hemos visto, podemos distinguir ya ciertas clases de palabras:

> **Las palabras primitivas**
Son las salvajes del asunto, las que no se juntan con nadie y se creen muy genuinas. Van solas, sin ningún pegote en su armazón. No porque no puedan, sino porque en ese momento no quieren. Palabras como *libro, mesa, árbol, cuchara, balón, juego*...

> **Las palabras derivadas**
Ya las hemos observado. Unas, como la propia palabra *prefijo*; o *contramano, antibalas, sobremesa*... añaden algo a la raíz

por delante; otras, como *arboleda, gigantón, mesero…* añaden algo a la raíz por detrás; y otras, como *apretujar,* añaden algo en el interior de la palabra.

➤ Las palabras compuestas

Las que se forman con raíces que pueden ser independientes: *cubrecama, cortocircuito, soplagaitas, lavaplatos, todoterreno, motocicleta, motocaca* (máquina limpiadora de excrementos), *terremoto, meriendabocadillos, devorahombres…*

➤ Las palabras «mecano» (también llamadas parasintéticas)

Son las que se forman con varias piezas: al menos, con dos raíces; y además con algún sufijo (como *barriobajero, guerracivilista, pordiosero, maniobrero, malhumorado, menospreciativo*) y también las que se forman con al menos un sufijo y un prefijo cuando son imprescindibles los dos (sin uno de ellos sería imposible la palabra), como *avejentar, enternecer* (donde las raíces son «vej» y «tern», las mismas que en *vejete* —de *viejo*— y *ternura* —de *tierno*—, por ejemplo: dos casos en que la raíz también experimenta una ligera variación al cambiarse *ie* por *e*).

➤ Las palabras frase

Se forman mediante la unión de vocablos diversos, que por separado podrían formar un conjunto con sentido propio y que incluyen al menos un verbo: *correveidile, subibaja, vaivén, picapica, metomentodo, curalotodo, sabelotodo, metisaca, comecome, a matacaballo…* A veces se forman con verbo y pronombre: el *quemeimportismo,* el *yocreísmo.*

Capítulo 2
Los acentos

Todo el sistema lingüístico cuenta con un cuerpo de policía implacable. Sus agentes hacen cumplir las leyes generales, y castigan con una multa a aquellas palabras que las incumplen: la multa es el **acento.** Una palabra debe pagar con la tilde (o acento ortográfico, pero familiarmente «el acento») cuando se salta las reglas y el policía la sorprende en falta (en «falta de ortografía», más exactamente). Una vez pagada la multa, y aceptado el castigo de cargar con el acento allá donde vaya, esa palabra podrá vivir con normalidad. He ahí la enorme responsabilidad ciudadana de quien escribe: si pone tilde a una palabra que no la precisa, está castigando a un inocente; y si se la evita a la que debe llevarlo, está colaborando con un infractor y obstruyendo la acción de la justicia. Así es el reino de la gramática. Ahora lo explicaremos.

> Los acentos (del latín *accentus*) son la música de las palabras, las notas de la partitura que leemos.

Debemos diferenciar en primer lugar entre el *acento prosódico* (o *acento de intensidad*) y el *acento ortográfico* (o *tilde*). Todas las palabras tienen acento prosódico, es imposible pronunciar un vocablo en español sin que una sílaba predomine en su intensidad sobre las demás. (Y cuando intentamos artificialmente que eso no suceda, nos sale sin querer una palabra llana; es decir, acentuada en su penúltima sílaba: es el genio del idioma que anda por ahí, dentro de cada uno de nosotros). Como todas las palabras tienen acento prosódico, es decir, el pronunciado, se entiende que nos referimos al acento gráfico cuando hablamos de si un término lleva o no acento (nunca discutiríamos si una palabra tiene o no acento prosódico, ya sabemos que todas lo llevan).

El acento sólo puede recaer sobre una vocal (los fonemas /a/, /e/, /i/, /o/, /u/). ¡No deja de ser una ventaja! Recuerdo que un compañero periodista, alarmado por las continuas faltas en un texto que estaba corrigiendo a un redactor, exclamó: «¡Menos mal que no se pueden acentuar las consonantes!».

Aquel texto contenía, en efecto, innumerables errores de acentuación, a pesar de que resulta facilísimo saber si una palabra debe acentuarse o no. Apostaremos aquí dólares contra galletas a que bastan cuatro páginas para explicarlo.

Y sólo para explicarlo, puesto que para la norma principal bastan apenas unas líneas, que son éstas:

Normas para acentuar

- Las palabras que acaban en *n, s* o vocal tienen el acento de intensidad en la penúltima sílaba (son llanas).
- Las demás lo tienen en la última (son agudas).
- Toda palabra que incumpla cualquiera de las dos normas anteriores será castigada con un acento ortográfico.

LA ACENTUACIÓN EN PALABRAS SIN DIPTONGOS NI TRIPTONGOS

Hasta ahí la norma. Quien se aprenda eso reducirá enormemente sus faltas de ortografía. Vayamos ahora a explicarlo.

En español hay tres clases de palabras según su acentuación:

➤ Palabras agudas

Los gramáticos las llaman también «oxítonas», para complicar las cosas; pero en realidad están diciendo lo mismo, porque «oxítono» en griego significa «intensidad aguda».

Son agudas aquellas en las que pronunciamos el acento en la última sílaba, como *adiós, iré, amor, control* o *latín.*

➤ Palabras llanas o graves

Llamadas también «paroxítonas», lo que significa que se acentúan «junto al acento oxítono»; es decir, en la sílaba precedente a la última o, lo que es lo mismo, en la penúltima sílaba, como *árbol, casa, juanete, cráter, berenjena, zanahoria* o *pantaloneta.*

➤ Palabras esdrújulas y sobresdrújulas

A las primeras también se las llama *proparoxítonas,* es decir, que tienen el acento una sílaba antes que las paroxítonas y dos antes que las oxítonas; y a las sobresdrújulas, *superproparoxítonas.* Son esdrújulas, pues, las palabras que llevan el acento en la antepenúltima sílaba (como *último, cántaro, pésame),* y sobresdrújulas si lo llevan en la precedente a ésta, como *cuéntamelo, anticípaseme* o *explícaselas.*

Su nombre procede del italiano *sdrucciolo.*

Hemos retratado los tres grupos tradicionales de palabras a tenor de su acentuación, pero en español las palabras se concentran en dos grupos exclusivamente, a esos efectos (¡sólo dos, y no más como nos han venido enseñando durante años en unas normas muy complicadas!). Es decir, podríamos haber suprimido el grupo de las esdrújulas y sobresdrújulas, porque no influyen en el criterio general que vamos a exponer.

En español, hay un primer grupo de palabras, formado por las que acaban en vocal, en *n* o en *s,* que tienden a ser llanas. Es decir, la inmensa mayoría de las palabras que terminan así tienen el acento prosódico en la penúltima sílaba.

El grupo segundo lo forman las palabras que acaban en cualquier otra letra, y cuya tendencia natural es a ser agudas. Es decir, la inmensa mayoría de estas palabras tiene el acento prosódico en la última sílaba.

De esta sencilla clasificación se pueden extraer las normas para acentuar las palabras que exponíamos al comienzo del capítulo y que repasamos ahora de nuevo:

• Las palabras que acaban en -*n,* -*s* o vocal son llanas.
• Todas las demás son agudas.
• Toda palabra que incumpla cualquiera de las dos normas anteriores será castigada con un acento ortográfico.

En español sólo pueden terminar palabra las cinco vocales y las citadas *s* o *n* (primer grupo), así como las consonantes *d, j, l, r, x, y, z* (palabras éstas del segundo grupo, las que tienden a ser agudas). Los términos que no acaben con una de esas letras son extranjerismos claros (o tal vez latinismos puros, como «déficit» o «hábitat»), que también deberán adaptarse a la regla general si los usamos como palabras españolas.

Así, la palabra *Fernández* incumple la norma de ser aguda, norma que le corresponde al no terminar en vocal, ni en *n* ni en *s.* Y por eso tiene que llevar acento.

En cambio, la palabra *sandez* cumple la norma de no acabar en vocal, *n* o *s* y ser aguda, por lo que no tiene que pagar multa y se libra de la tilde.

Quedan exentas de tilde, no obstante, las palabras de una sola sílaba, pues con ellas no cabe duda alguna sobre cómo deben pronunciarse y no precisan acento nunca, salvo que éste sirva para diferenciarlas de una palabra que se forma con las mismas letras pero con distinto significado, como veremos después: por ejemplo, *té* (bebida) y *te* (pronombre).

Las palabras del primer grupo —llanas acabadas en vocal, *n* o *s*— constituyen la inmensa mayoría de los vocablos que existen en español, porque nuestro idioma tiende a que las palabras terminen en vocal. La *n* y la *s,* por su parte, están ahí por sus propios méritos y también porque con ellas se forman los plurales de los verbos *(canta/cantan)* y de los sustantivos y adjetivos *(bueno/buenos).*

Demos un breve paseo por las estadísticas. En español terminan en vocal cerca de 65,000 palabras, sobre un total de 92,000. Si se agregan las acabadas en *n* o en *s,* sin incluir los verbos y los plurales, el grupo suma ya 72,500 palabras. Por tanto, más del 80 por ciento de nuestras palabras corresponden al grupo primero (acabadas en vocal, *n* o *s).*

Como hemos señalado antes, las palabras de este primer grupo tienden a ser llanas. Lo normal, pues, es que en español una palabra no tenga tilde, y de hecho la inmensa mayoría no la lleva.

¿Cuántas palabras de este grupo incumplen la norma por el hecho de ser agudas o esdrújulas? Cerca de 15,500. No son muchas. Entre las que pagan multa tenemos *amarás, será, carmesí, matón, espíritu...*

Y ¿cuántas del segundo grupo (es decir, el de las palabras que no terminan en vocal, ni en *n* ni en *s)* incumplen a su vez la tendencia natural de este lote a constituir palabras agudas? ¡Sólo 380! Y aquí encontramos vocablos como *fútbol, cráter, árbol, trébol* o *Félix,* todos con su papelito correspondiente sobre el parabrisas.

¿Y qué pasa con las esdrújulas y las sobresdrújulas? Nada: no tienen el acento prosódico en la penúltima sílaba (sino antes) y siempre terminan en vocal, en *n* o en *s.* Por tanto, contravienen la norma y pagan la multa también. Todas las esdrújulas y sobresdrújulas se acentúan, pues. Pero no necesitan una norma específica para ellas: participan de la regla general, pero en este caso para contravenirla.

Ya tiene gracia que ni una sola esdrújula en todo el diccionario (salvo algunos latinismos puros) termine en una letra que no sea *n, s,* o vocal.

La acentuación en palabras con diptongos o triptongos

En el caso de los diptongos y los triptongos la acentuación es muy fácil también, pero necesitamos saber algo antes.

➤ **Las vocales pueden ser débiles o fuertes.**

Son fuertes la *a,* la *e* y la *o.* Y no sólo son fuertes sino que suman más, porque consideramos débiles únicamente a la *i* y la *u.* Si decidieran entablar una batalla, las débiles irían de cráneo.

La diferencia entre ellas se ve claramente en el sonido. Si queremos infundir potencia o ánimos a alguien, utilizaremos las vocales fuertes. Por ejemplo, en *¡ea!* Nadie en los estadios de fútbol animaría a su equipo diciendo *iú, iú, iú, iú…*, sino *oé, oé, oé, oé…*

➤ **Sólo hay diptongo si tenemos al menos una vocal débil.**

El diptongo (es decir, dos vocales unidas en un mismo golpe de voz, en una sola sílaba) sólo se puede formar con una vocal fuerte y una débil *(hue-co),* o también con dos débiles *(cui-do),* pero nunca con dos fuertes. Eso nos da un total de 16 combinaciones posibles en español.

Si analizamos la palabra *cuita,* notamos dos sílabas: *cui-ta.* Las vocales débiles se agrupan en diptongo. Si miramos la palabra *poeta* veremos dos vocales fuertes juntas, luego no puede haber diptongo y la pronunciamos con tres sílabas: *po-e-ta.*

La norma general indica que todos los diptongos (vocal fuerte junto a vocal débil, o dos débiles juntas) deben pronunciarse en un solo golpe de voz. Y los que siguen esa regla no se acentúan (salvo si les corresponde el acento de palabra). En cambio, deberán *pagar* con la tilde aquellos que se salten el código.

Ejemplos: *lai-co, es-toi-co* (sin acento); pero *a-ís-la, ro-í-do* (con acento).

Ésta es, pues, la regla para acentuar los diptongos:

Normas para acentuar palabras con diptongos

- Sólo existe diptongo si en él hay al menos una vocal débil.
- Los diptongos se pronuncian en un solo golpe de voz.
- Pagan con el acento los que se salten el segundo punto (es decir, cuando se rompe el diptongo al caer la fuerza tónica en la vocal débil).
- Sólo se acentúa la vocal fuerte cuando el acento de palabra recae sobre ella sin que se rompa el diptongo.

Una lanza para la débil

Cuando se juntan una vocal fuerte y otra débil, la fuerte gana siempre a la débil, precisamente porque es más fuerte. No necesita más que su propia fuerza. No precisa ningún acento. Por ejemplo, en *jau-la, hier-ba, di-a-rio*.

Ahora bien, si queremos que la débil venza a la fuerte para separarse de ella o imponerse en su sonido (es decir, para romper el diptongo) debemos darle una lanza (el acento). Por ejemplo, en *a-ú-lla, re-ú-ne*.

El acento que rompe un diptongo es la lanza de la vocal débil para conseguir que la palabra tenga una sílaba más.

Si escribimos *pú-a*, anotamos dos sílabas. Si no ponemos el acento, nos saldrá un monosílabo de tono despectivo: *pua*. Y la hache intercalada no cuenta a estos efectos. Por tanto, debemos escribir con tilde *pro-hí-be* o *co-hí-be*, como si no existiera la letra muda.

Cuando en la acentuación de la palabra, siguiendo las normas generales, una tilde recae en un diptongo sin que éste se rompa, debe situarse siempre en la vocal fuerte: *cláusula, estáis*. En este segundo caso, la vocal fuerte no empuña la lanza del acento para vencer a su compañera débil, sino para imponerse en la palabra completa. (Los dos ejemplos citados —*cláusula* y *estáis*— corresponden al grupo primero: palabras que terminan en vocal, en *n* o en *s* y que deben ser llanas; al incumplirse esta ley, puesto que la primera es esdrújula y la segunda aguda, deben llevar tilde).

En *limpie* tenemos el diptongo *ie*. Ahora bien, en el caso de que deseemos escribir el verbo en pasado simple el acento no vendrá obligado por la necesidad de romper el diptongo —que no se rompe— sino por tratarse de una palabra terminada en vocal y que no obstante es aguda; sin el acento final, la pronunciaríamos «límpie», como llana. Así pues, la tilde —*limpié*— no tiene como misión que la *e* venza a la segunda *i* —que ya estaba derrotada— sino también a la primera. Para que se rompiera el diptongo —y tuviésemos un hiato— habría sido necesario acentuar la débil: «limpíe». Como acabamos de explicar, en este caso la acentuación de la palabra recae en un diptongo que no se rompe, y por eso la tilde debe situarse en la vocal fuerte (*limpié*).

Muchas veces, la presencia o no del acento gráfico hace que cambie el significado de las palabras: *secretaria* y *secretaría; hacia* y *hacía; limpie* y *limpié*. En todas éstas se incumplen normas generales y el Ayuntamiento se cobra su tilde.

En cambio, la Academia autoriza a decir *cardiaco* y *cardíaco*, como también *austriaco* y *austríaco*, o *policiaco* y *policíaco*. Ahora bien, si queremos que la vocal débil se imponga en todos esos casos y que no se supedite al sonido natural del diptongo, debemos proporcionarle un arma (sobre todo en *policíaco*, claro).

¿Y qué pasa con palabras como *construido, jesuita, incluido, obstruido...* cuyo diptongo *ui* es percibido por muchos hablantes como hiato? Aunque en algunas zonas hispanohablantes (entre ellas España) se pronuncie en dos sílabas *(je-su-i-ta, cons-ti-tu-i-do)*, la gramática considera un solo golpe de voz la combinación *ui*, por lo que estas palabras no deben llevar acento. Sólo lo aceptan cuando se impone alguna norma anterior: por ejemplo en *casuístico* o *jesuítico* (terminan en vocal y no son llanas, por lo que pagan multa).

Recordemos la norma:

• Los diptongos forman siempre una sola sílaba.

• Si forman dos, dejan de ser un diptongo y pasan a ser un hiato y, por ello, cargan con la multa del acento.

• Los diptongos que no se rompen llevan la tilde en la vocal fuerte si el acento de la palabra corresponde a esa sílaba.

Y ahora, a ver, planteemos las dudas.

➤ **¿Se debe acentuar la palabra seis?**
No, porque es monosílaba (las dos vocales forman diptongo al emitirse un solo golpe de voz).

➤ **¿Y entonces por qué se acentúa dieciséis?**
Se acentúa porque contraviene una de las dos normas generales: termina en *s* pero es aguda, puesto que *ei* es diptongo y, por tanto, la palabra lleva acento en la última sílaba. (Y, al contrario que *seis,* no es monosilábica; por eso le corresponde el acento de palabra aguda).

➤ ¿Y por qué se acentúa entonces «hiciéseis»?

¡Error!: *Hicieseis* no se acentúa. Pero se trata de un fallo que encuentra su lógica si alguien piensa que las dos últimas vocales forman dos sílabas distintas («hi-cié-se-is) y entonces el diptongo *ie* atraería el acento de la palabra supuestamente esdrújula. Lo que ocurre es que las dos últimas vocales forman un diptongo y, por tanto, constan de un solo golpe de voz.

De cualquier forma, son raros en español los sustantivos o adjetivos que terminen en *-ais, -ois, -uis* o *-eis.* Estos diptongos sí están presentes en los verbos, pero fuera de ellos no solemos encontrarlos; si acaso, en palabras no patrimoniales *(jerséis, beis, saharauis...).* De hecho, no resultó fácil la rima para desear «feliz año 2006», pues sólo podían servir verbos de la segunda conjugación que no aportaban mucha gracia al asunto.

El hiato (2)

Cuando se encuentran dos vocales fuertes, sus potencias están igualadas y cada una se lleva para sí la fuerza de una sílaba. Y eso se llama **hiato.** Por ejemplo en la palabra ya citada *po-e-ta.*

> Un hiato es la separación fonética de dos vocales juntas en dos golpes de voz.

Así pues, se pueden producir hiatos mediante la ruptura de un diptongo que de forma natural se pronunciaría de un solo golpe de voz (es decir, se produce un *hiato antinatural),* o bien se pueden dar por el hecho de que se junten dos vocales fuertes (y estamos entonces ante un *hiato natural).*

En *co-rro-er,* tenemos un hiato natural porque coinciden dos vocales fuertes. Y por eso no hace falta tilde. En *corroído* tenemos un hiato antinatural porque sin la tilde diríamos «co-rroi-do», con sólo tres sílabas. Y por eso le hace falta el acento ortográfico (que le añade una sílaba: *co-rro-í-do*).

Como ya explicamos al hablar de las sílabas, el hiato es el «rompediptongo»; si bien en el caso de la unión entre dos vocales fuertes no rompe nada, porque el diptongo no existía previamente. La verdad, podríamos llamarlo mejor «impidediptongo» o «antidiptongo». Ya hemos señalado que hiato significaba en latín «hendidura» o «grieta»: es decir, una separación notable.

Truco general

Para equivocarnos menos con los acentos, debemos preguntarnos cómo se pronuncia la palabra según lo pongamos o no: si se pronuncia igual con tilde que sin ella, no debemos colocarlo. Si cambia, entonces es necesario escribirlo para que esa palabra se lea como nosotros la pronunciamos.

Por ejemplo, en el vocablo *termino* (presente del verbo *terminar)* pondríamos el supuesto acento en la *i.* Y se pronunciaría «termíno», igual que si no lo colocáramos ahí. Ahora bien, si quisiéramos escribir *término* y no colocáramos un acento ortográfico en la *e,* leeríamos de nuevo *termino,* con lo cual no escribiríamos lo que tenemos en la cabeza sino una palabra diferente. Y lo mismo nos sucederá con *terminó:* que necesitaremos poner la tilde en la última sílaba para poder leerla como palabra aguda.

En este ejemplo vemos que sólo evitará la tilde la palabra que cumple la norma: *termino* (porque es llana y acaba en vocal). Tanto *término* (esdrújula) como *terminó* (aguda) contravienen la regla y pagan la multa.

Apliquemos este truco también a la duda que se nos planteaba unos párrafos atrás con el diptongo *ui:* «construído», con tilde, sería una palabra llana; y *construido,* sin ella, también. Por tanto, al no alterarse la palabra por la acentuación que le corresponde debemos omitir la tilde. Cómo perciba cada cual la sutil separación entre esas dos vocales no concierne a la ortografía, sino a la fonética. En América tienden a juntarse; en España, a separarse. En cualquier caso, la norma dice que el diptongo *ui* no se acentúa nunca cuando está situado en la penúltima sílaba.

TILDE SIN EXCEPCIÓN PARA LOS TRIPTONGOS

Los triptongos se forman con una vocal fuerte escoltada por dos débiles (paradójicamente), y los posibles en español suman siete: *iai, iei, iau, ioi, uai, uei y uau*. Todos ellos se pronuncian en una sola emisión de voz, y llevan la carga tónica sobre la vocal fuerte; es decir, constituyen una sílaba, si realmente son triptongos y cumplen la tendencia natural. En ese caso no pagan multa alguna: *miau*.

Ahora bien, si la entonación de la palabra —ojo: de la palabra; no de la sílaba— nos obliga a dar mayor fuerza a una de las dos vocales que abren y cierran el triptongo, esa *i* o esa *u* necesitarán de la lanza para imponerse a la vocal fuerte. Y con ello pagarán la multa también: *hací-ais*.

En la práctica, podemos decir (con un ligero margen de error que corresponderá a palabras inusuales o no patrimoniales del español, como *dioico* o *Uruguay;* y considerando a estos efectos la *y* como vocal) que los grupos de tres vocales se acentúan todos: en unos casos porque rompen la norma al pronunciarse la carga tónica en una de sus vocales débiles; y en otros porque, aun manteniendo la tendencia natural, necesitan el acento de palabra: *sentí-ais* (se rompe el triptongo), *en-viáis* (es palabra aguda terminada en *s*), *fre-í-a-mos* (es una esdrújula). La única excepción son los vocablos de una sola sílaba: *guau*, por ejemplo (o *buey,* si consideramos como vocal la *y*).

EL ACENTO EMBOSCADO

El idioma español puede sentirse orgulloso de todo este sistema de acentos, porque le permite una ventaja de la que carecen otras lenguas: es capaz de indicar la pronunciación exacta de una palabra, y por tanto su significado exacto.

A eso contribuye también la diéresis, que sirve para resaltar una *u* que sin ella pasaría inadvertida: *averigüe, lingüístico*. Es otra suerte de multa.

Pero el acento de palabra no es el único que posee nuestra lengua.

> Tenemos otro tipo de acento: el acento de frase, la entonación con la que expresamos un grupo de vocablos para darles sentido. Es el acento musical de nuestro idioma, que marca cada grupo de palabras.

En español no pueden pronunciarse más de ocho sílabas sin que entre ellas se encuentre al menos una palabra cuya entonación se imponga a las demás.

Ese acento musical se puede percibir muy fácilmente en las frases interrogativas. No pronunciamos igual *Está lista la cena* que *¿Está lista la cena?* Y además notamos mucha diferencia —en las palabras iniciales— respecto a esta otra doble posibilidad: *Esta lista viene a cenar. ¿Esta lista viene a cenar?* (frente a *¿Está lista la cena?*). En el anterior caso —*Está lista la cena*—, pronunciamos con más fuerza la palabra *está*, que se sitúa por encima de *lista*. En el segundo sucede al revés:

«Está lista lacéna».
«Estalísta viéne acenár».

A veces, un tenista arroja la bola hacia el público y siempre hay algún aficionado que la agarra. En otras ocasiones es un futbolista el que regala el balón para regocijo de los aficionados. También se les tiran calcetines, guantes, camisetas y otros diversos objetos sudados. Incomprensiblemente, la gente se pega por hacerse con ellos. En la vida real, unos consiguen el preciado objeto y otros se conforman con haberlo intentado. Curiosamente, todos agradecen a su ídolo el gesto como si la prenda le hubiera correspondido a cada uno de ellos.

Hay personas que, por mucho que lo intenten, jamás alcanzan el regalo. Y otras que se lo llevan siempre, nadie sabe cómo se las arreglan.

Lo mismo sucede con los acentos de frase. Uno tiene un acento de frase sobre la mesa, cerca del papel donde estamos escribiendo; y si lo arroja sobre el folio, pasa igual: hay palabras que se lo llevarán siempre, y otras que no lo conseguirán nunca.

Algunas palabras, puestas a competir con las demás, ganan sin fallar (se llevan el acento, y por tanto la fuerza de la frase); y otras no ganan nunca. Las palabras que vencen siempre se llaman *tónicas* (con *tono* o acento); y las que pierden un día sí y otro también, *átonas* (sin *tono*). No hay categoría intermedia, las que a veces ganan y a veces pierden: ahora estamos hablando de gramática, no de la realidad. Y a lo largo de esta obra observaremos que en muchos casos las normas de la gramática no van parejas con las reglas de la realidad.

Se ve claramente la diferencia entre palabras derrotadas y vencedoras cuando pronunciamos *te doy* y *té doy*. Está claro que en el segundo caso nos referimos a la bebida. En el primer ejemplo, la fuerza prosódica recae en *doy;* pero en el segundo gana *té*. Y por eso obtiene el acento diferenciador. Una palabra como *té* se llevará siempre los calcetines usados del tenista.

A veces el sonido de las palabras puede ponernos trampas. Sin embargo, el idioma se ha organizado bien para salir de ésa. Una gran sutileza en el ritmo de las sílabas nos ayuda hasta el punto de que, por increíble que parezca, podemos percibir diferencias como éstas, si las oímos con naturalidad en su contexto:

No es lo mismo *bar Ajo* que *barajo*.
No es lo mismo *bar Río Nuevo* que *barrio nuevo*.
No es lo mismo *barrio nuevo* que *Barrionuevo*.
No es lo mismo *No se aburra* que *No sea burra*.
No es lo mismo *Ése nos sirve* que *ése no sirve*.
No es lo mismo *un comisario culto* que *un comisario oculto*.
No es lo mismo *Qué tal ves a Romero* que *Qué tal besa Romero*.
No es lo mismo *un barco chino* que *un bar cochino*.

Esa entonación de frase nos permitirá distinguir unos tipos de palabras de otras. Para abrir boca, veamos estas diferencias:

Me pregunto cuando llego
Me pregunto cuándo llego
Me preguntó cuándo llego
Me preguntó cuándo llegó

Sé ama
Se ama

Té vendo
Te vendo

MONOSÍLABOS DIACRÍTICOS

Gracias a esas diferencias, las palabras monosilábicas homófonas (de igual sonido) se acentúan o no según la entonación que tengan en la frase (unas siempre pierden, otras siempre ganan).

Cuando deseemos averiguar si una palabra monosilábica homófona se escribe con tilde o sin ella, leamos en voz alta la oración donde se halle. Si el acento del conjunto recae en ella, pongámosle la tilde.

Este problema puede darse con las palabras homónimas —pero no sinónimas— *aún/aun; más/mas; sé/se; té/te, mí/mi...* Los monosílabos que tienen acento diferenciador de su pariente son tónicos, frente a sus correspondientes grafías sin tilde, que son átonas: *El que sé gana* y *El que se gana.*

La tilde que portan las palabras que se acentúan para diferenciarse de otras homófonas se llama «acento diacrítico», palabra ésta de origen griego que significa «distintivo» o «que distingue».

Los monosílabos con acento diacrítico son los siguientes:

Mí

El pronombre personal *(mí)* se distingue así del adjetivo posesivo *(mi):*
Lo trajo para mí / Lo trajo para mi primo.

Tú

El pronombre personal *(tú)* se distingue así del adjetivo posesivo *(tu):*
Tú cuenta con él / Tu cuenta con él.

Sí

El pronombre personal y el adverbio de afirmación son tónicos *(sí)* para diferenciarse de la conjunción condicional *(si):*
Lo retuvo para sí / Sí lo retuvo / Si lo retuvo, no lo sé.

Él

El pronombre personal *(él)* se distingue así del artículo *(el):*
Él qué sabe / El que sabe.

Té

El sustantivo *(té)* se diferencia así del pronombre personal *(te):*

Té sirve cada día / Te sirve cada día.

Sé

El presente del verbo *saber* y el imperativo del verbo *ser* (ambos son tónicos: *sé)* se diferencian así del pronombre *(se):*

Sé lo que quieres / Sé como quieras / Se le quiere como es.

Dé

El presente de subjuntivo y el imperativo del verbo *dar (dé)* se diferencian así de la preposición *(de):*

Dé usted lo que quiera / De usted, lo que quiera.

Más

El adverbio, pronombre o adjetivo de cantidad *(más)* se diferencian así de la conjunción adversativa *(mas):*

No hay más / Hay más dinero de lo que crees / Hay dinero, mas no lo que crees.

Aún

El adverbio de tiempo, bisilábico *(aún)*, que equivale a *todavía,* se diferencia así de la conjunción adversativa monosilábica *(aun)*, que equivale a *incluso: Ganó el torneo local de ajedrez aun siendo un niño / Ganó el torneo local de ajedrez aún siendo un niño.* En estos ejemplos tenemos una palabra monosilábica *(aun)*, que se convierte en bisilábica cuando equivale a *todavía: a-ún,* al romperse el diptongo.

Además, el acento diacrítico (o diferenciador) sirve para distinguir otras palabras: *sólo* (adverbio) y *solo* (adjetivo); también los pronombres demostrativos *(éste, ése* y *aquél* con sus femeninos y sus plurales) llevan tilde si inducen a confusión con los adjetivos *(este, ese* y *aquel).* Y los adverbios y pronombres interrogativos: *dónde, adónde, cuánto, quién...* de los que no lo son: *donde, adonde, cuanto, quien...* Pero ya hablaremos de tan enojoso asunto en el capítulo relativo a estas palabras y sus funciones.

SEGUNDA PARTE

LOS INSTRUMENTOS GRAMATICALES

CAPÍTULO 3
EL NOMBRE Y EL ADJETIVO

LA FUNCIÓN DE LAS PALABRAS

Todo esto que hemos analizado hasta aquí es sólo una manera de examinar las palabras. Se ha visto cómo están armadas las piezas del mecano, la forma en que se encajan para construir algo. Aún no hemos llegado a lo que podemos elaborar con esos nuevos elementos; es decir, a los terrenos del significado.

Estamos, pues, en el mismo punto al que había conseguido llegar aquel soldado cuyo sargento le preguntó de cuántas partes se compone el fusil. El soldado respondió:

—*Mi sargento, se compone de* fu y *de* sil.

Exacto. El soldado lo vio por el lado morfológico.

Y hasta aquí llegamos con esa parte de la gramática, hasta agotar el lado morfológico. Hemos analizado las palabras por su composición y su manera de formarse y de ser pronunciadas. *Fusil* suma dos sílabas: *fu* y *sil;* y además no se acentúa porque termina en una letra que no es ni *s* ni *n* ni vocal y tiene la carga tónica en la última sílaba… Pero ahora vamos a analizar los vocablos según la función que cumplen: dependiendo de para qué sirven. Para qué sirve la palabra *fusil.*

Tenemos, pues, otra forma de pensar en clases de palabras. Ya no las observamos por su acentuación ni por sus piezas añadidas delante o detrás de la raíz: las mediremos ahora por su función respecto de las otras.

Es decir: ya hemos visto de dónde vienen las palabras, qué partes las componen y cómo se forman otras nuevas a partir de ellas. Hemos analizado sólo los tipos de personas que encontramos a nuestro alrededor, sus rasgos individuales: altas, bajas, gordas, delgadas, feas, guapas, rubias, morenas, resistentes, débiles; guapas y morenas, feas y rubias, resistentes y delgadas, resistentes y gordas, bajas y delgadas, gordas y guapas... Ahora vamos a ver cómo se organizan entre sí, y cómo se agrupan a partir de unas características comunes para cumplir también unas normas generales. Nos ocuparemos de esas *personas* en tanto que policías, bomberos, tenderos, banqueros, viajantes, conductores, escritores... en relación con su papel en el conjunto. (El papel de los policías ya lo hemos visto: todo el tiempo libreta en mano imponiendo acentos).

Ahora bien, encontraremos palabras —como advertimos de ello en la introducción— que unas veces llevan un uniforme y otras cumplen un oficio diferente. A veces son bomberos y a veces conductores; a veces banqueros y a veces clientes. Un tendero va a comprar también a las tiendas, claro; no se pasa la vida siendo tendero. Y banqueros hay que piden préstamos... Lo que nos importa ahora es descubrir esas funciones de las palabras, una vez que ya sabemos quiénes son.

NOMBRE Y ADJETIVO

La gramática tradicional estudiaba por un lado el **sustantivo** (o **nombre**) y por otro el **adjetivo.** Algunas gramáticas, sin embargo, los han identificado tanto que llegan al punto de denominar a ambos con la palabra «nombre» («nombre sustantivo» y «nombre adjetivo»). Entre una y otra opción nos quedamos con la intermedia: mantenemos aquí su denominación diferenciada pero los estudiamos al tiempo.

Vamos a ponerlos juntos para que se entiendan mejor sus diferencias y sus parecidos porque no se puede explicar un nombre o sustantivo sin referirse a los adjetivos. Y viceversa.

El nombre y el adjetivo tienen muchas coincidencias que vale la pena examinar a la vez. Después estudiaremos también conjuntamente el adjetivo y el pronombre, pues entre ellos sucede algo parecido.

Un bombero suele ocupar en esa función la mayor parte de su tiempo, pero en ocasiones también va al banco. Y el empleado del banco seguramente tendrá que hacer de bombero si se le queman las cortinas de la sucursal. Más o menos eso es lo que pasa con los adjetivos y los nombres, que de vez en cuando ejercen tareas distintas de las habituales en ellos.

El nombre (también llamado sustantivo) es en gramática la palabra que designa un objeto, una persona o una idea.

Por ejemplo, *naranja*. El nombre es la manera de llamar a algo. Se denomina sustantivo porque se refiere a la sustancia, la idea principal de un pensamiento. En cambio, el adjetivo va acompañando al sustantivo para añadir algún aspecto que lo complementa y nos lo explica mejor. Por ejemplo, *naranja*.

¿Cómo es posible? ¡Naranja en los dos casos! Pues sí: podemos decir *Dame una naranja* y *Tengo una camisa naranja*. En el primer caso, *naranja* es un sustantivo; en el segundo, un adjetivo. En el primer caso, *naranja* representa la esencia; en el segundo, algo adicional a la esencia (porque la esencia es en este otro caso la camisa).

Por eso hay que estudiarlos juntos.

El adjetivo es la ropa que se pone el sustantivo para tener personalidad.

Si decimos *caballo* estamos diciendo poco. Si decimos *caballo veloz,* estamos diciendo más. La palabra *caballo* tiene fuerza por sí misma, podría existir sola. Pero *veloz* sólo encuentra sentido si aplicamos esa palabra a alguien o a algo, porque carece de sustancia.

Si decimos *leche fría, leche* es la sustancia. *Fría* es una característica concreta que no afecta a la esencia de *leche,* que seguiría siendo leche si estuviera caliente; igual que el concepto *veloz* no corresponde a todos los caballos. (Recuérdese que el caballo del malo siempre es muy lento. Pero no por eso deja de ser un caballo).

Lo mismo pasa si escribimos *este papel,* o *aquel balón:* tanto *este* como *aquel* nos dicen algo más de los sustantivos a los que acompañan, pero éstos siguen siendo un papel y un balón tanto si están cerca como si se hallan lejos.

Hablamos de sustancia en términos filosóficos, no materiales. *Belleza* es un sustantivo *(La belleza de Manuel me tiene loquito),* pero no sabemos muy bien qué sustancia puede albergar. Ahora bien, se trata de una *idea sustancial* a la que podemos complementar con un adjetivo: *La belleza africana de Manuel.*

El nombre o sustantivo tiene existencia gramatical independiente. El adjetivo, no.

Por ejemplo, disfrutan de existencia gramatical independiente palabras como *colegio, profesor* o *desastre* (aunque a veces estas palabras sí que guardan relación). En efecto, podemos ver que alguna proximidad encuentran en nuestro pensamiento; pero no es lo mismo decir *Ocurrió un desastre cuando el colegio expulsó a mi profesor* que *Mi profesor y mi colegio son un desastre.*

En el primer caso, *desastre* es un sustantivo, la idea sustancial de la que hablamos. Es lo que ocurrió, ni más ni menos, un desastre: se cayó el techo, se incendió, perdimos un partido importante... En el segundo, se trata de una condición que aplicamos al profesor y al colegio (sustancias a su vez), que seguirían siendo profesor y colegio igualmente aun en el caso de que no fueran un desastre.

Si decimos *profesor,* no estamos diciendo más que una idea simple; simple pero que puede vivir sola. Si decimos *nefasto,* necesitamos aplicárselo a algo, o a una persona. Si decimos *profesor nefasto,* estamos colocando un adjetivo que nos dice algo sobre el sustantivo que ya se ha mencionado.

La palabra *sustantivo* se asocia generalmente a cosas, animales o personas, pero también puede representar ideas: *la bondad, el escepticismo, el espíritu…* Para saber qué es un sustantivo o nombre, hemos de pensar no en una cosa, un animal o una persona, sino en la sustancia de la idea, la que puede ir sola.

Si decimos *Me gustan tus ojos azules,* esta última palabra, *azules,* es un adjetivo que nos dice algo sobre *ojos.* Pero también podríamos decir *Me gusta el azul de tus ojos* (sería más poético *Me gusta el azul de tu mirada);* y en ese momento *azul* ha sido sustantivado porque se convierte en la sustancia de la idea, la que puede ir sola: *el azul,* un sustantivo de ideación.

Incluso un verbo puede cumplir ese papel de sustantivo de ideación: *Correr resulta bueno para la salud.* Porque aquí el verbo de la frase es *resulta,* mientras que *correr* refleja una idea, una sustancia espiritual… Y es un nombre o sustantivo. Equivale a *La carrera resulta buena para la salud.*

➤ **¿Cómo podemos saber que un verbo se ha convertido en sustantivo?**

Muy fácil: si admite que le pongamos un artículo delante:

El correr *resulta bueno para la salud.*

➤ **¿Cómo podemos diferenciar un sustantivo de un adjetivo?**

Muy fácil también: un sustantivo o nombre puede llevar delante la expresión *mucho* o *muchos.* Las demás palabras, no.

Podemos decir *mucho café, muchas mujeres,* pero no «mucho caliente» o «mucho bueno». Y también *Hay mucho azul en tu mirada.*

Las piezas del taller vuelven a encajar con unos modelos pero no con otros. Y nosotros, que para eso somos los dueños del negocio, lo conocemos bien; y tenemos un magnífico inventario de todos los tornillos.

Las palabras nos han puesto ciertas trampas, en esa tremenda organización que se han montado. Así, un mismo término puede ser nombre o puede ser adjetivo, como ya hemos visto con *naranja* o con *azul.* Sucede también, por ejemplo, con la palabra *malo.* Diremos *Es un jugador malo* (donde no cabría «mucho malo», porque estamos ante un adjetivo). Pero también *el malo de la película* (y sí cabría entonces *Había mucho malo en la película,* o *Había muchos malos en la película,* porque estamos ante un sustantivo). En la segunda frase, la palabra *malo* no sirve para calificar a otra palabra, sino que designa a un tipo de persona (volvemos a recordar lo del caballo del malo).

Nos ponen trampas las palabras, las muy revoltosas, pero la gramática las descubre y las salva.

➤ ¿Cómo diferenciamos un adjetivo de un sustantivo?

Muy fácil también; porque en vez de *mucho,* al adjetivo tenemos que juntarle *muy.* (No diremos nunca «Es mucho veloz» sino *Es muy veloz;* ni «Es mucho malo» sino *Es muy malo).*

Los nombres van con *mucho,* los adjetivos van con *muy.*

*Hay **mucho** azul en tu mirada.*
*Tu mirada es **muy** azul.*

Si alguna vez empleamos *muy* delante de un sustantivo, lo convertimos automáticamente en adjetivo:

*Tu amigo es **muy caballo**.*
*Tu amigo es **muy amigo** mío.*
*Tu amigo es **muy pelota**.*

Si decimos *Vinieron muchos niños,* estamos usando *niños* como sustantivo. Si decimos *Segismundo es muy niño,* empleamos *niño* como adjetivo.

Porque en la primera frase aún podemos añadir un adjetivo a *niños: Vinieron muchos niños pobres,* y en ese caso *pobres* complementa a *niños,* y se ve por ello que *niños* es un sustantivo. Pero si decimos «Segismundo es *muy* niño pobre», tanto *niño* como *pobre* complementan a Segismundo, y por ello se trata de dos adjetivos.

Si escribimos *En el accidente resultaron heridos dos murcianos, murcianos* es un nombre: pero si hablamos de *los productos murcianos, murcianos* es un adjetivo que complementa o modifica a *productos.*

NOMBRES QUE HACEN DE ADJETIVOS

Ahora bien, el nombre se toma la venganza por su cuenta, y también puede convertirse en adjetivo. Pero no le sale bien del todo la jugada. Los adjetivos tienen más facilidad para convertirse en nombres que los nombres en adjetivos. El nombre se topará siempre con una limitación: carece de plural si va pegado a un verdadero sustantivo. Los adjetivos han conseguido que el genio del idioma les cargue con ese impuesto si desean suplantarlos. Nuevamente la policía entra en acción, y quita la -*s* final a todo sustantivo en posición de adjetivo con un nombre plural.

Podemos reunir nombres y adjetivos así: *hombres nadadores, ciudades próximas, mujeres importantes, coches peligrosos, jugadores esenciales…* Concuerdan en género y número.

Pero si usamos nombres en función de adjetivo no tenemos más remedio que decir *hombres rana, ciudades dormitorio, mujeres clave, coches bomba, jugadores estrella.* Y no «hombres ranas», «ciudades dormitorios», «mujeres claves», «coches bombas» o «jugadores estrellas».

Lo mismo han conseguido los adjetivos cuando se trata de los colores que están representados por sustantivos: no podemos decir «los rayos ultravioletas» sino *ultravioleta,* ni «los jugadores azulgranas», sino *azulgrana,* ni «las camisas naranjas» sino *naranja*... Pero sí *los azules, los verdes, los negros*... colores naturales del arco iris que pueden emplear libremente el plural como adjetivos genuinos que son.

El adjetivo de verdad sí admite singular y plural, para concordar en género y número con el nombre al que acompaña: *alumno vago, alumnas vagas* (nadie se ofenda), *trajes amarillos, pantalones verdes* (pero *trajes granate, camisas violeta, pantalones verde botella*).

Sólo un color conocido que se forma sobre un nombre sí se puede expresar con una *-s* al final de la palabra: ¡el color burdeos!

***

Hemos dado un repaso a los problemas con adjetivos y nombres que pueden ser una cosa u otra según la frase. Por eso queríamos juntar en el mismo capítulo a los sustantivos y a los adjetivos. Y ya hemos dado con la forma de desenmascararlos (el *mucho* y el *muy*).

Vistos los rasgos generales de los nombres y los adjetivos, vamos a ver ahora sus clases.

CLASES DE NOMBRES

➢ **Los nombres o sustantivos pueden ser propios o comunes.**

Equipo es un nombre común; pero son nombres propios Barcelona, Real Madrid, Atlético, Deportivo, Boca Juniors, River Plate, Independiente, Real Sociedad, Athletic Club, Espanyol, América, Colo-colo, Fluminense, Santos, Necaxa, Independiente, Nacional, Peñarol...

(Se reserva este espacio en blanco para que cada lector o lectora ponga su equipo preferido).

Los nombres comunes designan una cosa o una persona; como parte, no obstante, de un conjunto de cosas o personas de características comunes: *una ingeniera, la bicicleta*.

Los nombres propios designan una persona o un objeto concretos, individualizados de entre los demás; y se escriben con mayúscula inicial: *Inmaculada, un coche Renault, el Fondo Monetario Internacional*.

➢ **Los nombres o sustantivos pueden ser abstractos o concretos.**

Felicidad es un nombre abstracto, *balón* es un nombre concreto; *desgracia* es un nombre abstracto; *cristal* es un nombre concreto. (Cuando el balón golpea el cristal, se acaba la felicidad y se concreta la desgracia).

Digamos que los nombres concretos son cosas que se podrían tocar. Los nombres abstractos son ideas que sólo se pueden pensar.

Los nombres abstractos no se concretan en un objeto o una persona, sino que son ideas de la mente: *la fragilidad, la belleza, el concepto, el interés, el escepticismo, la vagancia*.

Los nombres concretos, insistimos, se pueden ver y tocar (caso de que estén cerca, claro): *libro, casa, balón, Venancio, Ander, Izaskun, Benito*... Los nombres abstractos, no: *mentalidad, maldad, religión, empresa* (tal vez se pueda tocar su sede, o a su director general, pero no su abstracción).

➢ **Los nombres o sustantivos pueden designar seres animados o inanimados.**

Árbol, casa, moto, ordenador o *computadora* son seres inanimados (funcionen a pilas, con enchufe, o con su propia naturaleza vegetal).

Gato, mosca, guardia, motorista son seres animados (incluso aunque estén tristes).

Se llaman así porque los vemos con un *ánima* («alma» en latín) que les permite moverse, sufrir, disfrutar, ver, expresarse... Y eso es importante para seguir progresando en el aprendizaje del idioma: porque hemos de entender que determinados verbos no podrían aplicarse a nombres inanimados. No podemos decir «El muro me oyó», ni «La ley contempla» (aunque lo digan muchos abogados que no han leído esta gramática ni ninguna otra): sólo *oyen* y sólo *contemplan* los seres animados, y sólo ellos pueden ver, oler o tener dolor de muelas. Si damos a los seres inanimados atributos que corresponden sólo a los animados, estamos construyendo una metáfora o una frase figurada. Por ejemplo, en *Las paredes oyen,* o *Las aguas rugen en el Niágara.* En este caso, la frase no se puede leer en su sentido literal, sino mediante ese salto de la imaginación que llamamos metáfora.

➤ **Los sustantivos o nombres pueden ser unidades o colectivos.**

Un soldado es una unidad; *cien soldados* son cien unidades. Pero *un ejército* es un colectivo y concuerda en singular, aunque lo formen también cien unidades.

Los nombres individuales pueden usarse en singular o en plural: *un leño, varios leños.* Y los colectivos, sólo en singular (paradójicamente): *la leña.* Así, decimos *La leña está seca;* pero *Los leños están secos* y *El leño está seco.*

Ahora bien, podemos decir *Necesitaríamos tres ejércitos para ganar esta batalla,* y en ese caso *ejército* es un colectivo que se convierte en una unidad con posibilidades de concordancia en plural. No es posible decir: «El ejército ganaron», ni «Palo Seco actuaron», ni «Maná grabaron un disco». Pero sí *Los Jaguares triunfaron en México con su música.*

A menudo se forman colectivos —o equivalentes— mediante el femenino singular de un sustantivo:

la leña (colectivo de *el leño)*
la banca (colectivo de *el banco)*
la madera (colectivo de *el madero)*
la fruta (colectivo de *el fruto)*
el hombre (colectivo de *los hombres,* como género humano)

➤ **Los nombres o sustantivos pueden ser contables o no contables.**

Tres vasos de leche, dos bollos y un zumo de naranja son sustantivos contables (su trabajo les cuesta a los camareros o meseros, sobre todo al improvisar la suma de los precios). Se caracterizan por el hecho de que necesitan un artículo cuando van precedidos de un verbo y se citan en singular: *Cómprame un bollo* (y no «Cómprame bollo»).

Sensatez o *platino* o *sed* son incontables porque no los imaginamos en unidades. No podemos decir «Aquí hay pocas sensateces» o «Encontramos muchos platinos», ni «He corrido dos kilómetros y quiero un vaso de agua, que tengo muchísimas sedes».

Al contrario de lo que sucede con los contables, los incontables no llevan ni artículo ni número cuando van precedidos de un verbo: *Quiero sensatez en este caso* (y no «Quiero una sensatez»).

Algunos sustantivos pueden ser contables o incontables según los utilicemos. Generalmente, se trata de contables genuinos o incontables genuinos, pero el uso les ha dado también un segundo valor. Por ejemplo, *café*: en la frase *Bebo mucho café*, la palabra *café* es incontable (su valor genuino). Pero *Me he tomado tres cafés* lo convierte en contable. Vemos la diferencia con el uso del artículo: *Quiero café / Quiero un café*. En el primer caso, no nos lo imaginamos en unidades; en el segundo, sí.

De todas formas, a veces es posible forzar un poco esta norma y crear contables con palabras consideradas generalmente incontables:

*Hay **silencios** muy sospechosos.*
*Los **diversos platinos** de esta tierra son muy diferentes.*
*Tiene **una sensatez** muy especial.*
*Me bebí **dos aguas** (dos botellas).*
*Pediré un postre de **tres leches** (riquísimo, por cierto).*

➤ **Los nombres o sustantivos y los adjetivos pueden ser masculinos, femeninos o comunes.**

Y esto nos lleva a hablar del género. ¿Qué es el género? No sabemos muy bien. A primera vista puede pensarse que el género designa el sexo de los nombres, pero luego vemos que no siempre tiene relación con eso. Es decir, con *eso*. El género es algo de lo más volátil, que a menudo nos engaña y nos despista.

El género es un fenómeno gramatical, y exclusivamente gramatical. La realidad y la gramática no van siempre parejas. Existe, sí, una realidad gramatical que tiene su lógica interna y guarda ciertas reglas. Pero esta realidad se halla en un plano distinto de la realidad real.

La lengua no *es* la realidad, sino que *representa* la realidad. A veces alguien se empeña en cambiar la lengua pensando que así cambiará la realidad, pero eso se parece mucho a quien intenta retocar la foto de una persona, o un cuadro que la retrate: por mucho que se empeñe en el esfuerzo, el retratado seguirá como está.

Se puede pensar que el idioma es injusto con tal o cual aspecto de la realidad; pero hay que mirarlo en su propia lógica, que no se interfiere con los hechos verdaderos. Es muy probable que un cambio en la realidad origine un cambio en el idioma; pero creemos muy improbable que un cambio en el idioma origine un cambio en la realidad. Hay que retocar nuestra cara, no el espejo. Si nos pintamos un bigote en el espejo, seguiremos sin él en la realidad.

Conviene reflexionar sobre eso antes de adentrarnos en el complejo, atrayente y polémico tema del género y el sexo.

Género y sexo

El género masculino se asocia casi siempre (es decir, no siempre) a las personas o animales del sexo masculino. Pero, por ejemplo, decimos *un pez* aunque se trate en ese caso de un animal del sexo femenino. O sea, de «una peza».

El género femenino se asocia generalmente (pero no siempre) a las personas o animales del sexo femenino. Pero decimos *una cebra* aunque se trate en ese caso de un animal del sexo masculino. O sea, de «un cebro».

Asimismo, el género masculino se asocia principalmente a palabras terminadas en *-o* y en *-e;* y el género femenino, a las terminadas en *-a.* Esta analogía se aprecia con los nombres propios de países o ciudades, que no tienen por sí mismos un género asignado:

China es muy bonita, pero *Toronto es muy moderno.*

También hay nombres o sustantivos que no son del masculino ni del femenino, sino comunes a ambos géneros:

juez (el juez y la juez)
pediatra (el pediatra y la pediatra)
policía (un policía y una policía)
atleta (un atleta, una atleta)
cantante (el cantante, la cantante)

Vemos, entonces, que el género no siempre coincide con el sexo, y que funciona al margen de esa condición biológica. El sexo forma parte de la realidad real (aunque haya quien lo crea algo divino, incluso milagroso); pero el género forma parte de la realidad gramatical.

Está claro entonces que una cosa es el género y otra el sexo, aunque los políticos españoles suelan confundirlos cuando hablan (suponemos que sólo en ese caso) y se refieran a menudo a la violencia de género en vez de decir violencia sexual o expresiones más atinadas en relación con lo que se quiere decir (violencia machista, violencia sexista, violencia familiar...).

Una *mesa* tiene género pero no tiene sexo. Los sexos son dos (masculino y femenino, independientemente de que la inclinación de una persona se dirija hacia un sexo diferente del suyo o hacia su mismo sexo; o hacia ambos; pero en cualquier caso los sexos biológicos son dos), mientras que los géneros son tres: masculino, femenino y neutro (del neutro hablaremos más adelante, al adentrarnos en el fascinante mundo de los pronombres).

La formación del género

Los nombres o sustantivos pueden tener masculinos y femeninos morfológicos, o masculinos y femeninos léxicos.

➤ **Los morfológicos** son los que cambian bien una -o bien una -e por una -a: *médico, médica; presidente, presidenta;* los que añaden a la raíz una -a: *mamón, mamona;* y los que modifican ligeramente una de las palabras en su terminación: *príncipe, princesa; rey, reina; actor, actriz; emperador, emperatriz.*

➤ **Los léxicos** son los que cambian una palabra por otra: *caballo, yegua; toro, vaca; yerno, nuera.*
Ya hemos explicado antes que la morfología es la sucesión de piezas. Con una de esas piezas se forma el masculino o el femenino sobre la raíz de un sustantivo. Pero no podemos decir *caballo* y *caballa* (la *caballa* es otro tipo de animal, un pez; bueno, o una «peza»). Lo mismo pasa con *padre* y *madre, hombre* y *mujer*…

El género en los nombres animados

En la mayoría de los casos, el género femenino coincide con el sexo femenino. Y el género masculino suele designar a seres del sexo masculino. Pero ya hemos explicado que es posible decir *la ballena* aunque hablemos de una ballena macho, o *la ardilla*, o *la jirafa* si nos referimos a «ballenos», «ardillos» y «jirafos». Lo mismo que podemos escribir *el ratón, el moscón,* o *el topo* aunque estemos refiriéndonos a una hembra (o sea, «ratonas», «mosconas» y «topas»). Evitamos hacer la gracia de la rata y el rato.

Los sustantivos que no varían su forma para el masculino o el femenino se llaman «epicenos» (del griego *epíkoinos,* que significa común; es decir, en este caso común a los dos sexos): una cría, una serpiente, un cuervo.

Y a veces se juntan con adjetivos que tampoco diferencian el género: *huésped amable* sirve tanto para un hombre como para una mujer. Sólo el artículo nos salvará: *una huésped amable.*

Si alguien no recuerda el sexo del bebé que han tenido unos amigos, ¿cómo les pregunta algo acerca de él? Puede decirles: *¿Y qué tal duerme el niño?* Pero tal vez le contesten: *Que no es niño, que es una niña, es que no te enteras.* Y si les pregunta *¿Y qué tal duerme la niña?* dará la casualidad de que había sido niño, y quizás le respondan entonces: *No te interesas nada por nosotros, ya te dijimos que era un niño y ni te acuerdas.* Así que lo mejor será preguntar: *¿Y qué tal duerme la criatura?* De ese modo no meteremos la pata. Es lo bueno que tienen los epicenos.

El género en los nombres inanimados

En cuanto a los nombres de inanimados, el lío se hace mayor. Las palabras más primitivas se clasificaban en un género o en otro atendiendo a su terminación: si acababan en –o se consideraban un masculino, y si en -a, se adjudicaban al femenino: *La mesa es horrorosa, Mi carro es muy raro.* Antiguamente sólo se daban dos excepciones: *la mano* y *el día,* cuyos géneros no se corresponden con la terminación propia del masculino y del femenino.

Más tarde, y teniendo como precedente el reparto desigual de los neutros latinos (que desaparecieron al pasar al castellano), se formó un auténtico despiporre: *el mapa, el pase* (pero *la tapa, la fase), el cante* (pero *la tarde);* y muchas palabras terminadas en *-a* se han colocado en el masculino, mientras que otras acabadas en *-e* o en *-o* se hicieron femeninas: *el programa, la amalgama...* Un buen lío al que se añaden palabras sin terminación clara de masculino o femenino y que han optado aleatoriamente por uno u otro género: *el césped, la pared, el alfoz, la coz...* Estos vocablos sólo descubren su género cuando se sitúan junto a otros con los que deben concordar, como el artículo *(el árbol)* o el adjetivo *(mucha suerte, el relente tempranero).*

Para terminar de enredarlo todo, algunos sustantivos son femeninos o masculinos según les dé: *el mar* y *la mar, azúcar moreno* y *azúcar blanca, el arte* y *las artes, el linde* y *la linde...*

Éstos se llaman *ambiguos.* Por su propia ambigüedad.

Así que no hay que buscar muchas normas para entender el género. Por lo común, los hombres y los machos tienen nombres masculinos; y las mujeres y las hembras, nombres femeninos. Suelen ser masculinas las palabras que no representan sexo y que terminan en cualquier vocal (excepto la *-a* no acentuada) o cualquier consonante (excepto la *-z* y la *-d*). Pero a eso se añade una nebulosa de excepciones que sólo se puede resolver con el oído.

Sobre todo porque a veces el género puede cambiar el significado.

No es lo mismo *el campo* que *la campa.*
No es lo mismo *el orden* que *la orden.*
No es lo mismo *el mecánico* que *la mecánica.*
No es lo mismo decir *cuchillo* que *cuchilla.*
No es lo mismo *barco* que *barca.*
No es lo mismo *jarro* que *jarra.*
No es lo mismo *tormento* que *tormenta.*
No es lo mismo *leño* que *leña.*
No es lo mismo *cubo* que *cuba.*
No es lo mismo *un manzano* que *una manzana.*
No es lo mismo *el corte* que *la corte.*

No es lo mismo *el frente* que *la frente*.
No es lo mismo *la pala* que *el palo*.
No es lo mismo *el músico* que *la música*.

La función gramatical del género

¿Qué es entonces el género? Un mero accidente. Afortunadamente, sin consecuencias graves.

En efecto, un accidente gramatical. Un accidente es algo que acontece, que no tiene un comportamiento certero y fijo: el género casi siempre acierta y coincide con el sexo de los seres animados; pero ya vemos que a veces no guarda relación alguna con el sexo biológico.

¿Y para qué nos sirve entonces? Pues, ya que existe, los hispanohablantes le han encontrado cierta utilidad: además de marcar el sexo en muchísimos casos, nos sirve para establecer relaciones entre las palabras, sumándose así al orden general que necesita nuestro idioma. El género ayuda a explicar algo y, por lo tanto, a comprenderlo. No es lo mismo:

Me vendió un barco de vela roja que *Me vendió un barco de vela rojo.*

Ni *Tengo una botella de vino viejo* que *Tengo una botella de vino vieja.*

El género de *rojo* nos ayuda a conectar ese adjetivo con *barco* o con *vela;* y el género de *vieja* diferencia el continente del contenido.

No es lo mismo:

*La Reina dijo al presidente del Gobierno que iba a ser muy **generoso** con aquel individuo.*

*La Reina dijo al presidente del Gobierno que iba a ser muy **generosa** con aquel individuo.*

Como se ve claramente, un solo cambio de género altera el sentido de toda la frase. En el primer caso, es el presidente del Gobierno quien puede resultar muy generoso. En el segundo, la Reina avisa de que ella lo será. Así, el género nos sirve para distinguir. Y eso resulta de gran utilidad para el estilo, pues las sucesivas palabras masculinas o femeninas que se empleen en un párrafo se excluyen entre sí para las concordancias y ayudan a la economía del lenguaje porque distinguen unas relaciones de las otras.

El número

El número es otro accidente, pero menos caprichoso que el género. O sea, un accidente menos grave. En el número se ve más viable que el plural de la gramática coincida con el plural de los individuos y los objetos. Más fácil, sí, pero tampoco coincide siempre.

No todas las palabras tienen singular y plural diferenciados morfológicamente. Decimos *la crisis* y *las crisis, la tesis* y *las tesis, el virus* y *los virus...* Y algunos vocablos que morfológicamente coinciden con el plural pueden designar cosas en singular (*gafas, barbas, tijeras, pantalones, bragas, calzoncillos*), lo mismo que algunas palabras en singular designan muchos individuos o cosas, como ya hemos visto (*tropa, arboleda, velamen, grupo, equipo, alumnado, dúo, trío, cuarteto...*).

La variación de número en sustantivos y adjetivos se consigue generalmente mediante la adición de una -*s* a la palabra primitiva (es decir, la que no experimenta variación, la base sobre la que se puede construir, a la que podemos añadir piezas). Un leve toque en el laboratorio donde tenemos almacenados los cromosomas, y convertimos un singular en plural.

Así sucede siempre que la palabra-base termina en vocal no acentuada (vocal átona). Por ejemplo, de *pluma* formamos *plumas*.

Pero en ocasiones se hace necesario agregar algo más,
porque cuando la vocal última sí está acentuada pueden
ocurrir dos cosas: o bien que se añade simplemente una -s
como antes *(café/cafés)* o bien que necesitemos también una
vocal: eso pasa en muy poquitas palabras terminadas en -a
acentuada, como *faralá* (que hace su plural en *faralaes)* o *al-
balá (albalaes),* o en -o *(los yoes,* plural de *el yo).* Pero sucede en
muchas que acaban en -í, entre ellas algunos gentilicios:

*Ceutí/ceutíes, marroquí/marroquíes, paquistaní/paquistaníes,
iraquí/iraquíes, alhelí/alhelíes, jabalí/jabalíes, rubí/rubíes, borce-
guí/borceguíes, bigudí/bigudíes.*

Claro que, para terminar de liarla, algunas palabras se re-
belan y se saltan esta norma general: *esquís, pirulís, maniquís…*
Esto sucede más cuando se trata de vocablos que proceden de
otra lengua (como pasa con *esquí* y *maniquí)* o son de reciente
incorporación *(pirulí* no parece tener origen conocido; y
entra en el diccionario en 1970 —muchos años después de
haber entrado dulcemente en nuestras bocas infantiles—,
pero en cualquier caso muy poco tiempo atrás en términos
lexicográficos. Quizá cuando madure se diga ya «pirulíes»).

¿Y qué ocurre cuando una palabra termina en consonante?
Pues en ese caso también necesitamos una vocal de ayuda. Así,
abad forma su plural en *abades,* porque el genio del idioma español no permitiría una palabra como «abads». Por tanto,
cuando la palabra primitiva acaba en consonante, casi siempre hay que añadirle una *e* además de la *s:*

*Árbol/árboles, reloj/relojes, mandamás/mandamases, marqués /
marqueses.*

(Porque en español son imposibles «árbols» o «relojs», o
«mandamáss» o «marquéss»).

¿Y si la última letra es la -y, esa letra que tiene doble mili-
tancia como vocal fonética y como consonante gráfica? Pues

también hay soluciones contradictorias. Porque decimos *bueyes (buey)* pero no «jerseyes» *(jersey)* sino *jerséis;* y *leyes,* pero no «guirigayes» sino *guirigáis.* Nuevamente, la norma se arraiga en las palabras patrimoniales y duda con las nuevas.

El singular siempre resulta más preciso que el plural. Si decimos *la corbata,* sabemos que se trata de una. Si decimos *las corbatas,* ignoramos cuántas. Para eso necesitamos los adjetivos numerales. ¡Y los tenemos!

Ahora bien, el singular también puede hacer las veces de plural, como hemos visto *(el leño / la leña).* Así, decimos, por ejemplo, *el arma de artillería,* para referirnos a todas las armas de ese cuerpo militar en su conjunto; o *el canto del gallo* y *el gallo canta al alba,* cuando pensamos en ese montón de pesados que nos despiertan por la mañana con su kikirikí; o *La trucha no se da bien en este río,* cuando nos referimos a esos peces en plural, pues si sólo hubiera una se daría mucho peor, sin duda.

En resumen: el número es un accidente más, igual que el género: y como tal accidente, a veces coincide con una pluralidad de objetos cuando es plural y a veces no. Por tanto, hay singulares que significan plural, y plurales que significan singular. Pero no es lo regular.

***

Y todo esto pasa con los nombres y con los adjetivos, que se parecen tanto —aun siendo diferentes— y tienden a confundirse entre sí.

El sistema lingüístico ha conseguido que estos equívocos se reduzcan a ciertos problemas de clasificación, porque el uso de la lengua los regatea con la habilidad de un delantero brasileño (o la de uno argentino si se trata de Maradona).

Capítulo 4
El adjetivo calificativo

Adjetivos y pronombres

Volvemos a abrir el taller de instrumentos gramaticales, porque esta vez se ha presentado alguien que desea ir de incógnito por la vida y para ello necesita ser sustituido por otro. Ahora no vamos a venderle un sufijo, porque con él se le reconocería por los andares o la forma de sujetar el cigarrillo (aún quedan vocablos fumadores). Le venderemos entonces… ¡un pronombre! A ser posible, un indefinido. Una cosa así como *alguien*.

Usando el pronombre en vez de su propia identidad conseguirá nuestro cliente pasar inadvertido, porque los pronombres pueden sustituir ahora a una persona y luego a otra, sin problema alguno. Eso sí, son un poco más caros que los sufijos, debemos advertir.

Los adjetivos acompañan a un sustantivo para calificarlo o para limitar su campo de influencia *(carro desvencijado; ese carro)*. Pero todos añaden valor y significado al nombre (por eso se llaman adjetivos: *adiectivus* procedía de *adicio,* en latín «añadir»).

Los adjetivos que califican al nombre se llaman… ¿cómo se llaman? ¡En efecto!: *calificativos*.

Y los que limitan el significado del nombre se llaman… ¿cómo se llaman?… Pues no… No, no se llaman «delimitativos», sino *determinativos*. (En realidad, porque determinan la extensión del nombre; es decir, limitan su significado). Pero podían haberse llamado «delimitativos».

Los pronombres son como los típicos viajantes que van de un lado a otro representando a una empresa... o a varias. Ellos hacen lo que se les manda, y un día venden zapatos como otro camisas. Representan a una firma, a su competencia, a la de más allá... cada una con su propio nombre. El caso es vender. Y la especialización de estas palabras consiste precisamente en sustituir —o representar— al nombre (uno de los significados de *pro* en latín era «en lugar de»: *pro-nombre*, «en lugar del nombre»). Es decir, designan una persona o cosa sin nombrarla. La representan. Y sí, se han especializado en cosas muy generales, paradójicamente.

> **Los adjetivos acompañan, los pronombres sustituyen (o representan).**

Los pronombres pueden ser personales *(yo, tú, él, ella...)* y de los otros *(éste, ése, aquél...)*. ¿Cómo llamaremos a los otros? Los llamaremos también *determinativos,* porque se parecen mucho a los adjetivos de igual nombre, son una especie de primos suyos.

Como ocurría entre sustantivos y adjetivos, también entre pronombres y adjetivos puede haber mucho lío, porque la misma palabra es capaz de ejercer una función u otra.

Los adjetivos calificativos son los únicos que no pueden confundirse con un pronombre. Pero los demás tipos de adjetivos sí. Y los pronombres personales son los únicos que no pueden confundirse con un adjetivo. Pero los demás pronombres sí.

Vamos a adentrarnos en este oscuro asunto.

> **Clases de adjetivos**
> Calificativos
> Determinativos
>
> **A su vez, los determinativos se dividen en:**
> Demostrativos
> Posesivos
> Relativos
> Numerales
> Indefinidos
> Interrogativos
> Exclamativos
> Distributivos

EL ADJETIVO CALIFICATIVO

El adjetivo por antonomasia (es decir, lo que se entiende en primer lugar si no se especifica otra cosa) es el calificativo.

El adjetivo calificativo es el que aporta una cualidad del objeto o de la persona (sea buena, mala o indiferente).

Podemos clasificar estos adjetivos en tres grupos:

- Los que no tienen más remedio que ser adjetivos: *frondoso, intrincado.*

- Los que pueden ser adjetivos o sustantivos:
    *Niña **buena** / la **buena** del equipo.*
    *Un hombre **bajo** / el **bajo** del coro.*

• Los que, siendo sustantivos, ejercen una función de adjetivos:

Éste es un espía (sustantivo). *Lo vieron desde un avión espía* (adjetivo).

He pisado una rana (sustantivo). *Lo rescató un hombre rana* (adjetivo).

Yo creo que ésta es la clave (sustantivo). *Yo creo que ésta es la palabra clave* (adjetivo).

Me he comprado un pantalón (sustantivo). *Ya no se llevan las faldas pantalón* (adjetivo).

• Los que pueden ser adjetivos o participios de un verbo:
Es un trabajo terminado (adjetivo). *He terminado el trabajo* (participio).

(Suele ocurrir que un adjetivo calificativo se convierte en un nombre, transcurrido el tiempo, si forma una unidad de significado con un sustantivo. Por ejemplo, la «máquina calculadora» se ha ido convirtiendo en *la calculadora;* y el «teléfono móvil» o «teléfono celular» ha pasado a ser *el móvil* o *el celular.* Es un procedimiento muy habitual para la formación de palabras nuevas.)

Concordancia del adjetivo calificativo

El adjetivo concuerda siempre en *número* (singular o plural) y en *género* (masculino o femenino) con el nombre al que acompaña. Así, *huevos fritos,* o *jamón rico.*

Pero, a veces, un adjetivo debe manifestarse en alguno de los géneros gramaticales cuando acompaña a dos o más sustantivos de géneros distintos. ¿Qué puede hacer entonces? Durante siglos, millones de hablantes han decidido que concuerde en masculino. Predomina, pues, ese género en nuestro idioma para todo tipo de vocablos genéricos *(los alemanes* engloba a *los alemanes* y a *las alemanas)* y para las concordancias discutidas. Eso no significa que tal predominio se haya de trasladar a la realidad, de modo que siempre predomine lo masculino. ¡Es sólo gramática! Con una misma gramática pueden vivir tanto sociedades igualitarias y modernas como las retrógradas y machistas. Poner el ímpetu en el lenguaje tal vez nos desvíe de objetivos más necesarios.

Así pues, cuando debemos establecer una concordancia entre una serie de palabras y otro término, y en el grupo se han unido vocablos en femenino y en masculino, el género predominante resulta ser siempre el masculino:

*Traje la camisa y el pantalón **lavados***.
*Traje la blusa y la camisa **lavadas***.

Así sucede en todos los casos similares de la gramática española en que se produzcan variaciones de género (adjetivos, nombres, artículos, pronombres).

Por otra parte, existen adjetivos invariables en cuanto al género:

Es una organización normal. Es un consejo de administración normal.

Otros ejemplos son *suave, breve, azul, singular, preliminar, alegre, interesante, descomunal, brutal, formidable...* Ellos van a lo suyo y no cambian aunque se modifique el género del sustantivo:

Maestro alegre, maestra alegre; alumna triste, alumno triste (o al revés).

Colocación del adjetivo calificativo

El genio del idioma español (una especie de personaje misterioso al que todos imaginamos organizando las palabras) estableció que los adjetivos deben ir detrás del sustantivo —al contrario de lo que sucedía en latín—, pero admitió que se vulnerase su norma de vez en cuando si con ello se quería añadir un valor especial al calificativo desde el punto de vista personal y psicológico: hay una diferencia entre *caballo veloz* y *veloz caballo:* en esta última forma resaltamos más su velocidad. Un adjetivo colocado en esa posición y con esa intención se llama intensificador. También se sitúan delante del nombre los adjetivos calificativos que se parecen por su significado a los adjetivos determinativos: *el siguiente acto, la próxima decisión...*

Los adjetivos calificativos pueden incluso cambiar de significado según se sitúen detrás o delante del sustantivo.

No es lo mismo una *cama simple* que una *simple cama.*
No es lo mismo *¡explorador valiente!* que *¡valiente explorador!*
No es lo mismo una *sesión extraordinaria* que una *extraordinaria sesión.*
No es lo mismo *problema menudo* que *menudo problema* (incluso a veces decimos *menudo problemón,* paradójicamente).
No es lo mismo *un tonto semejante* que *semejante tonto.*

El adjetivo calificativo tiene en algunas ocasiones dos formas (una más corta que otra), dependiendo de que esté situado delante o detrás del sustantivo. En unos casos, este acortamiento sólo funciona con un masculino, mientras que en otros permanece invariable para el femenino.

Por ejemplo, *gran* (acortamiento de *grande)* puede servir igual para el masculino y el femenino:

*Un **gran** salto* (un salto grande), *una **gran** zanja* (una zanja grande).

Pero no pasa lo mismo con *buen* (acortamiento de *bueno):*

*Un **buen** amigo (un amigo bueno), una **buena** amiga (una amiga buena).*

Vemos, pues, que *buen* sólo funciona con un sustantivo masculino.

Esta pérdida de vocales finales —*grande/gran, bueno/buen, primero/primer, tercero/tercer, malo/mal*— llegó a ser más extensa en los orígenes del español, y se produjo también en otros adjetivos y nombres (incluso aún hoy es posible oír en el mundo rural español y en algunas zonas de América *la primer* en vez de *la primera*). Por ejemplo, *monte* se dijo «mont», y *leche* se pronunció «lech». La fuerza analógica de la lengua española —la fuerza del resto de las palabras— y posteriormente la escritura recuperaron muchas de esas vocales —no todas, por ejemplo *santo/san* o *muito/muy* aguantaron aquella tendencia—; pero no sucedió lo mismo en los adjetivos más usados, que se hicieron resistentes a esa recuperación. Y por eso decimos hoy *gran deportista* en vez de «grande deportista».

Subjetividad y objetividad en el uso del adjetivo

Los adjetivos calificativos son los que añaden una condición al sustantivo. Lo arropan, lo envuelven, alteran su aspecto. No su esencia, sino su presencia. Si decimos *casa grande* no alteramos la esencia, pues se trata de una casa que imaginamos con su puerta y sus ventanas, y que sigue siendo una casa con el adjetivo puesto encima; pero sí modificamos su presencia: la imaginamos con amplios espacios, fachada imponente, y seguramente muy cara.

Hablamos, pues, de una condición que se añade al sustantivo, una circunstancia concreta. Los llamamos *calificativos*, y no siempre califican con un juicio *(bueno, malo)*, sino con una circunstancia.

Si decimos *el estadio mexicano, mexicano* es un adjetivo calificativo, independientemente de que ser mexicano nos pueda parecer bueno o malo (y desde luego que ser mexicano nos parece muy bueno). Calificamos ahí la palabra *estadio* pero eso no significa que evaluemos su contenido necesariamente.

Si decimos *cámara cinematográfica,* el sustantivo es *cámara* porque su sustancia, su esencia, no se altera. La siguiente palabra, en cambio, sí modifica su aspecto, su presencia ante nosotros, cómo nos imaginamos esa cámara: con un objetivo grande, un tamaño superior a las cámaras de vídeo (video en América) que usamos para grabar nuestros recuerdos, con un operador profesional que la acciona, y distinta de la cámara de fotos... Pero nunca deja de ser una cámara (con sus lentes, su caja, su capacidad de obtener imágenes...).

Los adjetivos calificativos tienen, pues, un valor delimitativo también. *Cámara fotográfica* nos representa un objeto muy diferente de *cámara cinematográfica,* aunque mantengan características comunes. Si decimos sólo *cámara (Voy a comprar una cámara),* apenas damos información, puesto que el ámbito de la palabra *cámara* es extensísimo.

Vemos entonces que algunos adjetivos dependen de nuestro ánimo y de nuestra visión subjetiva *(bueno, malo, excelente, inconveniente, trabajador, hermoso, horrible, interesante...),* mientras que otros delimitan el objeto para aportar información neutral: en la oración *Es un atleta extraordinario* estamos emitiendo un juicio personal subjetivo; en la oración *Es un atleta uruguayo,* el adjetivo simplemente ofrece una información neutral. Como en la frase *Al rugby se juega con un balón ovalado. Ovalado* califica al balón, pero no lo juzga.

A medio camino entre unos y otros tenemos los adjetivos que implican juicios de hecho*: Las pirámides de Egipto son descomunales.* En este aserto no entran consideraciones cualitativas, pues aquí el adjetivo puede representar tanto un elogio como una censura. Estamos, pues, ante un juicio de hecho: expresamos una cualidad, sí, pero no como una evaluación personal, una opinión singular, sino como una subjetividad objetiva. Será difícil que nuestro interlocutor contradiga de inmediato esa afirmación.

Los gramáticos han diferenciado entre adjetivos *calificativos puros* y adjetivos *calificativos de relación (futbolístico, judicial, fotográfico...*); pero eso no nos apea del problema: se quedan en señalar el ámbito al que pertenecen el objeto o la idea; no entran en el terreno de los juicios.

Por tanto, carece de sentido la recomendación que se puede hacer a alguien para que describa algo «sin adjetivos»: es decir, entendiéndose como «sin implicación personal», para ceñirse a los hechos. Los adjetivos pueden ser tan ecuánimes como cualquier otra palabra. No todos, por supuesto. Pero nadie considerará subjetivo un texto donde se empleen adjetivos como *azul, enjuto* o *explícito*. La subjetividad en grado cero no existe, pero estas palabras no evalúan la realidad sino que sólo la describen.

LOS ESCALONES DEL ADJETIVO

A diferencia de los demás adjetivos, los calificativos pueden expresarse en grados comparativo y superlativo. (Podemos decir *buenísimo* pero no «aquellísimo»).

Esos grados se refieren a la intensidad con que se muestran las ideas, las personas o los objetos calificados. Así, podemos decir *grande* y *grandísimo* o *muy grande*. Pero también *más grande* o *mayor*.

La fuerza subjetiva sí adquiere una presencia evidente cuando se emplean los distintos grados en que puede expresarse un adjetivo. En los ejemplos anteriores que considerábamos adjetivos objetivos entraría la percepción subjetiva al decir *un atleta muy uruguayo* o *un balón muy ovalado,* o *Tu balón de rugby es más ovalado que el mío.*

A veces, un adjetivo aparentemente neutral puede llevar consigo connotaciones peculiares, en atención a sus usos en determinados contextos:

Hacen un fútbol muy italiano.
En las fiestas es muy andaluz…

Los grados de los calificativos son: grado positivo, grado comparativo y grado superlativo.

Grado positivo

Se llama así al adjetivo pelado. Por ejemplo, *pobre*. Cuando pronunciamos un adjetivo en grado positivo no damos idea de esa cualidad en comparación con nada, nos limitamos a adjudicar una ropa al sustantivo sin definirla mucho.

Lo denominamos, pues, grado positivo; paradójicamente, incluso cuando se trata de un aspecto negativo: *desastroso*. Así que, a efectos gramaticales, *desastroso* es positivo. Ya hemos dicho que la gramática se mueve en un plano distinto de la realidad.

Y, de cualquier forma, si alguien nos echa en cara ese adjetivo, *desastroso,* siempre podremos mirarlo por ese lado, por el gramatical.

Grado comparativo

Lo usamos para cotejar dos personas, objetos, animales, sentimientos, etc. y establecer que uno posee una cualidad en grado superior o inferior a otro.

Son de cuatro clases:

➢ **Inferioridad**

*Esperanza tiene los ojos **menos** bonitos **que** Alberto.*

➢ **Superioridad**

*Pero ella tiene **mejor** vista **que** él.*

> **Igualdad**

*Esperanza es **tan** vocacional **como** Alberto.*

> **Excelencia (o comparativo relativo)**

*Pero Alberto es **el más** carismático **de** los dos.*

Por tanto, los comparativos se expresan con las locuciones *más... que* (superioridad), *menos... que* (inferioridad), *igual de... que, tan... como* (igualdad) y *el más... de* o *la más... de* (excelencia), siempre intercalando el adjetivo entre esas palabras (*la más austera de la empresa, igual de tonto que tú*).

Las comparaciones se muestran también con los comparativos sintéticos (es decir, que sintetizan la expresión larga *más grande que* o *más pequeño que*, por ejemplo): *mayor, menor, superior, inferior, mejor, peor...* y sus correspondientes plurales.

Las palabras *mayor* o *superior* contienen ya la idea *más que*, por lo que se cae en un pleonasmo (redundancia de significado) al decir *Mi hermano es más mayor*, o *Este equipo es más superior*. Si además ni uno ni otro es mayor o superior, se cae en una mentira.

Grado superlativo

El adjetivo en grado superlativo lo usamos para expresar la mayor intensidad en la cualidad o en el estado que aplicamos al sustantivo.

El superlativo puede ser absoluto o relativo.

> **El superlativo absoluto se forma de varias maneras:**

• Con adverbios. Los adverbios pueden ser *muy* (*Comprar casa está **muy** difícil*) u otros: **sumamente** *complicado,* **extraordinariamente** *difícil,* **tremendamente** *imbécil.*

• Con sufijos. Los sufijos pueden ser *-ísimo* o *-érrimo*.

*El piso nos costará **carísimo**.*
*La rebaja que nos ofrecen me parece **misérrima**.*

• Con prefijos latinos y griegos, como *super-, extra-, mega-...* (*supercaro, extralargo, megadivertido*).

*La plaza en la cochera es **supercara**.*

• Con el superlativo sintético (igual que sucede con el comparativo sintético): *óptimo, pésimo, mínimo, máximo, supremo* (que son grados superiores de *bueno* y *mejor; malo* y *peor; pequeño* y *menor; grande* y *mayor,* y *alto* y *superior*).

*Pero la situación de esa casa es **óptima**.*

➤ **Otros superlativos próximos al grado absoluto se forman mediante prefijos:**

*Esta chica está **rebuena**.*
*Lo que hizo me pareció **refeo**.*
*Me siento **requetebién**.*

(Los dos primeros se emplean más en América que en España).

Y también con el adjetivo de valor adverbial *harto* (*Esto es **harto** difícil*) como se utiliza en amplias zonas de América y que tiene una notable similitud con el uso de *Esto es muy difícil*.

Como veíamos antes al estudiar los sufijos y sus manías, tanto *-ísimo* como *-érrimo* tampoco se pueden unir indiscriminadamente a todas las palabras (es válido *altísimo* pero no «altérrimo»), y en algunos casos se hace obligado modificar la raíz:

Pobre, pobrísimo, paupérrimo (este último sobre la raíz latina).

Nuevo, nuevísimo, novísimo (el último también sobre la raíz latina).

Mísero, miserísimo, misérrimo (la raíz latina coincide con la castellana).

El sufijo *-érrimo* se ha especializado tanto en su uso con algunos adjetivos que ha anulado la posibilidad de formarlos con *-ísimo*.

Celebérrimo personaje (y no «celebrísimo»).
Libérrima decisión (y no «librísima»).
Acérrimo enemigo (y no «acrísimo»; pero sí *acremente*).

Se debe a que este sufijo es una forma culta, que entronca con el latín (donde su uso estaba reservado a los adjetivos terminados en *-er*), y por eso se monta siempre sobre una raíz latina: *libérrimo* (superlativo de *libre, liber* en latín), *pulquérrimo* (de *pulcro, pulcher* en latín), *nigérrimo* (de *negro, niger* en latín). Pero a veces se consiguen efectos graciosos con este sufijo, como los descubiertos por el humorista español Antonio Fraguas (Forges): *tontérrimo, estupidérrimo, modernérrimo...*

Otros muchos adjetivos no admiten la adición del sufijo, y se tienen que conformar con ponerse delante el adverbio *muy: muy inconsistente,* pero no «inconsistentísimo»; *muy enclenque,* pero no «enclenquísimo»; *muy político,* pero no «politiquísimo».

Son incorrectas las redundancias «más mayor que» y similares; y «muy pésimo» o «muy óptimo» y sus semejantes.

➤ El superlativo relativo se forma de dos maneras:

Con las fórmulas *el más / la más, el menos / la menos,* seguidas de un adjetivo.

Con un comparativo sintético precedido de artículo.

Ejemplos:

*Segismundo no es **el más indicado** para criticar los nombres raros.*

*Pues no es **el menos adecuado** Prisciliano.*

*Ambos nombres me parecen **los más llamativos** del curso de ono-mástica.*

*Los dos son, efectivamente, **los mejores** para que el debate empiece con risas.*

***Lo peor** sería que no fuese nadie, llamaré a Alipio.*

Y hasta aquí los adjetivos calificativos. Si no los hemos calificado bien, habremos caído en un error incalificable; palabra que, por cierto, es un calificativo también.

CAPÍTULO 5
LOS ADJETIVOS Y PRONOMBRES DETERMINATIVOS

Además de los adjetivos calificativos, podemos reunir otras clases de adjetivos, en este caso bajo el paraguas de la palabra **determinativos.**

> Los adjetivos determinativos no tanto califican como nos marcan el terreno que concierne al sustantivo. *Determinan* su extensión.

Ya hemos visto que también los calificativos delimitan en cierto modo al adjetivo, pero esta delimitación de los determinativos tiene, generalmente, un matiz espacial, de proximidad o lejanía.

Los adjetivos determinativos poseen una característica que los diferencia de los calificativos, y que nos puede presentar un problema: que a veces son adjetivos y a veces ejercen de pronombres. En unos casos con formas iguales y en otros con pequeñísimas diferencias (como el acento). Por ello, adjetivos determinativos y pronombres debemos estudiarlos juntos también.

Y, claro, para entender bien esta cuestión necesitamos recordar en este punto qué es un pronombre.

(Breve explicación sobre el pronombre)

Los **pronombres** nos han hecho un espléndido favor. Gracias a ellos podemos hablar de corrido sin necesidad de repetir nombres y nombres, sustantivos y sustantivos. Nos salvan la vida cada vez que hablamos. Imaginemos una vida sin pronombres y nos daremos cuenta de su inmensa utilidad. Sin pronombres, tendríamos que hablar así:

Sigfrida dijo a Emilio ayer que el coche de Emilio está junto a la casa de Sigfrida, muy cerca de la de Emilio, y que el coche de Emilio dejó allí el padre de Sigfrida —al padre de Sigfrida había prestado Emilio el coche de Emilio—, para que Sigfrida dijera a Emilio que el coche dejó allí el padre de Sigfrida.

Gracias a los pronombres, podemos escribir lo mismo de esta manera:

Sigfrida me dijo ayer que mi coche está junto a su casa, muy cerca de la mía, y que lo dejó allí su padre —a quien se lo había prestado yo— para que ella me lo dijera.

Los pronombres sustituyen o representan a los nombres.

O sea, se ponen por el nombre. Y se llaman pronombres porque se utilizan por el nombre.

Sustituyen o representan. Usamos estos dos verbos —sustituir y representar— porque a veces la sustitución es completa y a veces no, y en ese segundo caso consideramos que se da una representación. No es una diferencia fundamental, pero afinamos más. Si tenemos la oración *Dame un papel*, podemos sustituir *un papel* por un pronombre: *Dame eso, dámelo. Eso* y *lo* sustituyen claramente a *un papel.* Si tenemos la oración *Le pedí varios helados y me dio algunos helados, algunos* cumple función de adjetivo. Si construimos la oración con un pronombre para evitar la redundancia de helados, diremos *Le pedí varios helados y me dio algunos.* Pero en este caso *algunos* no sustituye a *helados,* pues la oración no era *Le pedí varios helados y me dio helados,* sino *me dio algunos helados.* Por tanto, el pronombre *algunos* sustituye realmente a *algunos helados:* es decir, al adjetivo y al sustantivo juntos. Por tanto, representa al nombre *helados* pero sustituye a *algunos helados:* adjetivo y nombre juntos.

Por otro lado, pronombres como *yo* o *tú* no sustituyen claramente a un nombre si se mantiene la formulación sintáctica igual. En la oración *Tú tienes hambre* no se puede sustituir *tú* al peso por el nombre de la persona. Supongamos que esa persona se llama Afrodisio: «Afrodisio tienes hambre». En ese caso, el sentido del idioma nos pide dos posibles modificaciones alternativas: *Afrodisio tiene hambre* (Afrodisio se convierte así en *él)* o *Afrodisio, tienes hambre* (Afrodisio pasa a ser un vocativo o llamativo, la persona a la que nos dirigimos para pedir que nos escuche, no un sujeto directamente). Si la persona que habla se llama Eduviginia y construye la oración *Yo me cambiaría el nombre si pudiera,* el pronombre *yo* no puede estar sustituyendo exactamente a Eduviginia, porque la oración no equivale a *Eduviginia me cambiaría el nombre si pudiera.* Simplemente lo representa.

Por estas razones hemos acudido en esta gramática a la fórmula «el pronombre sustituye o representa al nombre». Incluso la palabra *nombre* podría cuestionarse, pues los pronombres neutros *(ello, lo…)* pueden sustituir o representar a oraciones enteras (bien que entendidas benevolentemente como sustantivadas).

Los pronombres pueden ser personales *(yo, tú, él, nosotros, vosotros, ellos, mi, me, conmigo, contigo…),* y también de otros tipos (relativos, distributivos…) que, a diferencia de los personales —que no se confunden con nada—, pueden parecernos adjetivos determinativos.

El **pronombre personal** es el nombre suplente. En cuanto alguien lo necesita para entrar en juego, él salta de la banqueta, se desprende de la camisola de reserva y pide permiso al árbitro para ingresar en el equipo.

Podemos decir *Pepa trabaja en la radio,* pero también *Ella trabaja en la radio. Ella* ejerce de nombre suplente, que adopta en cada caso el lugar del equipo que le queramos otorgar.

Es una palabra que vale para cientos de millones de personas (trabajen o no en la radio). O sea, puede suplirlas en cualquier oración. Eso sí, hace falta que quienes se comunican con el uso de ese pronombre estén de acuerdo en que *ella* se aplica a *Pepa* en ese caso. Pero así sucede generalmente: los pronombres sustituyen o representan a nombres que los interlocutores ya conocen, habitualmente porque se han citado en la conversación.

Una palabra como *yo* puede tener millones de significados. Si digo *yo,* estoy significando mi persona. Pero si usted, querido lector, dice *yo,* está significando la suya. Y así hasta el infinito. ¡Qué tremenda falsedad la de estas palabras, los pronombres! Son muy transformistas, porque cambian de significado con gran facilidad.

Se puede decir *Almudena, Carola y Vania vamos a ir a la fiesta,* pero también *Nosotras vamos a ir a la fiesta* (si alguna de las tres citadas es quien está hablando). Por tanto, *nosotras* sustituye a esos nombres o sustantivos.

Los pronombres, pues, son unos chupasangres: no tienen vida propia, sólo existen si se refieren a otro. Son seres mutantes, que con palabras muy exiguas *(aquél, ella, tuyo...)* pueden significar los más variados objetos y personas. En eso muestra unas especiales condiciones el pronombre neutro *ello,* que puede sustituir o representar a decenas de palabras. Por ejemplo:

La asociación de consumidores protestó ayer por las malas condiciones en que se produjo la venta masiva de bicicletas en la pasada Navidad, sobre todo porque muchas de ellas carecían de pedales.

Ello *sucedió unos días después de que se conociera la comercialización de triciclos sin ruedas.*

En este ejemplo inventado (ya se podía intuir), *ello* equivale a toda la frase anterior.

El pronombre es la palabra que se especializa en sustituir o representar al nombre (si bien puede sustituir igualmente a un grupo de palabras, como acabamos de ver). Podemos decir *Dame dos libros,* pero también *Dame dos* si nos han preguntado *¿Cuántos libros quieres?* En este caso, *dos* ocupa el lugar de *dos libros* (por tanto, *dos* no sustituye propiamente a *libros,* sino que representa a *dos libros).* Pero también podríamos responder *Dame ésos,* pues se supone que estamos señalando los dos libros que deseamos, y entonces *ésos* sí sustituye a *libros.* Podemos decir *Cogí la bicicleta de Arantza,* pero también *Cogí aquélla* si da la casualidad de que *aquélla* es *la bicicleta de Arantza.* Y en este caso *aquélla* sustituye a *la bicicleta de Arantza.* En el supuesto, claro, de que Arantza tenga bicicleta (con pedales o sin ellos).

Y aquí está la principal diferencia que debemos conocer:

Los adjetivos acompañan al sustantivo, mientras que los pronombres lo sustituyen o representan.

¿Cómo sabremos si estamos ante un adjetivo o ante un pronombre?
- Es pronombre si sustituye o representa a un sustantivo o a un grupo de palabras que hacen las veces de tal.
- Es adjetivo si acompaña a un sustantivo, para calificarlo o delimitarlo.

En los demostrativos, es adjetivo si en la entonación de la frase lo pegamos a otra palabra (es decir, si es átono). Es pronombre si tiene énfasis propio (si es tónico). Lo vemos en la diferencia entre *esa cuenta* y *ésa cuenta,* o entre *esta toma* y *ésta toma*. Estos pronombres se escriben con acento, a diferencia de los adjetivos.

Dicho todo esto, sigamos con los adjetivos demostrativos, sin perder de vista los pronombres demostrativos.

LOS ADJETIVOS Y PRONOMBRES DEMOSTRATIVOS

Dentro de los adjetivos determinativos, los demostrativos son los que nos muestran algo: una persona, cosa o concepto que situamos en el espacio en relación con el lugar que ocupamos nosotros.

➤ **¿Por qué se llaman «demostrativos»?**

Pues es verdad, deberían llamarse «mostrativos». O «señalativos», porque a menudo acompañamos su pronunciación de una rápida extensión del brazo: *éste, ése, aquéllos...* Los demostrativos o mostrativos, pues, *determinan la distancia*.

Por eso los incluimos entre los determinativos.

Adjetivos y pronombres demostrativos

Masculino: *este, ese, aquel / estos, esos, aquellos*
Femenino: *esta, esa, aquella / estas, esas, aquellas*

Ninguno de ellos tiene tilde si ejerce el papel de adjetivo; sí la tienen si son pronombres.

Masculino y femenino: *tal / tales*
Neutros: *ello, esto, eso, aquello*

Los integrantes de este último grupo sólo pueden ser pronombres, y no tienen plural.
Se escriben siempre sin acento, pues no dan lugar a confusión con un adjetivo.

Los **adjetivos demostrativos** han sido ordenados ahí de menor a mayor según la distancia —espacial, temporal o mental— a la cual nos imaginamos o vemos los objetos, las ideas o las personas. *Este* y *esta* se refieren a lo más próximo; *ese* y *esa* se refieren a algo que se nos antoja más cercano al interlocutor que a nosotros. Y *aquel* y *aquella* hablan de algo lejano a ambos.

Tal y *tales* se refieren a algo cercano en la conversación, y concuerdan en número con el sustantivo al que acompañen, pero no varían en su género. No obstante, el género viene marcado a veces por los artículos que los preceden:

El tal vehículo nos estropeó el viaje con tanto perder gasolina (se supone que ya hemos hablado de él).

Me amargaron los tales suspensos (se supone que ya hemos hablado de ellos).

No dejó que le afectaran las tales cuestiones (ni la pérdida de gasolina ni los suspensos, pongamos por caso).

Generalmente, se pueden sustituir por cualquier otro adjetivo demostrativo: en *tal* caso / en *ese* caso. En *tales* casos / en *esos* casos.

A veces, *tal* y *tales* tienen valor despectivo:

El tal árbitro nos hizo perder el partido.
La tal Secundina no se presentó a la hora.
Han nombrado obispo a un tal Blázquez.

Diferencias adjetivo-pronombre en los demostrativos

Veamos primero el valor de los **demostrativos** citados en tanto que adjetivos:

Si decimos *este pendejo,* pronunciamos con *pendejo* un sustantivo (aunque los pendejos tengan poca sustancia por lo general). Esa sustancia —por escasa que resulte— se ve alterada, modificada, vestida, por el adjetivo; en este caso, un

adjetivo determinativo porque determina nuestra distancia de él: escasa, puesto que hemos dicho *este*.

Así sucede con todos los demás referidos hasta ahora. Pero ¡ah, desgracia! Aquí viene el lío.

➤ **Los adjetivos demostrativos pueden ser también pronombres demostrativos.**

Por ejemplo, en este caso:

*Le pedí dos vasos rojos, y **ésos** fueron los que me dio.*

Ajajá, ya hemos visto una diferencia: ¡hemos escrito *ésos* con acento! En efecto, la gramática sabe diferenciar los adjetivos demostrativos de sus primos los **pronombres demostrativos,** y nos permite poner un acento en estos últimos para que nadie se equivoque. Y porque además se lo merecen, ya que se han ganado el acento de frase.

Juguemos con las oraciones anteriores para establecer mejor las diferencias:

*Le pedí **esos** dos vasos rojos, y **ésos** fueron los que me dio.*

En la primera ocasión, *esos* se escribe sin tilde; pero no así en la segunda. De hecho, observamos que la entonación correspondiente a ambas palabras en la frase es bien distinta. En el primer caso pronunciamos de seguido «esosdos»; pero en el segundo no decimos «esosfueron» sino «ésos-fueron».

➤ **¿Por qué se trata de un pronombre?**

¡En efecto! Porque ocupa el lugar de un nombre (o sustantivo). Porque equivale a *Le pedí dos vasos rojos, y dos vasos rojos fueron los que me dio.*

Ya hemos dicho, no obstante, que estos pronombres dependen del lugar físico que ocupen los objetos; y también pueden influir en cómo percibamos su significado los gestos que hagamos al hablar. La frase anterior, *Le pedí dos vasos rojos, y ésos fueron los que me dio,* puede significar que le dieron dos vasos verdes, si los estamos señalando.

Veamos ejemplos de frases en que se usan el adjetivo o el pronombre demostrativos, para ver mejor la diferencia entre ellos:

Adjetivo: *Julia ha pilotado **esos aviones** muchas veces.*
Pronombre: ***Ésos** son los aviones que ha pilotado Julia muchas veces.*

Adjetivo: *Le pedí a Juan que me alcanzara **esos chocolates**.*
Pronombre: *Le pedí a Juan que me alcanzara unos chocolates, y me dio **éstos**.*

Adjetivo: *Qué bien lo pasábamos en **aquellos tiempos**.*
Pronombre: *Qué buenos tiempos eran **aquéllos**.*

Adjetivo: ***Esta persona** me ha enamorado.*
Pronombre: ***Ésta** me ha enamorado.*

En cambio, *tal* y *tales* no necesitan la tilde, tanto si ejercen un papel de adjetivo o como de pronombre.

Adjetivo: *Le dije que **tal cosa** ocurrirá si no se remedia.*
Pronombre: ***Tal** sucederá si no ponemos remedio.*

Los gramáticos han dudado si el demostrativo es pronombre o adjetivo cuando va detrás del nombre: *Me gustó la casa aquélla, tan barata* (Me gustó aquella casa tan barata). *Cosas tales como la que dijiste* (Las tales cosas que dijiste).

Si nos dejamos guiar por el acento de frase, los demostrativos *éste, ése* y *aquél* más bien parecen un pronombre *(Me gustó la casa aquélla)*. Pero se puede discutir mucho al respecto. Uno prefiere considerarlos pronombres: en *Me gustó la casa aquélla* no decimos lo mismo que en *Me gustó aquella casa*. En este segundo ejemplo nos referimos a una casa más cercana que en el primero, psicológicamente. En el primero, por otro lado, el sustantivo *casa* no se está refiriendo todavía a una en concreto en el momento de ser proferido, sino a *una casa* como concepto. La concreción llega luego, con el pronombre *aquélla*. En realidad, subyace la oración *Me gustó la casa, aquella casa;* es decir, *Me gustó la casa, aquélla* o *Me gustó la casa aquélla.*

En cambio, no hay dificultad en saber si se trata de adjetivos o pronombres cuando nos hallamos ante el género neutro *(esto, eso, aquello):* siempre son pronombres. Jamás complementan a un sustantivo, siempre sustituyen a una cosa *(Eso sabe muy bueno)*, un concepto *(Aquello no me gustó)*, o una frase *(Ya ves, eso fue lo que me dijo).*

Los neutros suelen sustituir a ideas completas, a menudo expresadas con varias palabras:

*Queremos más vacaciones y hay que exigirle **eso** al Gobierno.*

Y otras veces sustituyen a objetos que no se describen con exactitud:

*Ponme un poco de **eso** en el plato.*
*No se ve bien qué es **aquello**.*
*A mí que se estropee **esto** no me preocupa.*

Como son inconfundibles, los **pronombres demostrativos neutros** nunca llevan tilde (acento ortográfico), a diferencia de los que pueden presentarse en masculino o femenino.

Resulta curiosa aquí la presencia del género neutro, que en latín era bastante más notoria y extensa. En español se ha reducido a los artículos *(lo,* en construcciones como *lo de ayer* o *lo ocurrido)* y a los pronombres (y no todos: sólo los demostrativos —como *esto*—, los relativos —*lo cual, lo que*—, los personales —*ello*— y los indefinidos —*algo*—).

Tenemos, pues, una lengua poco neutral.

➤ **¿Cómo diferenciamos un adjetivo demostrativo de un pronombre demostrativo?**

- Es adjetivo si acompaña a un nombre, y es pronombre si lo sustituye o representa.
- Es adjetivo si no recae en él la carga tónica del conjunto, y es pronombre si sucede lo contrario y puede, por tanto, llevar tilde.
- Los neutros *esto, eso* y *aquello* sólo pueden ser pronombres, y no se acentúan nunca porque, precisamente por eso, no puede producirse un error con ellos.

LOS ADJETIVOS Y PRONOMBRES POSESIVOS

Los **adjetivos y pronombres posesivos** suelen ser una ilusión, porque no existen tantas propiedades en la vida real como para alimentar esta presencia gramatical.

Hemos significado en páginas anteriores que la realidad y la gramática discurren por territorios distintos. Así sucedía con el género y el sexo, y también ahora con los adjetivos y los pronombres posesivos. ¡Ah, si fueran de uno todas las cosas a las que se aplica un posesivo!: *mi empresa, mi tierra, mi casa* (que casi siempre es del banco), *mi camino, mi mesa de la oficina, mi pueblo, mi colegio... mi programa favorito.*

El caso es que los sustantivos pueden pertenecer a alguien, real o figuradamente, y para significar eso necesitamos unas palabras que así lo expresen: los adjetivos y los pronombres posesivos.

> Los adjetivos y pronombres posesivos determinan la pertenencia.

Y por eso se consideran también **determinativos.** Es decir, son adjetivos o pronombres determinativos posesivos.

Pero atención: se trata de una pertenencia psicológica: podemos decir *mi colegio* sin que eso signifique que uno es el dueño. Se trata sobre todo de una vinculación afectiva, que se extiende a los nombres propios:

Mi Antonio me ha dicho que vendrá tarde.
Mi Mercé se ha ido de vacaciones a La Rioja sin mí.

No siempre es necesario resaltar la pertenencia, puesto que puede estar implícita. Si escribimos *El jugador se lesionó su tobillo izquierdo* caemos en un pleonasmo o redundancia de significado puesto que sólo puede lesionarse su tobillo, no el de otra persona. Por tanto, *El jugador se lesionó el tobillo izquierdo.*

El pleonasmo es generalmente una supuración, un grano que rebosa materia viscosa por acumulación de grasa, algo feo.

Adjetivos y pronombres posesivos

Las formas enteras son:

- Primera persona:
  mío, mía, míos, mías
  nuestro, nuestra, nuestros, nuestras
- Segunda persona:
  tuyo, tuya, tuyos, tuyas
  vuestro, vuestra, vuestros, vuestras
- Tercera persona:
  suyo, suya
  suyos, suyas

Las formas apocopadas son:

- Primera persona: *mi, mis*
- Segunda persona: *tu, tus*
- Tercera persona: *su, sus*

Desde el punto de vista morfológico (es decir, de la forma), podemos clasificar los posesivos en *enteros* y *apocopados* (o sea, hechos de «a poco», abreviados): *El libro tuyo* (entero) / *tu libro* (a-poco-pado).

Las formas enteras, según se ve, varían en género y número para adaptarse al sustantivo al que acompañan *(los perendengues suyos, las medias suyas)*. Pero las apocopadas siguen a su aire *(sus perendengues, sus medias, a su aire)*.

Son exclusivas para un solo poseedor las formas *mío* y *tuyo* / *mía* y *tuya* / *míos* y *mías* / *tuyos* y *tuyas*.

Pero con *suya* y *suyo* tenemos zipizape, porque no siempre nos dan muchas pistas. Pueden servir para un poseedor o varios, y sucede lo mismo con *suyos* y *suyas*:

*La mascota es **suya*** (de ellos)
*La entrada es **suya*** (de ella)
*Las bolsas de basura son **suyas*** (de él, o de ella, incluso de él y de ella).

A esto hay que añadir los *suyo, suya* y *suyos* que corresponden al tratamiento cortés de segunda persona (es decir, para quienes tratamos de usted).

¿Este niño es suyo, señor?, pues será mejor que ponga la pelota en su paella de usted.

En cambio, nos aclaramos más con *nuestro, nuestra, vuestro, vuestra, nuestros, vuestros, nuestras* y *vuestras*, porque son formas exclusivas para usarlas cuando se trata de varios poseedores.

Los posesivos concuerdan con los objetos a los que se refieren; no con los poseedores. Así, podemos decir *Este patinete es tuyo,* refiriéndonos a Begoña, y *Esta casa es **suya*** refiriéndonos a Edelmiro; o poner *sus patines,* en plural, para referirnos a los de una persona sola; y *su casa,* en singular, para referirnos a la de dos personas. (*María y Margarita tienen su casa en las afueras).* Y también decimos ***su** casa* cuando tratamos a alguien de usted.

Ya se ve que los posesivos son muy suyos.

Diferencias adjetivo-pronombre en los posesivos

Los **adjetivos posesivos** *mi, tu* no llevan tilde: los pronombres personales *mí, tú* sí la llevan:

---

mi (adjetivo posesivo) / *mí* (pronombre personal)
tu (adjetivo posesivo) / *tú* (pronombre personal)

No es lo mismo: *Hablaron mal de mí, amigo* que *Hablaron mal de mi amigo.*

Como en otras ocasiones, los pronombres aquí son tónicos, mientras que los adjetivos, por su condición de átonos, pierden siempre en la lucha por el acento. Los pronombres se llevan siempre el calcetín del tenista.

Por otra parte, los **pronombres posesivos** pueden sustantivarse: *la mía, los nuestros, los tuyos, lo mío;* pero no los adjetivos posesivos: «el mi», «la tu», «el su»... En el lenguaje poético aún se mantiene el arcaísmo de situar un artículo delante del posesivo: *Cerró los sus ojos,* pero esta combinación ha desaparecido del habla común.

Incorrecciones en el uso de los posesivos

Los posesivos plenos son muy solidarios con la familia: ellos no deben acompañar a un adverbio si no lo pueden hacer también los posesivos apocopados. O los dos, o ninguno.

(¿Qué es un adverbio? La palabra que modifica al verbo. Es decir, es el adjetivo del verbo. Por ejemplo *delante: Estoy delante;* o *detrás: Viene detrás.* Pero eso lo veremos después).

Por error, a menudo se equipara un pronombre personal precedido de la preposición *de* con un posesivo pleno. De ese modo, un grupo de función adverbial se convierte en un presunto grupo de posesivo y sustantivo, cuando no lo es. Si decimos *Está cerca de mí*, este *de mí* no tiene valor posesivo (está cerca *respecto a mí*). Tampoco decimos *esto es de mí*, sino *esto es mío*.

Por eso...

... **No** se puede decir «delante mío»,
porque no se puede decir «en mi delante».

Sí se puede decir *alrededor suyo,*
porque se puede decir *a su alrededor.*

No se puede decir «detrás suyo»,
porque no se puede decir «en su detrás».

Sí se puede decir *al lado suyo,*
porque se puede decir *a su lado.*

No se puede decir «cerca mío»,
porque no se puede decir «en mi cerca».

Sí se puede decir *en contra suya,*
porque se puede decir *en su contra.*

No se puede decir «a través mío»,
porque no se puede decir «a mi través».

Las formas correctas alternativas a todos esos casos incorrectos son *delante de mí, detrás de él, cerca de mí, a través de mí.*

Por tanto, el idioma considera que el alrededor y el lado pueden pertenecer a alguien, ser gramaticalmente su propiedad. Pero no piensa lo mismo de *delante, detrás, cerca...* adverbios que se relacionan con la persona gramatical pero no son de ella.

En esas frases, las fórmulas que admiten la doble posibilidad están construidas con un sustantivo y no con un adverbio: por eso podemos decir *alrededor* y *alrededores; lado* y *lados,* sustantivos todos ellos. Caso aparte nos parecen las locuciones adverbiales *en su contra* y *en contra suya* (como *a su favor* y *a favor suyo* o *en su favor*), que se han estabilizado con esas dos posibilidades en el uso del posesivo.

El empleo incorrecto del posesivo con el adverbio está muy extendido ya en España y en América, si bien no se considera parte del lenguaje culto.

A veces el hablante poco enterado duda entre escoger «delante suyo» o «delante suya», por ejemplo. Parece lógico que dude si alguna de las dos formas es la correcta… porque no es correcta ninguna de las dos.

Sólo se pueden emplear los posesivos plenos detrás de un adverbio o locución adverbial —insistimos— cuando existe la alternativa del posesivo apocopado delante de él. Es correcto *al lado suyo* porque existe *a su lado*.

➤ **¿Cuándo son adjetivos los posesivos?**
Ya lo sabemos, cuando acompañan al nombre y se pronuncian de seguido con él, sin imponerle su tono. Por ejemplo:

El barco tuyo es el mejor.
Tu barco es el mejor.

(En ambos casos gana la palabra *barco* en el acento de frase: el «bárcotuyo» y «tubárco»).

➤ **¿Cuándo son pronombres los posesivos?**
Ya lo sabemos también, cuando sustituyen o representan al nombre y tienen carga tónica propia que vence a las demás palabras cercanas. Por ejemplo, *El barco es* **mío** (el barco es mi barco, el barco «es de yo»); *El tuyo es el mejor* (la palabra *barco* ha sido sustituida aquí también, y gana la batalla fónica el pronombre *tuyo* en el grupo *el tuyo es*: «eltúyoes»).

No obstante, también podría considerarse esta unión *(el tuyo)* como un sustantivo, puesto que el artículo sustantiviza cuanto toca. Pero nunca como un adjetivo.

LOS ADJETIVOS Y PRONOMBRES INDEFINIDOS

Hay momentos en que debemos procurar no definirnos. Por ejemplo, si nos preguntan *¿Cuántos años tienes?* podemos contestar *Varios*. O si alguien nos dice *¿Volviste muy tarde ayer a casa?* Responderemos *Algo*. O *¿Con quién te vas este fin de semana de viaje? Con alguien.*

Los indefinidos son adjetivos y pronombres que no determinan exactamente sino que *indeterminan*.

Es decir, determinan una indeterminación. Vienen a ser lo contrario de los numerales. Sirven para indicar que no sabemos algo con precisión, que no hemos contado —porque no queremos o no podemos hacerlo— el número de objetos o de personas a los que nos referimos, o que desconocemos exactamente de quién estamos hablando (o no deseamos decirlo).

Únicamente *nada* y *nadie* se pueden salvar del reproche de que no nos precisan mucho la cantidad, porque expresan la no cantidad. Salvo cuando un cónyuge le pregunta a su pareja *¿Qué te pasa?* y le responde *Nada*. Eso no siempre significa la no cantidad.

Adjetivos y pronombres indefinidos

- Los de cantidad: *poco, muchos, nada, algo, escasos, demasiado, todos, bastantes...*
- Los de identidad: *mismo, otro, propio, demás...*
- Los de existencia (o no): *algún, alguno, ningún, ninguno, alguien, nadie, cualquier, cualquiera, cualesquiera, quienquiera, quienesquiera, ciertos...*

Ciertos gramáticos (valga la redundancia con el último ejemplo) incluyen los artículos indeterminados entre los indefinidos *(un, una, unos, unas)*. Pero dejémoslo así.

Éstos son algunos de los principales indefinidos (y para hacerles honor se acaba de emplear uno de ellos):

—*Algún, alguno, algunos, alguna, algunas.*
—*Varios, varias.*
—*Cierto, cierta, ciertos, ciertas.*
—*Ningún, ninguno, ninguna.*
—*Cualquier, cualquiera, cualesquiera.*
—*Demás.*
—*Otro, otra, otros, otras.*
—*Mucho, mucha, muchos, muchas.*
—*Poco, poca, pocos, pocas.*
—*Más, menos.*
—*Bastante, bastantes.*
—*Todo, toda, todos, todas.*
—*Algo.*
—*Nadie.*
—*Nada.*
—*Quienquiera, quienesquiera.*
—*Alguien.*

Se pueden asimilar a esa función las locuciones (grupos de palabras estabilizadas y con un significado conjunto) *todos los demás, los demás* (con artículo o sin él; *los demás libros, libros y demás*) y *unos cuantos.*

Diferencias adjetivo-pronombre en los indefinidos

Las zonas fronterizas entre pronombres y adjetivos se parecen mucho en este terreno a las que hemos analizado antes. Aquí, sin embargo, se agranda el número de los que sólo pueden ser una cosa.

• Algún, ningún y cualquier

Sólo van delante del sustantivo (los dos primeros, únicamente si es masculino) y, por tanto, no pueden ser pronombres:

Algún día, ningún juguete, cualquier mes.

• Alguno, cualquiera y cualesquiera

Estos adjetivos —si realmente lo son— sólo van detrás del sustantivo; pero pueden ser pronombres también:

*No vi papel **alguno** en la papelera, todos estaban alrededor. Hoy no es un día **cualquiera** (adjetivos).*

*Sabría que vendría **alguno**. Esto lo hace **cualquiera** (pronombres).*

*El coche lo robaron unos ladrones **cualesquiera** (adjetivo).*

• Cualquiera

Muestra una gran polivalencia, puesto que es capaz de vestirse de sustantivo, pronombre y adjetivo:

*Es un **cualquiera** (sustantivo).*
***Cualquiera** lo puede hacer (pronombre).*
*Es un hombre **cualquiera** (adjetivo).*

➤ **¿Cuándo son adjetivos los indefinidos?**

Ya lo sabemos, cuando acompañan al nombre y se pronuncian de seguido con él:

***Cualquier** barco puede ser el mejor.*
*Un barco **cualquiera** fue el mejor.*
***Algún** barco será declarado el mejor.*
***Ningún** barco será declarado el mejor.*
*No me pareció bueno barco **alguno**.*

(Todos son adjetivos).

➤ **¿Cuándo son pronombres los indefinidos?**

También lo sabemos, cuando sustituyen o representan al nombre y tienen carga tónica propia: *El mejor barco puede ser cualquiera* (la palabra *barco* queda representada, para no decir *El mejor barco puede ser cualquier barco); Declararán el mejor a alguno* (para no decir *Declararán el mejor a algún barco). No declararán el mejor a ninguno* (para no decir *ningún barco).*

• Algo, nadie, nada, alguien o quienquiera

Éstos nunca serán adjetivos, porque jamás acompañan a un sustantivo. Sólo les queda ser pronombres, que no está nada mal tampoco.

• Cualquier, ningún y algún o cierto y ciertos

Éstos, en cambio, no pueden ser pronombres por mucho que se empeñen, porque necesitan un sustantivo a su lado.

• Más y menos, o todo y todos

Estos indefinidos se pasan de un lado a otro según les convenga, porque pueden ser adjetivos o pronombres:

*Necesitamos traer **más sillas*** (adjetivo).
*Dame **más*** (pronombre).
***Todos** serán pocos* (pronombre).
***Todos los problemas** son pocos* (adjetivo).

• Más y menos

Son pronombres o adjetivos si se vinculan a un sustantivo o lo sustituyen, y son adverbios si acompañan a un adjetivo:

*Nos dieron **más sartenazos** de los que esperábamos* (adjetivo indefinido).
*El lince está **más** preparado para correr que el pájaro bobo* (adverbio).

LOS ADJETIVOS Y PRONOMBRES NUMERALES

El idioma no podría bastarse con los indefinidos. Poco habríamos avanzado como género humano si no hubiéramos ideado la manera de expresarnos con más precisión. Por eso existen los numerales, de los que se deriva toda una ciencia: las matemáticas, con sus parientes la aritmética, la geometría, el álgebra, la física…

He aquí los **numerales,** que salieron de entre las letras para crear las ciencias.

Como su propio nombre indica, los numerales determinan el número, ya sea de cantidad o de orden.

Los primeros —los de cantidad— se llaman **cardinales** porque en latín ya se denominaban así (en este caso, «cardinal» se asocia con «principal»). Y los segundos, los que determinan el orden, se llaman **ordinales,** ya se ve bien por qué.

Adjetivos y pronombres numerales

- Numerales cardinales:
   uno, dos, tres…

- Numerales ordinales:
   primero, segundo, tercero, cuarto, quinto, sexto, séptimo, octavo, noveno, décimo, undécimo, duodécimo, decimotercero, decimocuarto, decimoquinto, decimosexto, decimoséptimo, decimoctavo, decimonoveno,
   vigésimo, vigésimo primero…,
   trigésimo, trigésimo primero…,
   cuadragésimo, cuadragésimo primero…,
   quincuagésimo, quincuagésimo primero…,
   sexagésimo, sexagésimo primero…,

> *septuagésimo, septuagésimo primero…,*
> *octogésimo, octogésimo primero…,*
> *nonagésimo, nonagésimo primero…,*
> *centésimo, centésimo primero…,*
> *ducentésimo, tricentésimo, cuadringentésimo, quingentésimo, sexcentésimo, septingentésimo, octingentésimo, noningentésimo*
> *milésimo, dos milésimo, tres milésimo, cuatro milésimo…*
> Y así hasta *millonésimo.*
>
> • **Numerales partitivos:**
>   *onceavo, doceavo…*
>
> • **Numerales multiplicativos:**
>   *doble, cuádruple…*

Cardinales y ordinales

Los numerales cardinales, pues, son *uno, dos, tres…* y así hasta el infinito. Podemos decir *dos fiestas, veintiséis suspensos en un año, un millón de amigos…*

Y si queremos usar los ordinales escribiremos frases como *Es la décima vez que lo digo,* o *He quedado el vigesimoquinto en la carrera.*

• Son más correctas las formas *undécimo* y *duodécimo* que *decimoprimero* y *decimosegundo.* Y encima, más cortas.

• A partir de *vigésimo,* los ordinales pueden presentarse en una palabra o en dos: *trigésima cuarta* (en ese caso las dos palabras alteran su género para las concordancias) o *trigesimocuarta;* pero no «décimo tercero» sino *decimotercero.* Si se ponen juntos, prevalece la tilde del segundo (si la tiene). Si se escriben separados, cada uno llevará el acento gráfico y el género que le corresponda: *vigésima primera.*

• La mayoría de los hablantes tiene problemas con los ordinales situados más allá de *décimo*. En efecto, se trata de formas poco naturales, muy ligadas al latín y que raramente necesitamos emplear. Por eso debemos disculpar los errores que se cometan con ellas.

Si en algún caso no recordamos la palabra exacta para definir un aniversario o un orden, podemos refugiarnos en la expresión *número X*:

Éste es el aniversario número 48 de la fundación de mi casa.

Pero en cualquier caso no se perciben muy elegantes —sobre todo si se utiliza el lenguaje profesionalmente— oraciones como *Éste es el cuarenta y ocho aniversario de la fundación.*

• Igual que sucede con otros adjetivos, algunos numerales ordinales se expresan en apócope cuando anteceden al sustantivo: así, los correspondientes a *uno* y a *tres,* con todos sus compuestos: *el primer piso* (el piso *primero), el tercer aniversario* (el aniversario *tercero), el vigesimoprimer clasificado* (el clasificado *vigesimoprimero).* Y *noveno* tiene la equivalencia culta *nono: El papa Pío Nono.*

Partitivos

Los **partitivos** son determinativos que se refieren, como su nombre indica, a una parte de un todo. A partir de *décimo,* terminan en *-avo* y *-ava* (*onceava* parte, un *doceavo),* sufijos que se añaden al número cardinal *(trece-avo, veinte-avo).* Así, un *doceavo* es una parte de entre doce partes iguales. Una *catorceava* es una parte de entre catorce. Dos *quinceavos* son dos partes de entre quince partes iguales.

Algunos de los diez primeros ordinales coinciden en su forma con los partitivos, y eso ha llevado a errores. Sucede con *cuarto, quinto, sexto, séptimo, octavo, noveno* y *décimo.* Es decir, todos los comprendidos entre *cuarto* y *décimo*, ambos inclusive.

El partitivo de *uno* carece de sentido (equivale al total, luego no existe partición), y el de *dos* se dice *la mitad (la mitad de los asistentes)* o *medio (medio estadio aplaudió)*. El siguiente partitivo es un *tercio*. Un *octavo*—por ejemplo— es un ordinal (me clasifiqué el *octavo)* pero también un partitivo terminado en *-avo* o *-ava* (una *octava* parte del pastel, un *octavo* de pastel). Y además *una octava* es un conjunto de ocho notas musicales sucesivas (un piano suele tener siete octavas al menos), pero eso no hace al caso ahora.

La confusión se produce cuando se toma un partitivo superior a *décimo* para situarlo por el ordinal correspondiente. En una famosa intervención televisiva en los años ochenta, un político español, Javier Solana, entonces ministro de Educación, dijo varias veces *el doceavo* para referirse al *duodécimo*. Eso le valió chistes y mofas durante largos años.

Multiplicativos

En los numerales se incluyen también los adjetivos **multiplicativos**, que siempre son adjetivos y se encargan de cumplir con esa operación matemática: multiplicar por dos, por tres… Así, podemos hablar del *doble,* el *triple,* el *cuádruple* (también *cuádruplo*), el *quíntuple (quíntuplo),* el *séxtuple (séxtuplo),* el *séptuple (séptuplo),* el *óctuple (óctuplo),* el *nónuple (nónuplo),* el *décuplo,* el *undécuplo,* el *duodécuplo* y el *terciodécuplo.* A partir de ahí, y hasta el *céntuplo* (que sí existe), deberemos decir *multiplicado por 14, multiplicado por 15,* etcétera.

La Academia no registra en su diccionario el multiplicativo que sucede a *óctuplo* y *óctuple.* Hemos usado aquí el que nos parece de mejor formación para el correspondiente a multiplicar por nueve: *nónuple.*

De todos estos adjetivos (o bien multiplicativos) salen los verbos *duplicar, triplicar… septuplicar, octuplicar, nonuplicar…*

Y los sustantivos *triplicación, cuadruplicación, octuplicación...*

Se comete el error de decir el «cuatriple» y «cuatriplicar», en vez del *cuádruple* y *cuadruplicar*. También debe emplearse *cuadruplete* en vez de «cuatriplete». Por ejemplo,

Etiopía consiguió el cuadruplete al colocar a sus cuatro atletas en los cuatro primeros puestos.

(Hecho que sucedió en una de las carreras de los Mundiales de Atletismo celebrados en Helsinki en 2005).

Diferencias adjetivo-pronombre en los numerales

➤ **¿Cuándo son nombres los numerales?**

Con un artículo, los numerales se convierten en sustantivos de sí mismos: *el uno, el dos, el cuádruple, el cuarto...: Vive en el quinto.*

➤ **¿Cuándo son adjetivos?**

Cuando acompañan a un sustantivo: *el tercer piso, la doceava parte...: Hemos ganado cinco copas.*

➤ **¿Cuándo son pronombres?**

Cuando sustituyen o representan al nombre:

Pedí nuevos fichajes y me trajeron quince.
Las mangueras que usaron los bomberos fueron cinco, pero tres no tenían agua y dos estaban atascadas.

En este último ejemplo, *cinco, tres* y *dos* abarcan los conceptos *cinco mangueras, tres mangueras* y *dos mangueras.*

➤ **Con orden**

Los numerales suelen emplearse en las enumeraciones con respeto a su orden natural: *Vinieron diez o doce veces.* De otro modo, podría sucedernos como en aquel conocido chiste:

—*¿Cuántas veces has estado en Nueva York?*
—*¿Yo?… Ocho… o siete. ¿Y tú?*
—*Pues yo… Una… o ninguna.*

LOS ADJETIVOS Y PRONOMBRES RELATIVOS

Debemos armarnos de mucho entusiasmo para penetrar en el mundo de los relativos. Son seres complicados que tienden a despistarnos, se escurren como un vaso aceitoso y muestran una transparencia perversa que, paradójicamente, nos impide identificar su interior.

Los **relativos** son los dobles nudos del idioma, destinados siempre a establecer relaciones estrechas entre otras palabras. No unas relaciones de conexión y proximidad, sino de vinculación férrea. Los relativos sirven para enlazar un sustantivo con otro y a la vez una oración con otra, sin que el primer empeño perturbe en modo alguno el segundo. Logran ambos propósitos a la vez. Se especializan, pues, en relaciones públicas. O sea, son relativos porque se relacionan.

Si alguien suelta un relativo en una fiesta, él consigue que todo el mundo charle con todo el mundo al menos en algún momento. Son capaces de conectar a los más distantes, de aproximar a los enfadados y de contentar a los solitarios.

Enseguida se les ve vaso en mano y conversando animadamente con dos personas que no se conocían entre sí.

Pero al final de la fiesta nadie sabrá qué pensaban ellos del asunto. ¿De qué asunto? Del que sea. Se limitan a enlazar, a emparentar, a concordar, y las palabras pasan por ellos dejándolos inmaculados. Claro, eso se debe a su carácter: son pronombres (aunque a veces se disfracen de adjetivos). Pronombres, pero raros.

Y además, un tanto intrigantes. Con los relativos se agranda la dificultad de conocer exactamente la esencia con que se presentan. Tanto enlazan unas palabras con otras que al final no sabemos si las representan o las adjetivan, porque su argamasa es fuerte y termina confundiéndose con la cosa adjuntada: se supone tarea difícil el empeño de separar los pronombres relativos de los adjetivos relativos. Sobre todo porque, aun cuando todos los relativos se dedican a relacionar, no siempre lo cumplen de igual manera; y ponen difícil trazar las líneas generales que los engloben.

O sea, que cuando los ves con el vaso en la mano y hablando con otras dos palabras incluso se te hace difícil descubrir si ellos han conectado entre sí a esos invitados a la fiesta o si ha sido alguno de los invitados el que se aproximó a él con la mano tendida para decir su propio nombre y estrechar la del relativo. Porque enseguida se les verá a los tres riendo dicharacheros como si se conocieran de toda la vida. A veces, con ellos no se sabe qué es antes y qué es después.

Ahora se observará en sus funciones gramaticales un lío monumental, sobre todo en lo que respecta a la posibilidad de considerarlos adjetivos o pronombres, y también en lo referido a sus antecedentes. Caben opiniones dispares, y todas ellas muy documentadas. Sólo hay acuerdo respecto a *cuyo*, y no del todo.

Vamos a acercarnos a su mundo.

Los relativos

- Singular
    que, el que, el cual, la cual, quien, cuyo, cuya, cuanto, cuanta
    (sin acento en todos los casos)
- Plural
    que, los que, los cuales, las cuales, quienes, cuyos, cuyas, cuantos, cuantas
    (igualmente sin acentos)
- Neutro
    cuanto, lo cual
    (sin tilde también)

Veámoslos en acción:

Mañana viene mi tía, **que** *siempre nos trae regalos.*
Siempre nos trae regalos, **lo cual** *es bueno.*
Es bueno para mí y mis primos, **quienes** *disfrutamos con los regalos.*
Mi tía, **cuyo** *trabajo es muy importante, me parece encantadora.*
Y siempre nos da juguetes, **cuantos** *le pedimos.*

Vemos en esos casos cómo el relativo logra relacionar unas palabras con otras, a menudo rehaciendo el papel de la palabra relacionada (que tal vez es el complemento de una oración y se convierte en el sujeto de la siguiente). La palabra que los relativos se proponen relacionar con otra se llama antecedente. Y en ese papel de relaciones públicas los relativos se adaptan tanto a los gustos del antecedente que se ponen a su servicio con la concordancia que haga falta.

Los antecedentes de los ejemplos que acabamos de leer son éstos:

Mi tía *(que siempre nos trae regalos).*
Trae regalos *(lo cual es bueno).*
(Para) **mí y mis primos** *(quienes disfrutamos).*
Mi tía *(cuyo trabajo es muy importante).*
Juguetes *(cuantos le pedimos).*

El relativo toma la esencia de su antecedente para ponerla al servicio de una nueva oración: la oración adjetiva o de relativo.

Si no existieran los relativos, deberíamos escribir las anteriores oraciones así:

Mañana viene mi tía. Mi tía siempre nos trae regalos.
Siempre nos trae regalos. El que nos traiga regalos es bueno.

Es bueno para mí y mis primos. Mis primos y yo disfrutamos con los regalos.

Mi tía, el trabajo de mi tía es muy importante, me parece encantadora.

Y siempre nos da juguetes, todos los juguetes que le pedimos.

Sin el relativo las oraciones quedan desconectadas. Donde antes escribíamos una, ahora debemos utilizar dos.

De este modo, el relativo enlaza una oración con otra (después veremos las oraciones de relativo precisamente). Logra que las piezas encajen y nos permite hacer una frase más larga (pero más corta que si no existieran estas piezas, pues entonces habríamos de construir dos en vez de una), oraciones intercaladas… Casi funciona como una conjunción (ya veremos después qué es una conjunción).

El antecedente

No sólo nos dan controversia los relativos sobre su condición de pronombres o adjetivos sino también sobre la necesidad o no de que tengan un **antecedente.** Pero tal es su capacidad de conversación, que si no tienen antecedente hablarán consigo mismos. Ya lo veremos.

En el momento en que una oración de relativo cuenta con un antecedente, ejerce una función de adjetivo respecto a él. De hecho, a menudo puede sustituirse por un adjetivo calificativo.

*He encontrado el balón **que se perdió** (He encontrado el balón **perdido**).*

*El anillo **que te robaron** no aparece (El anillo **robado** no aparece).*

*El niño **que desobedezca** jugará solo (El niño **desobediente** jugará solo).*

Pero no siempre el antecedente es una palabra o grupito de vocablos. A veces desempeña ese papel una frase entera. Y en tal caso debemos emplear los relativos neutros *lo cual* y *lo que: Esta mañana he ido a comprar los periódicos y el quiosco estaba cerrado, **lo cual** me ha molestado soberanamente.*

Para apreciar que el relativo *que* tiene un antecedente (y así descubrirlo mejor en su emboscamiento), podemos sustituirlo por *el cual, la cual, los cuales* o *las cuales,* porque en ese caso debemos dotarle de género y número de modo que concuerde con aquél.

Los balones nuevos, **que** *tú me robaste, estaban pinchados.*
Los balones nuevos, **los cuales** *tú me robaste, estaban pinchados.*

El relativo representa al antecedente en la oración de la que forma parte (y en la que no se halla el antecedente). Es decir, el antecedente está en una oración pero su influencia alcanza hasta la otra, para lo cual se vale del relativo. El relativo, insistimos, se encarga de presentarlas para que conversen entre sí.

Los balones nuevos no figura textualmente en la oración que se refiere al robo, sino que forma parte únicamente de la oración que continúa en *estaban pinchados.* La presencia del relativo y el que éste haya tomado como antecedente *los balones nuevos* permiten que esta idea entre en la oración intermedia: *que tú me robaste,* donde *que* representa a *los balones nuevos* para relacionarlos con *tú me robaste.* De ese modo, *los balones nuevos* son *los que tú me robaste* y también *los que estaban pinchados.* Un perfecto relaciones públicas, ya se ha dicho.

Si no existiera el relativo, habríamos escrito: *Los balones nuevos tú me robaste. Los balones nuevos estaban pinchados.*

Gracias al relativo economizamos esfuerzo y se vinculan las dos oraciones para no repetir el nombre. Así, lo que se repite en estos últimos ejemplos imposibles es el antecedente del ejemplo anterior *(los balones nuevos).* El relativo lo sustituye para, tomando su ser, desplazarlo de modo que sirva a la siguiente oración.

Hemos escrito hace un momento el ejemplo *Los balones nuevos, los cuales tú me robaste...;* pero lo hemos hecho para mostrar con claridad cómo al sustituir *que* por *el cual* se precisa una concordancia de género y número entre el antecedente y el relativo. Sin embargo, *el cual, la cual* y sus familiares no suelen usarse ya en un español cuidado con una función de sujeto de la oración que introducen, incluso son extraños si se sitúan cerca de su antecedente.

Raramente encontraremos frases como *El presidente, el cual tomó posesión ayer, ya quiere arreglarlo todo.* No sólo son raras frases así porque los presidentes se toman su tiempo para arreglar las cosas, sino porque ese pronombre relativo suena extraño, situado ahí. En cambio, resultan más naturales las composiciones siguientes:

*El presidente quiere arreglarlo todo y ya ha dado órdenes a sus ministros, **a los cuales** ha convencido de que eso es posible.*
*El presidente que salió elegido en los últimos comicios legislativos, **al cual** nadie ha discutido la victoria...*

Es decir: para usar *el cual* o *la cual* hace falta alguna buena razón: la distancia del antecedente o la conveniencia de marcarlo con género y número: *La distancia que nos separaba del albergue hizo que nos empapáramos por el chaparrón, **la cual** habría sido menor si no nos hubiéramos ido tan lejos (la cual* sólo puede tener como antecedente *la distancia,* y el emplear el pronombre relativo con esta forma nos hace más fácil entender lo que se dice. Si se hubiera empleado *que,* los antecedentes podrían haber sido tanto *la distancia* como *el chaparrón,* con preferencia hacia chaparrón por estar más cerca).

Otra buena razón para usar el relativo *el cual, los cuales* y su familia consiste en interrumpir un grupo de monosílabos átonos, que no gustan al genio del idioma (el español necesita una palabra tónica cada pocas sílabas): *Se guardó dos cartas, a las que les reservaba una jugada mejor* es una frase poco elegante desde el punto de vista del ritmo, por esa sucesión de monosílabos átonos *a las que les*. El relativo *las cuales* nos sacará del apuro: *Se guardó dos cartas, a las cuales reservaba una jugada mejor.*

Estos relativos, insistimos, se usan más en funciones de complemento que de sujeto, porque tienen mayor capacidad diferenciadora. Cuando el relativo cumple el papel de sujeto suele bastar con un *que* (salvo el factor de distancia que acabamos de señalar).

Antecedente, ante-cedente... ¿Por qué se le llama antecedente? Se supone que se denomina así porque se sitúa por delante del relativo. ¡Pero si no siempre está delante, es decir, si no siempre le antecede! ¿No sería mejor «referente»? Por ejemplo, en estas frases:

*Quien me dijo que fumara fue **el médico**.*
*Quienes me dijeron que fumara fueron **los médicos**.*

Vemos que el antecedente (la palabra o grupo de palabras que concuerdan con el relativo) figura detrás en ambos casos; al contrario de lo que ocurriría con este orden:

*Fue **el médico quien** me dijo que fumara.*
*Fueron **los médicos quienes** me dijeron que fumara.*

(Hemos puesto este ejemplo para mostrar, una vez más, que la gramática y la vida no siempre coinciden).

Así que tenemos un antecedente que puede ser «sucedente». Ya se ve, en efecto, que los relativos se convierten en la animación de cualquier fiesta: dan mucho que hablar y además desconciertan.

(Pero seguiremos hablando de antecedente. Dejémoslo así, ya que la mayor parte de las veces va por delante).

Relativos sin antecedente

Y aquí llega ya el primer problema gordo: se pueden construir igualmente oraciones con un **relativo sin antecedente.**

Y en ese caso podríamos considerar que se trata de pronombres, porque sustituyen a algún nombre o idea. Es decir, estaríamos ante un pronombre relativo; no un adjetivo.

Volvamos a los ejemplos anteriores:

Mañana viene mi tía, que siempre nos trae regalos.
Siempre nos trae regalos, lo cual es bueno.
Es bueno para mí y mis primos, quienes disfrutamos con los regalos.
Mi tía, cuyo trabajo es muy importante, me parece encantadora.
Y siempre nos da juguetes, cuantos le pedimos.

Las cinco frases tienen un antecedente y un relativo.

Pero alteremos el ejemplo:

*Mi tía nos trae regalos **a quienes** disfrutamos de ellos.*

¿Qué palabra o palabras ejercen ahí de antecedente? Ninguna. Porque *quienes* sustituye a *las personas que,* o tal vez *a aquellos que,* idea que no se había plasmado antes en el texto.

Ahora bien, puede entenderse también en estos casos que *aquellos* y *las personas* son los antecedentes no expresos de *que.* Luego *quienes* tiene en su interior el antecedente y el relativo.

Lo mismo sucede en el siguiente ejemplo:

*Y nos regala **cuantos** le pedimos.*

(Se ha suprimido la palabra *regalos,* por lo que el antecedente desaparece; pero no el relativo *cuantos,* que contiene en su interior *cuantos regalos,* de modo que la frase sin supresiones quedaría así: *Y nos regala cuantos regalos le pedimos.* Para imaginar un antecedente tenemos que pensar la frase de este modo: *Y nos regala todos los regalos que le pedimos;* y ahí sí podemos descomponer el grupo con antecedente y relativo: el antecedente sería *todos los regalos;* y el relativo, *que).*

Vemos entonces lo complicado que resulta analizar el trabajo de los relativos, que se escurren a todo examen convencional. Son de una oración y son de otra, tienen antecedente y no lo tienen, y... finalmente, ¿son adjetivos o pronombres?

En fin... ¡Son relativos, relativos! O sea, relativamente pronombres y relativamente adjetivos.

¿Cómo clasificamos los relativos?

Pero un gramático de verdad, por aficionado que se vea, no debe renunciar a clasificar un elemento de la oración. Y menos un elemento tan importante. Si no podemos clasificar los relativos con claridad por su función adjetiva o pronominal, ordenémoslos al menos por las variedades de su antecedente. El caso es clasificarlos de alguna forma.

Así, tendremos tres clases de relativos a tenor de la palabra con la que concuerdan:

- Relativos con antecedente inmediato
- Relativos con antecedente textual
- Relativos con antecedente extratextual

➤ El antecedente inmediato

Es el que aparece pegado o casi pegado al relativo. Tanto en los casos en que el relativo se puede suplir por un adjetivo (o un participio) como cuando esto resulta imposible.

*He ido a jugar al tenis con **las zapatillas que** me regalaste, pero olvidé la raqueta.*

(Se aprecia claramente que *zapatillas* obra como antecedente de *que,* y que la oración introducida por el relativo se puede sustituir por *las zapatillas regaladas*).

*He ido a jugar al tenis con **mi primo, a quien** suelo ganar siempre.*

El hecho de estar tan pegados el antecedente y el relativo —en el caso de antecedente inmediato— puede ocasionar que se repita la preposición requerida por uno y otro cuando cumplen la misma función: *Le golpeé en el pie **con** el martillo **con** el que estaba colgando unos cuadros* (sería incorrecto sintácticamente «Le golpeé el pie con el martillo que estaba colgando unos cuadros», pues *el martillo* no es el sujeto que cuelga los cuadros).

Cuando se dé una duplicación de la preposición necesaria para introducir el relativo, vale la pena repetirla si de no hacerlo se destruyen las relaciones sintácticas (esto mostraría mal estilo y produciría ruido en lo que se contase).

«Estamos aquí por la misma razón que no estamos allí». Se lee mejor *Estamos aquí por la misma razón por la que no estamos allí*. Sin embargo, esta opción puede mejorarse con otras posibilidades: *Estamos aquí **por** la misma razón **por** la cual no estamos allí* (mejora el ritmo); *Estamos aquí debido a la misma razón por la que no estamos allí; Estamos aquí por la misma razón que nos hace no estar allí* (al convertir el relativo en sujeto se evita la duplicación de preposiciones).

(El día en que estoy escribiendo esta página, en el mes de agosto de 2005, un periódico español le hace decir al presidente del Gobierno, José Luis Rodríguez Zapatero, en primera plana y a cuatro columnas: *Estamos en Afganistán por la misma razón que nos fuimos de Irak*. Qué lástima de sintaxis).

> ## El antecedente textual
Puede constituirse con una palabra situada en algún lugar del texto y que no está en la oración relacionada gramaticalmente con el relativo. Es decir, puede ser un antecedente implícito que resulta deducible.

A ver, niños. Esta carrera la ganará el que llegue segundo.

El antecedente textual es *niños*. Y el antecedente gramatical está, por tanto, implícito: se entiende que en la carrera participarán unos niños y que de entre ellos ganará el que llegue segundo —porque se supone una carrera muy original en la que resultará necesario desarrollar el ingenio; lo que no sabemos es cómo—. Por tanto, en el relativo *el que* se sobreentiende *el niño que*.

> ➤ **El antecedente extratextual**

Se puede deducir con cierta facilidad, pero la palabra que hemos de buscar no figura escrita en ese mismo discurso:

—*Filiberto estuvo ayer en la ciudad.*
—*Pues haya hecho **lo que** haya hecho allí, es un idiota.*

El antecedente nos resulta desconocido en este ejemplo, pues *lo que* no se refiere a nada en concreto. Podemos considerar que su antecedente extratextual y desconocido —pero deducible— es *las cosas, las gestiones, las compras…* según cada caso.

En este tercer apartado, el antecedente puede formar parte del propio pronombre relativo, y no se pronuncia ni se escribe (en términos gramaticales, «se elide»):

*Dáselo **a quien** se lo merezca (Dáselo a **aquel que** se lo merezca).*

De este modo *aquel* es el antecedente implícito de *que*. Lo mismo ocurre con *cuanto*, que equivale a *todos los que*.

*Nos dio **cuantos** regalos le pedimos (Nos dio **todos los regalos que** le pedimos).*

Por este motivo puede censurarse como pleonasmo (redundancia de significado) la forma *todos cuantos: Nos dio todos cuantos regalos le pedimos.*

El relativo *quien*

El relativo *quien* —siempre sin acento, mientras sea relativo— sólo puede tener como antecedente una persona o una cosa personificada. No es correcto decir «El ministerio, quien lleva años sin hacer nada...» (y no porque el ministerio haya hecho mucho en estos años o no, que en eso no entramos, sino porque no es una persona).

En cambio, sí se puede usar cuando en el momento de proferirse o escribirse aún no se sabe con qué palabra concuerda: *A quien corresponde arreglar esto es al ministerio.* Pero *Es al ministerio al que corresponde arreglar esto.*

Lo mismo sucede en una oración interrogativa, en la que se supone (desde el punto de vista gramatical) que desconocemos la respuesta en el momento de proferir la pregunta: *¿A quién le corresponde arreglar esto? Al ministerio.*

Especificativos o explicativos

Los relativos ofrecen una gran ductilidad de movimientos entre los invitados a la fiesta. Saben cómo tratar a un rector de universidad, a un futbolista de corte defensivo o a un tenor famoso. Se adaptan. Y gracias a esa capacidad de adaptación pueden especificar y determinar el antecedente, o bien explicarlo. Lo que el hablante requiera. Cumplen siempre con el papel que se espera de ellos.

En los casos en que especifican, la oración de relativo se une con el antecedente. En los explicativos, se separa. Lo veremos mejor con unos ejemplos:

• Relativo especificativo: *Los maestros que ponen muchos ejemplos son divertidos.*

• Relativo explicativo: *Los maestros, que ponen muchos ejemplos, son divertidos.*

¿Parecen iguales estas dos frases? Pues no lo son.

En el primer caso se especifica a una parte de los maestros, mientras que en el segundo se abre una oración que podría suprimirse sin que eso alterara lo que se desea decir, lo cual no ocurre en el primer ejemplo. En esa primera frase, se desea hablar de los maestros que ponen muchos ejemplos; en la segunda se desea hablar de que los maestros son divertidos.

Se llaman **explicativos** porque, como parece lógico, nos aportan una explicación. Y tal ampliación explicativa se sitúa entre comas porque se añade al discurso como un complemento prescindible, algo adicional a la oración protagonista. Así, nos estamos refiriendo a unos maestros, y esos maestros —todos ellos— ponen muchos ejemplos. Eso es lo que explicamos acerca de ellos.

Y se llaman **especificativos** porque estos relativos sirven para delimitar el sujeto: hablamos sólo de los maestros que ponen muchos ejemplos, dando por supuesto que hay otros que no se toman esa molestia. Aquí especificamos unos individuos concretos dentro de un grupo amplio.

El relativo *que* puede sustituirse por *el cual* en las explicativas pero no en las especificativas. Veamos lo mal que sonaría:

«Los maestros los cuales ponen muchos ejemplos son divertidos».

Esto da un argumento más a la tesis que planteábamos antes sobre los pronombres o adjetivos relativos: *que* tiende a unirse al nombre, y adquiere un valor de adjetivo que no puede compartir con *el cual,* que se reserva a su vez para los casos en que se aleja del nombre y por tanto lo representa (mientras que todo adjetivo tiende a unirse al nombre). Hablaremos más extensamente de estas diferencias al abordar la clasificación de las oraciones de relativo en especificativas y explicativas (véase capítulo 11).

Con todo esto, ya hemos logrado clasificar a los inclasificables. Se nos han escapado a su aire en todo lo referente a los pronombres y los adjetivos. No hemos llegado a establecer cuándo ejercen una función y cuándo se dedican a la otra.

Habrá que seguir pensando al respecto.

Formación de participio

El relativo suele aparecer en oraciones donde se une a un verbo en tiempo compuesto:

*El astronauta **que había sido seleccionado** llegó tarde a la hora del lanzamiento de la nave y se quedó en tierra.*

En estos casos, se puede suprimir el relativo en misión adjetiva y dejar que el **participio del verbo** ocupe él solo esa función:

*El astronauta **seleccionado** llegó tarde a la hora del lanzamiento de la nave y se quedó en tierra.*

Cuyo, cuya

El adjetivo **cuyo** tiene valor de relativo porque necesita un antecedente, pero también un valor de posesivo porque el nombre al que acompaña pertenece al antecedente. Pero no concuerda con el antecedente, sino con el objeto, persona o idea poseídos.

*El presidente regañó a la ministra **cuyo auto** chocó con el suyo cuando ambos acudían a reunirse en el palacio de gobierno. Y le dijo que le pondría una multa.*

Cuyo concuerda con *auto* y no con el antecedente *ministra*, y se formaría en plural si ese sustantivo se expresara también en plural:

El presidente regañó a la ministra **cuyos hijos** *le ensuciaron la alfombra cuando acudieron a visitarle en el palacio con su familia después de haber chocado con el auto.*

Algunos gramáticos censuran la expresión *en cuyo caso* (con valor de *en ese caso, en este caso, en tal caso*), que está ampliamente documentada en castellano y tiene una larga tradición. Sin embargo, podemos considerarla una locución (grupo de palabras estabilizado como tal) de total validez en el español actual. En cuyo caso la damos por buena.

En cambio, se cae en el quesuismo —y esto sí es un error— cuando en vez de *cuyo* se emplea la combinación *que su*. Por ejemplo: «El presidente regañó al ministro que sus hijos le estropearon el traje» (debe decirse *cuyos hijos le estropearon*). «Es un libro que no sabes su final» *(Es un libro cuyo final no sabes)*.

Pero no hay que olvidar que *cuyo* forma parte de los relativos. Seguimos percibiéndolo, pues, como la alegría de la fiesta, que pone a unos en relación con otros, aunque tampoco sabemos gran cosa de él porque parece tan misterioso como sus compañeros.

Hemos dicho que *cuyo* es un adjetivo. Así se puede entender por qué siempre acompaña a un sustantivo y concuerda con él. Pero también cabe interpretar que incluye un valor de pronombre, porque *cuyo* ejerce dos funciones: por un lado, acompaña al sustantivo con el que concuerda; y por otro, eso lo compatibiliza con la relación de pertenencia a otro sujeto, al que representa. Así, en *el hombre cuyo dinero robaron* el adjetivo-pronombre *cuyo* se liga a dinero pero también nos está diciendo que ese dinero es del hombre. Si escribiéramos la frase de otro modo, necesitaríamos dos elementos —un relativo y un adjetivo— para sustituir a *cuyo: El hombre a quien su dinero robaron.* Y ahí *quien* es un pronombre, mientras que *su* es un adjetivo. Y los dos están dentro de *cuyo*.

Cuyo es una especie de pronombre embarazado de un adjetivo. O viceversa.

Adverbios con valor de relativo

Ese papel de relaciones públicas que muestran los relativos (relacionista público en América) ha atraído a otros elementos gramaticales. Claro está: a aquellos que ya tenían una cierta propensión a entablar contactos con otras palabras y a conseguir que éstas estrechen los lazos entre sí.

En primera fila para eso, los adverbios *donde* y *adonde*.

Ambos pueden tener valor de relativo, si existe un antecedente:

*Le vi en Barcelona, ciudad **donde** yo trabajaba* (en la que).
*Le vi en Barcelona, **adonde** había ido a trabajar* (a la que).

Se ve ahí que los **adverbios con valor de relativo** se pueden sustituir precisamente por un pronombre relativo (¿o será un adjetivo relativo?… Nunca se sabe).

Las gramáticas suelen incluir estos adverbios como un relativo más. Con ello, tendríamos pronombres relativos, adjetivos relativos y adverbios relativos. ¿Es mejor así? Todo es relativo.

LOS ADJETIVOS (Y PRONOMBRES) DISTRIBUTIVOS

Dejamos atrás los relativos, que son una pesadez por sus dificultades para una definición correcta y universal.

Y pasamos a los **distributivos,** que son esencialmente dos: *cada* y *sendos*. Tan sencillos.

Adjetivos distributivos

Cada, sendos
Se llaman distributivos porque reparten la acción o el significado del verbo o de un sustantivo.

➤ Cada

Tiene un valor distributivo y también individualizador (hace que pensemos en un conjunto de sustantivos pero concebidos de uno en uno).

Por ejemplo, en su papel de distribuidor puede repartir la acción del verbo de este modo.

Viene **cada dos días** *a comer galletas.*

La acción del verbo se distribuye ahí en el tiempo, de modo que *viene* no ocurre de una manera continua y uniforme, sino que se reparte con esa periodicidad.

En cambio, cuando acompaña a un sustantivo predomina su valor individualizador. Y así se puede distribuir el valor del sustantivo:

Cada oficinista *deberá usar su computadora.*

El adjetivo *cada* sirve aquí para individualizar el nombre *oficinista* y distribuir su valor individualmente entre los sujetos que se pueden englobar bajo ese sustantivo.

También se habría podido formar la frase con el indefinido *todos* o *todo* (*todos los oficinistas deberán* o *todo oficinista deberá*). Pero en ese caso no se produce la distribución, sino que la acción o el sustantivo se consideran globalmente y no de manera individual.

El adjetivo *cada* nos hace concebir la realidad tan diversa que nos rodea, y percibir sin darnos cuenta la pluralidad de personas u objetos que tenemos a nuestra vista, así como sus características individuales.

Por eso se dice a menudo: *Cada uno es cada uno y tiene sus cadaunadas.*

Algunos gramáticos no consideran correcto el uso del distributivo *cada* si no se establece una distribución que elude a unos individuos a la vez que considera a otros. Si decimos

166

cada tres días, eludimos los dos días que no son el tercero. Pero si decimos *cada lunes,* no eludimos ningún lunes; lo mismo que si escribimos *cada vez (Cada vez que voy a Villanueva de las Nubes, llueve).* Para estos casos, algunos gramáticos prefieren el uso de *todos* o *todas (Todas las veces que voy a Villanueva de las Nubes llueve).*

Pero el uso de *cada día* o *cada vez* y otros similares está muy extendido, y puede considerarse válido. En estas construcciones no se halla presente tanto la idea de distribución como la de individualización.

A veces, *cada* puede tomar un valor de pronombre (lo que tampoco resulta del agrado de algunos gramáticos), porque sustituye a un nombre o grupo de palabras sustantivadas.

—*¿Quieres un helado de fresa o uno de chocolate?*
—*Dame uno de **cada**.*

En ese caso, podemos entender que *uno de cada* sustituye a *uno de fresa y uno de chocolate;* o bien que equivale a *uno de cada sabor.* Y a nosotros nos parece bien.

También se emplea *cada* como elemento valorativo en exclamaciones evidentes o emboscadas:

*Le hizo **cada faena**...*
*¡Tienes **cada idea**!*

➤ Sendos

Con *sendos,* estamos ante un distributivo puro, pero también individualiza.

Sendos significa uno o una para cada cual de dos o más personas, animales o cosas. Repitamos: uno o una para cada cual de dos o más personas, animales o cosas.

*Los tres caminantes llevaban **sendos** paraguas para protegerse de los ladrillos que caían, pero los paraguas se rompieron.*

En esa frase, *sendos* significa, como es lógico, que había un paraguas para cada cual. Es decir; cada uno llevaba un paraguas.

A veces se confunde *sendos* con *ambos* o con *dos*. Eso ocurre porque sería correcta —aunque pudiera inducir a confusión— la frase *Vinieron el carnicero y el pescadero con sendos cuchillos*. Aquí, *sendos* se aplica a dos personas, si bien *sendos* se puede expresar para referirnos a decenas de individuos: *Vinieron 200 carniceros con sendos cuchillos*.

➤ **¿Cuándo son adjetivos los distributivos?**
Podríamos decir que siempre.

➤ **¿Cuándo son pronombres?**
Sólo en el caso del ejemplo *uno de cada*, explicado anteriormente.

LOS ADJETIVOS Y PRONOMBRES INTERROGATIVOS

Con los **interrogativos** tenemos un grupo de palabras que, se encuentren en el lugar del estadio donde se encuentren, siempre agarran los guantes que lanza el guardameta como regalo: siempre se llevan la tilde, y dejan a los vocablos de alrededor con el aplauso en la mano.

Puede haber interrogativos adjetivos y pronombres, pero sean lo que fueren se escriben con tilde: ellos llevan siempre la carga tónica de la oración.

Los adjetivos y pronombres interrogativos

- De cosa, de animal y de persona: *qué, cuál, cuáles, cuántos, cuántas, cuánto, cuánta*
- De persona solamente: *quién, quiénes*
- Adverbiales (se refieren al tiempo, al espacio y a la forma): *cuándo, cómo, dónde, adónde*

En realidad, los pronombres y adjetivos interrogativos salen de la cantera de los restantes pronombres y chupan también del bote de los adverbios (que veremos más tarde). Porque tanto *qué*, como *quién*, como *cuál* o *cuáles* son relativos; y *cuántos, cuántas, cómo*... salen de los adverbios.

> Los interrogativos son adjetivos o pronombres que nos sirven para introducir preguntas evidentes o emboscadas.

Son preguntas evidentes las que se abren y se cierran con una interrogación: *¿Qué alumno no está de acuerdo con esto?*

Son preguntas emboscadas las que incluyen claramente interrogativos pero sin los signos de interrogación: *Me pregunto **qué** alumno estará en desacuerdo con esto.*

Insistimos en que no es necesaria una pregunta evidente para que se use un interrogativo.

Ejemplo de pregunta evidente: *¿Qué quieres?*
Ejemplo de pregunta emboscada: *No me dijo **qué** quería.*

Ejemplo de pregunta evidente: *¿Quién ligará conmigo?*
Ejemplo de pregunta emboscada: *Llevo años pensando en **quién** querrá ligar conmigo.*

Ejemplo de pregunta evidente: *¿Cuántos pasteles habrán quedado en la caja?*
Ejemplo de pregunta emboscada: *No tengo ni idea de **cuántos** pasteles habrán quedado en la caja.*

Ejemplo de pregunta evidente: *¿Cuándo empezará la Liga otra vez?*
Ejemplo de pregunta emboscada: *Quiero averiguar **cuándo** empezará la Liga otra vez.*

Ejemplo de pregunta evidente: *¿Adónde vas?*
Ejemplo de pregunta emboscada: *Nunca dice **adónde** va.*

➤ **¿Cuándo son adjetivos los interrogativos?**
Ya lo sabemos, cuando acompañan al nombre:
*¿**Qué chicos** vienen hoy a la fiesta?*

➤ **¿Cuándo son pronombres los interrogativos?**
Ya lo sabemos también, cuando sustituyen o representan al nombre:
*¿**Qué,** chicos, vienen hoy a la fiesta?* (representa a *Qué cosa me dicen, chicos*).
*¿**Qué** pasará hoy en la fiesta?* (representa a *qué cosas, qué acontecimientos, qué hechos...*).

LOS ADJETIVOS Y PRONOMBRES EXCLAMATIVOS

> Los adjetivos y pronombres exclamativos sirven para introducir oraciones que muestran con expresividad de tono un estado de ánimo (o que representan gráficamente esa expresividad).

Suelen ir acompañados del signo ortográfico de exclamación (¡!) para abrir y cerrar la frase pero no es imprescindible. También aquí tenemos exclamaciones evidentes y emboscadas:

Exclamación evidente: *¡**Qué** risa!*
Exclamación emboscada: *No sabes **qué** risa me dio.*

Todos los pronombres y adjetivos interrogativos pueden ser también **exclamativos.**

*¿**Cuántas** vinieron?* / *¡**Cuántas** vinieron!*
*¿**Quién** ha dado la orden?* / *¡Mira **quién** ha dado la orden!*
*¿**Quién** se lo dijo?* / *¡**Quién** se lo iba a decir!*
*¿**Qué** estás esperando?* / *¡A ti **qué** te importa!*

➤ **¿Cuándo son adjetivos los exclamativos?**
Cuando acompañan al nombre:
*¡**Qué chicos** vienen hoy a la fiesta!*

➤ **¿Cuándo son pronombres los exclamativos?**
Cuando representan al nombre:
*¡**Qué** me dices!* (sustituye a *qué cosas, qué palabras*).

LOS PRONOMBRES PERSONALES

Los pronombres personales no se pueden confundir con nada. Menos mal, ya era hora después de tanto adjetivo y pronombre determinativo que a veces están de un lado y a veces de otro.

Los pronombres personales, como decíamos antes, son unos impostores. Pueden suplantar a cualquiera: cualquier persona o cualquier objeto, o cualquier idea. Y además son unos chaqueteros: lo mismo me significan a mí, que a ti, que al vecino. Si digo *yo*, estoy hablando de mí. Pero si tú dices *yo*, estás hablando de ti. Y si el de más allá dice *yo*, está hablando del de más allá. Lo mismo pasa con *mí*, que acabo de usar para referirme a mí, pero que tú no emplearías para referirte a mí sino a ti, y en cambio *ti* yo lo he referido a ti y no a mí ni al vecino, que ya hemos quedado en que es el de más allá. No cabe mayor escurrimiento.

Así pues, los **pronombres personales** equivalen a sustantivos. Equivalen a las palabras sustituidas y pueden cumplir sus mismas funciones en la frase.

Los pronombres personales

- De primera persona (el que habla):
  yo, mí, me, conmigo, nos, nosotros, nosotras
- De segunda persona (el que escucha):
  tú, ti, te, contigo, vos, os, vosotros, vosotras, usted, ustedes
- De tercera persona (otro, ajeno al diálogo entre dos):
  él, ella, ello, sí, se, le, lo, la, les, los, las, consigo

Atención: *mí* no se debe confundir con *mi* (ya estamos otra vez; y creíamos que nos habíamos librado): el primero, con tilde, es personal; y el segundo, sin tilde, posesivo. *A mí que me esculquen,* pero *Mi pistola está en casa.*

Todo este grupo de los pronombres personales podemos dividirlo más para entenderlo mejor.

Pronombres personales tónicos

Ya sabemos que los vocablos **tónicos** son los que siempre ganan a las palabras inmediatas de su alrededor en la entonación de una frase. Algunos de estos pronombres son muy valientes, pueden ir solos en cualquier texto. *¿Quién hizo eso? ¡Yo!* *¿Con quién te casarás? ¡Contigo!*
Primera persona:
Yo, mí, conmigo, nosotros, nosotras
Segunda persona:
Tú, ti, contigo, vos, vosotros, vosotras, usted, ustedes
Tercera persona:
Él, ella, ello, sí, consigo, ellos, ellas
En el colmo de la suplantación, algunos de estos pronombres son en realidad sustitutos de otro pronombre. *Yo* sólo puede ejercer como sujeto de una oración: *Yo venceré a mis rivales.* Porque si la persona que habla deseara humildemente decir lo contrario (porque los rivales le ganarán a él), ya no

podría emplear la palabra *yo:* no tiene posibilidad de decir *Mis rivales vencerán a yo,* sino *Mis rivales me vencerán.* Por tanto, *yo* es sustituido por *me.* Así pues, *me* sustituye dos veces.

Los pronombres *vosotros* y *vosotras* se usan en una muy reducida extensión del idioma español. En la mayor parte del mundo hispanohablante (Andalucía, Canarias y toda Hispanoamérica) se emplea *ustedes* en vez de *vosotros* y *vosotras.* (Pero cuando toca decir *ustedes* por respeto no se usa *vosotros,* sino también *ustedes*). El *tú,* en cambio, ocupa un ámbito mayor. En Argentina, Paraguay y Uruguay, el pronombre *vos* (que se usó antiguamente en España) hace el papel de *tú;* y también en otros países de América se emplea *vos* en convivencia con *tú,* como Bolivia.

El pronombre neutro *ello* parece un poco contaminado por los adjetivos relativos (ya era raro que no hubiera algo aquí también entre los pronombres y los adjetivos, qué manía tienen unos y otros con intercambiarse, especialmente los relativos): *ello* siempre necesita un antecedente.

Así sucede por ejemplo en esta frase:

Me gusta plancharme las camisas cuando las tengo puestas, y **ello** *me causa problemas porque a veces me quemo.*

En efecto, el antecedente de *ello* es *Me gusta plancharme las camisas cuando las tengo puestas. Ello* podría sustituirse por *lo que* (suprimiendo la conjunción *y).*

Pronombres personales átonos

Son los que pierden la batalla de la intensidad sonora. Estos pobres pronombres son tan miedicas que siempre necesitan ir acompañados:

Primera persona: *me, nos*

Segunda persona: *te, os*

Tercera persona: *lo, la, los, las, le, se, les*

Todos ellos son muy apocados (ya se les ve), y necesitan tener muy cerca un verbo. Ejemplos:

Le quiero hacer un favor.
Me parece muy bien.
Pues os va a dar mucha envidia a los demás.
Ya se nos pasará.

Nunca saben ir solos. Si preguntamos ¿quién ha sido? no podemos responder: «¡Le!».

Y tampoco pueden ejercer jamás como sujeto de una oración, pero de las oraciones todavía no hemos hablado. Lo haremos dentro de unas cuantas páginas.

Estos pronombres acobardados tienen una subdivisión de más miedicas todavía: los hay que no sólo quieren tener cerca un verbo, sino que algunos prefieren estar pegaditos a él. Por ejemplo:

*Quiero **mandarle** de vacaciones.*
*Pues **dile** que no vuelva.*
*Eso podría **agradarte** mucho.*
***Vete** a paseo.*

Los pronombres que van unidos a un verbo *(mandarle, dile, agradarte, vete)* se llaman *encliticos* (palabra griega que viene a significar «que se inclinan», lo que quiere decir que se apoyan en la palabra anterior para acentuarse, perdiendo su acento propio). Y los que se escriben delante, *procliticos* (de ahí el prefijo *pro-*que aquí significa «delante»).

Son ejemplos de pronombres procliticos los siguientes:

Le hemos pedido a Jazmín que deje de darnos besos.
La vais a enfadar, porque le gusta mucho.
Pues se lo hemos pedido.

En este último ejemplo, tenemos dos pronombres a los que se ve casi siempre juntos, son una pareja de hecho: *se* y *lo*. El primero sustituye a *a ella;* y el segundo, *a que deje de besarnos. Se lo hemos pedido* equivale a *Hemos pedido a ella que deje de besarnos.*

Los pronombres **átonos** se pueden poner delante o no (a nuestro gusto) con la mayoría de las formas verbales (si bien lo más normal es que vayan delante y separados): *Le mandó, mandole; me explicaba, explicábame.* Pero suele evitarse el uso de enclíticos con el presente porque éste podría ser confundido con el imperativo: *Juan le llama* (proclítico), pero no «Juan llámale» (frase en la que interpretaríamos un imperativo: *Juan, llámale);* y nunca se emplean proclíticos con el gerundio, el imperativo y el infinitivo: *Llamándole,* pero no «le llamando»; *hazlo,* pero no «lo haz»; *contarle,* pero no «le contar». Con intención imperativa se puede usar un proclítico, cambiando la forma por la del presente de indicativo: *Llámale. No quiero. Pues le llamas.*

En ocasiones, la adición del pronombre al verbo ocasiona la pérdida de la última -*s* en la primera persona del plural: *Equivoquémonos* (se forma sobre *nos equivoquemos,* así que se ha suprimido la -*s* final de *equivoquemos:* «equivoquémosnos» se convierte en *equivoquémo-nos).*

Si no me equivoco.

CAPÍTULO 6
EL VERBO: CLASIFICACIÓN

Verbum significaba en latín «palabra». Los **verbos** son palabras, desde luego; pero podemos considerarlos «la palabra». La palabra por antonomasia, la palabra principal.

El verbo es el motor de la lengua. El verbo representa la fuerza del idioma, una potencia que él traslada al resto de las palabras y que las atraviesa como un pincho moruno, como la broqueta enlaza los camarones, como ensarta los champiñones la brocheta (que es lo mismo que broqueta, pero que parece menos elegante porque, a diferencia de la anterior, no viene del francés). Así, quedan engarzadas las palabras en la oración y establecen entre ellas sus vínculos, y pueden relacionarse en cascada gracias a la fuerza sobrante del verbo. Todo el entramado de vocablos que empleamos para expresarnos se vendría abajo si no supiéramos usar el verbo o si no lo hubiéramos inventado.

Veamos cómo quedaría sin verbos la frase que acabo de escribir:

Todo el entramado de vocablos que para se abajo si no el verbo o si no lo.

Sin el verbo, el idioma sería un conjunto de interjecciones, gritos de aviso, sustantivos inconexos… Podríamos prescindir de otros elementos del sistema gramatical, y de hecho hay lenguas que carecen de algunos; pero nunca del verbo; ni nuestra lengua ni ninguna.

El verbo hace fértiles a otros vocablos. Al abrigo de su casa crecieron muchas otras palabras, que se sitúan a su alrededor para beneficiarse de su influjo, como los adverbios o las conjunciones.

Los verbos constituyen los pilares del idioma, en ellos se sujeta todo. Nos dan idea de la acción, de las nociones en desarrollo, de las transformaciones, del ser y el estar de las cosas, los animales y las personas.

Su presencia abundante da ritmo a las novelas y coherencia a las crónicas del periódico. Los verbos, más que contar cuanto sucede, lo muestran.

Ponga muchos verbos en su vida. Será señal de que vive mucho.

El verbo es capaz de constituir una oración por sí solo, porque no necesita siquiera un sustantivo o un sujeto (que puede quedar implícito): *Mira.*

Es cierto que otras palabras pueden usarse aisladas —*¡Cuidado!*— pero o bien se ayudan de un verbo oculto (*¡Ten cuidado!*) o sólo son una interjección sin alma gramatical y sin expresión articulada del pensamiento.

Los verbos —lo más maravilloso del sistema lingüístico— saben contarnos en qué momento ocurren las cosas: en el pasado, el presente o el futuro. Pero además han sido entrenados para relativizar su propia información, y contarnos cuándo sucedió algo en relación con otra cosa que hubiera sucedido o estuviera sucediendo o se previera que pudiera suceder...:

Como siempre, llamó al timbre cuando yo estaba en la ducha.

No sólo eso: también han conseguido informarnos al instante sobre la persona o personas que mueven los hilos de la

178

acción, de la transformación, del ser o del estar. Así, comparecen con sus personas correspondientes del singular o del plural, de modo que distinguimos enseguida de quién se nos está hablando. Estas desinencias resultan tremendamente eficaces, pues nos informan a la vez sobre el tiempo y sobre la persona gramatical que ejecuta la acción.

Y han previsto incluso que, si así procede, nos quedemos sin saberlo, porque la realidad es difícil y no siempre se sabe todo: existen los verbos impersonales, las pasivas reflejas, las pasivas sin agente…

Veamos los diferentes puntos de vista desde los cuales podemos examinar el verbo.

LA MORFOLOGÍA VERBAL

Como recordamos de los primeros capítulos, la **morfología** estudia las partes de las palabras (aquello de *fu* y *sil*). En los verbos también tenemos partes descomponibles, distintos cromosomas que contribuyen a crear significados. Pero aquí resulta todavía más apasionante, porque los genes que activan determinadas funciones verbales suman muchos y resultan muy eficaces. Con un microscopio gramatical podemos disfrutar como niños en una marmita de chocolate. Hay genes de raíz, de cada una de las personas verbales, de cada uno de los tiempos, de cada uno de los modos; genes de una conjugación o de otra, genes de plural o singular… Pero todos, eso sí, se reducen a dos grandes grupos:

➢ **La raíz**

Es la parte invariable de un verbo. Si examinamos la serie *construyó, construido, construirá, construiremos*, notamos que en todos ellos se da una parte igual: *constru-*. La **raíz** se obtiene siempre cuando retiramos la terminación *(-ar, -er, -ir)* al infinitivo *(constru-ir)*. La raíz sólo varía en algunos verbos irregulares.

➢ La desinencia

Es la parte añadida a la raíz para precisar el tiempo, la persona y el número. También el modo (indicativo, subjuntivo). Por tanto, la **desinencia** es lo que nos queda al suprimir la raíz. Al hecho de formar un verbo con estos elementos se le denomina «conjugar».

LAS TRES CONJUGACIONES

Conjugar significa «combinar» y «ordenar». Eso lo saben hacer muy bien los verbos, y cuando los conjugamos se ordena todo lo que tocan: conocemos el tiempo y la persona de la oración. Los verbos en español forman tres grupos que funcionan de igual manera entre sí.
- El primer grupo termina en **-ar.**
- El segundo termina en **-er.**
- El tercero termina en **-ir.**

A cada uno de ellos se le llama «**conjugación**,» pues constituyen unidades de funcionamiento muy semejantes.

Así, los verbos terminados en -*ar* son de la primera conjugación y todos ellos tienen rasgos comunes; los acabados en -*er*, de la segunda, igualmente reúnen características similares; y los terminados en -*ir* son de la tercera, también con un parecido notable entre sí.

➢ **Los verbos terminados en -*ir*** nacieron hace muchísimos siglos; ninguno se ha inventado en los últimos decenios, ni siquiera en las últimas centurias; y designan acciones o procesos que han existido siempre *(latir, sentir, afligir, construir, remitir, transmitir…).* Todos ellos se usaban ya en latín (idioma en el que estos infinitivos terminaban en -*ire*).

➢ **Los verbos acabados en -*er*** también tienen unos cuantos siglos a sus espaldas *(temer, beber, comer…),* y en latín acababan en *-ere;* pero los que suman a una raíz de sustantivo el sufijo *-ecer* pueden ser un poco menos antiguos que los otros *(rejuvenecer, envejecer, enternecer).*

➤ Muchos **verbos terminados en *-ar*** son muy antiguos también *(amar, robar...),* pero en esta conjugación se encuadran todos los verbos que se han creado en el idioma español durante los últimos siglos, incluidos los últimos años: *telefonear, televisar, telegrafiar, radiar, faxear, chatear, piratear, radiar, reportajear...* Así lo ha querido el genio del idioma, que no ha permitido ningún nuevo verbo terminado en *-ir* o en *-er* en los últimos siglos.

Después proseguiremos por aquí, por las desinencias y su utilidad. Ahora debemos ver los tipos de verbos, clasificados no ya por su conjugación sino por su papel en el idioma.

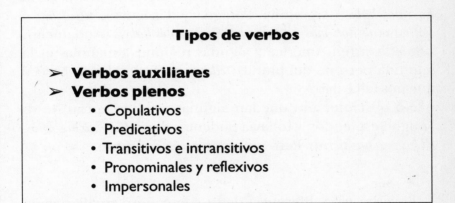

Tipos de verbos

➤ **Verbos auxiliares**
➤ **Verbos plenos**
   • Copulativos
   • Predicativos
   • Transitivos e intransitivos
   • Pronominales y reflexivos
   • Impersonales

VERBOS AUXILIARES, VERBOS AMBULANCIA

Estos verbos son una especie de ONG, una entidad humanitaria que acude en ayuda de los demás al primer aviso. No les importa dejarse en ello su propia identidad, abandonan los problemas que los acechan, a ellos como a cualquiera, y se van prestos a atender el hambre de otros verbos. Ponen la bocina en el techo de su coche y salen pitando.

Estos verbos ambulancia son *haber* y *ser*.

➤ Haber

El primero tiene muchísimo trabajo en el idioma porque se ha dedicado a la zona de más hambre: los tiempos compuestos. En realidad, ningún verbo del español es nadie por sí mismo: si quieren ocuparse del pasado con una cierta pretensión de rigor y con la idea de enmarcarlo en un contexto, necesitan el auxiliar *haber*.

Y el pobre verbo *haber* ha dejado de tener sentido propio, salvo cuando lo usamos para una oración impersonal: *hay, había, habrá…* Tan impersonal es su tarea, que sólo brilla cuando se necesita (lógicamente) un impersonal.

Conjugar el verbo *haber* conduce a la melancolía: lo que pudo ser y no es (mejor dicho: lo que fue y no es): *yo he; tú has, vos habés* (Argentina, Paraguay y Uruguay), *usted ha; él ha; nosotros habemos; vosotros habéis, ustedes habéis* (Andalucía), *ustedes han* (en América y algunas regiones españolas es la segunda persona del plural); *ellos han.* Todo el rato parece que nos falta algo.

No obstante, aún quedan algunas reminiscencias de su antiguo esplendor, y todavía podemos decir *Ha muchos años, Él ha muchas tierras.* Pero no sin un aire arcaizante.

➤ Ser

El verbo *ser*, a diferencia de su compañero auxiliar, mantiene un fértil pluriempleo. Hasta el punto de que, siendo también un importante socorrista, cada dos por tres debe pedir ayuda al verbo *haber* para que le socorra a él. Porque *ser* se apresta a formar cuantas pasivas se precisen (*fue despedido, es dominado*) pero con frecuencia debe ir acompañado en esa tarea de su amigo *haber (ha sido despedido, haya sido dominado).*

Además, *ser* tiene vida propia. La frecuencia de su uso resulta inconmensurable, hasta el punto de que un buen escritor debe hacer esfuerzos por sustituir este verbo siempre que pueda, porque comparecerá él solo ante el teclado sin que nadie lo llame, y se presentará como imprescindible. Se hará preciso cuidar de que su uso legítimo no se convierta en casi único, y sustituirlo por otros verbos de mayor provecho descriptivo. Al fin y al cabo, *ser* se ha convertido en un comodín, una especie de pronombre de los verbos que se puede emplear para cientos, miles de oraciones distintas. Si el escribiente no anda listo, se le colarán en sus textos las distintas formas del verbo *ser* como un chorroborro.

Por eso tiene su mérito que además sirva como auxiliar.

➤ **Otros auxiliares**

Ser y *haber* son los auxiliares genuinos pero tenemos otros. Se trata de los que analizaremos luego en las locuciones verbales: *tener, ir, llevar…*

Tengo que pagar a Hacienda.
Voy a dejarme un dineral en impuestos.
Es que llevo cinco años sin hacer la declaración de la renta…

Verbos plenos

Verbos copulativos, verbos tornillo

A diferencia de los verbos auxiliares, los verbos plenos poseen un significado completo y se valen por sí mismos (sólo en los tiempos simples, claro). Se trata de los verbos por antonomasia, por definición; los verbos que inducen a hablar.

Hemos venido diciendo que la gramática y la vida real no siempre van por el mismo camino, aunque se parezcan. Aquí, en la gramática, se puede hablar de la palabra «cópula» sin que eso conduzca a ningún rubor. La «cópula» nos refiere una unión, dos elementos que encajan a la perfección gracias al instrumento «copulativo».

Los **verbos copulativos** no son, contra lo que pudiera pensarse, los que refieren determinada actividad de los seres animados (especialmente de los muy animados). Para reflejar esa actividad ya existen decenas de verbos y sustantivos. En lingüística, la función copulativa corresponde a todas las partes de la oración que sirven para unir entre iguales. Así, tenemos conjunciones copulativas y verbos copulativos (que son *ser* y *estar,* entre otros). Son los verbos tornillo y las conjunciones tornillo.

Ambos se especializan en unir, por supuesto. Las conjunciones copulativas, como *y*, enlazan elementos semejantes, ya se trate de nombres o de oraciones.

> Los verbos copulativos se dedican a unir el sujeto que los gobierna y el adjetivo o atributo que predica a ese sujeto.

El atributo atraviesa el verbo como una aguja para engarzarse con el sujeto, hasta el punto de que, cuando se trata de adjetivos, ambos concuerdan en género y número.

Si decimos *Genara es matemática,* el verbo *es* crea el nexo entre el sujeto *Genara* y el atributo *matemática,* de manera que casi se relacionan directamente.

Ser, estar y *parecer* se nos presentan como los verbos copulativos por excelencia.

Verbos predicativos o «los demás verbos»

> Los verbos predicativos no sirven de unión entre el sujeto y el atributo, sino que nos predican algo del sujeto.

Son lo contrario de los copulativos. En la familia de verbos predicativos se incluyen todos los de la lengua española, excluidos los escasos copulativos que hemos citado en el párrafo anterior. (Pero todos ellos pueden tener valor predicativo también).

Transitivos e intransitivos

Hemos explicado más arriba que la acción del verbo puede traspasar a las demás palabras como un pincho moruno. Pero esa potencia se agota a veces en el verbo mismo, puesto que su significado excluye que la acción recaiga en otros, que transite hacia otras palabras.

Si decimos *Yo seco mis calcetines en el microondas*, la acción de secar transita hacia *calcetines* (*en el microondas* describe sólo el lugar donde se produce ese tránsito). Estamos, pues, ante un verbo transitivo. («Transitivo» viene de *transire*, que en latín significaba «pasar»: la acción *pasa* de un lado a otro).

Pero si decimos *La bandera ondea a media asta*, la acción de ondear no transita hacia ninguna otra palabra, se queda en el mismo sujeto; y *a media asta* forma también un complemento circunstancial —igual que *en el microondas*— que no prolonga la acción sino que la enmarca. Estamos ante un verbo intransitivo.

Los **verbos transitivos** necesitan, pues, un complemento directo (lo estudiaremos más adelante) para sentirse completos. Si decimos *Ander come*, aún nos queda saber *qué* come Ander (y lo que coma será el complemento directo, además del complemento vitamínico). Si decimos *Iñaki duerme* no necesitamos saber nada más (y por eso *dormir* es un verbo intransitivo). Podemos sentir curiosidad por saber dónde duerme Iñaki, pero también por dónde come Ander. Y sólo en el caso de comer, la acción pasa a otra palabra, puesto que el *dónde* no recibe la acción, ni la acción de comer ni la acción de dormir (pues Iñaki podría hallarse en ese mismo sitio sin dormir, y Ander podría estar en ese mismo lugar sin comer). Lo mismo sucedería con *aflorar*, *desaparecer* y otros muchos, verbos intransitivos que no envían la acción a ningún sitio. Eso hace incorrectas frases como «El viento ondea la bandera» o «La inspección de Hacienda afloró el dinero ilegal». En estos casos, debemos escribir o decir *El viento hace ondear la bandera* y *La inspección de Hacienda hizo aflorar el dinero ilegal*.

Algunos verbos transitivos pueden usarse también como intransitivos: *Yo como todos los días,* sin complemento directo; *Yo como muchos camarones,* con complemento directo. A veces, incluso puede cambiar su significado según sean transitivos o intransitivos: *El águila vuela* (intransitivo; significa «moverse por el aire»); *El ejército enemigo voló el puente* (transitivo; en este caso significa «hacer estallar»).

Otros verbos, en cambio, siempre necesitan un complemento directo o una forma pronominal, como *preparar,* o *adiestrar (Yo me preparo, Yo preparo al campeón; Yo me adiestro, Yo adiestro al equipo).*

Un **verbo intransitivo** puro no tiene más remedio que ejercer siempre ese papel, pues no puede ser otra cosa que intransitivo: la acción se agota en ellos (como *existir, nacer, ir, venir, brillar...*).

Así, podemos encontrarnos estas dos oraciones aparentemente iguales, y sin embargo muy distintas: *Vinieron amigos, trajeron regalos.* Se podría pensar que tienen la misma estructura; pero en *vinieron amigos* hallamos un verbo intransitivo y un sujeto *(los amigos vinieron),* mientras que en *trajeron regalos* encontramos un verbo transitivo *(trajeron)* y un complemento directo *(regalos).* Los regalos *fueron traídos,* pero los amigos no «fueron venidos».

Pronominales y reflexivos

Los verbos **pronominales** se llaman así porque necesitan un pronombre, concretamente los pronombres *me, te, se* y *os.* Pero también son denominados verbos **reflexivos,** lo que puede generar cierta confusión que ahora explicaremos. En gramática, la palabra «reflexivo» se emplea para todo lo que se refleja, y estos verbos envían la acción, como un espejo, hacia el sujeto que la desencadena. Reflejan la acción hacia el lugar de donde viene. Así sucede en *Alexandra se ducha, Ximena se arregla, Jordi se prepara, Carles se peina, Mercé se entrena.* (Un fenómeno similar se produce en las oraciones construidas con pasiva refleja, que analizaremos más adelante).

Algunos verbos son pronominales y nada más que pronominales; por ejemplo, *atreverse* (no se puede decir «tú atreves»). De hecho, su infinitivo ya aparece en el diccionario con el pronombre *se* pegado a él. *Arrepentirse, quejarse, apropiarse, adueñarse, incautarse...* Pero en ellos, atención, no se refleja la acción hacia el sujeto. En *Yo me quejo* no recae la acción sobre *yo*, a diferencia de lo que ocurre en *Yo me lavo.*

Así pues, quizás fuera conveniente dedicar la palabra «reflexivos» para los usos de un verbo en los que el sujeto recibe su propia acción; y el término «pronominales», para los verbos que siempre necesitan un pronombre.

Impersonales

Unos gramáticos los llaman verbos **impersonales,** porque desde el punto de vista semántico carecen de una persona que los ponga en marcha. Por ejemplo, el impersonal *nieva.* Pero otros prefieren denominarlos verbos «unipersonales», porque desde el punto de vista gramatical sólo se pueden emplear en la tercera persona del singular. Por ejemplo, el unipersonal *nieva.* Entonces, ¿en qué quedamos: tienen persona o no? Sí, y no.

El verbo impersonal *nieva* carece de sujeto, porque nadie puede nevar. Y a la vez es un verbo conjugado en tercera persona. En efecto, todos los verbos se conjugan con alguna persona gramatical (excepto el infinitivo, el gerundio y el participio, que se llaman precisamente «formas no personales del verbo»).

Así que la forma de designarlos depende del punto de vista (como tantas cosas en la vida).

Son verbos impersonales —designación más tradicional y arraigada— *nieva, llueve, amanece, chaparrea, truena, escampa, relampaguea, llovizna, alborea, anochece, diluvia, hiela, escarcha, ventea...* Es decir, los verbos «de naturaleza». Ni siquiera cuando los usamos con un sujeto es éste el que ejecuta la acción: *El cielo relampaguea. La tormenta truena.*

Pero también cumplen esa función los verbos *haber (Hay muchas ganas de terminar este libro), hacer (Hacía mucho frío en el Polo Norte, qué sorpresa), ser (Son las dos de la tarde, no llegamos), bastar (Ya basta, Bastó con eso), sobrar (Con dos minutos nos sobra, aunque sean las dos de la tarde) o tratarse (Se trata de un verbo impersonal más).*

Ahora bien, algunos de estos verbos se pueden conjugar legítimamente con otras personas gramaticales si se emplean en sentido metafórico: *Hoy he amanecido enfadado* (es legítimo gramaticalmente, aunque no tanto amanecer enfadado cuando todavía nadie ha tenido tiempo de hacer nada malo; otra cosa supondría acostarse enfadado). O también en la frase *A mi director general le llueven ofertas para irse, entre ellas una mía.*

Amanecer se puede usar con cualquier persona *(Amanecí en tus brazos,* como dice la canción, o *Mi hijo pequeño amaneció a las cinco de la mañana,* como dice la costumbre); pero *llover,* sólo en tercera: *Le llovieron las críticas.*

Finalmente, reseñaremos una forma peculiar de uso impersonal que consiste en emplear el pronombre *uno: Uno no puede resistir esa tentación* equivale a *No se puede resistir esa tentación.*

Por tanto, los verbos impersonales se agrupan en tres formaciones: los que describen fenómenos naturales (que no pueden tener sujeto); los verbos *haber, ser, sobrar, faltar* o *tratarse* en determinados usos; y los que, teniendo sujeto, sólo se pueden entender metafóricamente como personales.

EL RÉGIMEN DE LOS VERBOS

«Regir» significa «mandar». Y algunos verbos mandan mucho, hasta el punto de que imponen la preposición que les sigue. Y eso nos hace decir que determinado verbo rige determinada preposición, o que tal preposición está regida por tal verbo, o que estamos abordando los **verbos «de régimen»**, que no son precisamente los que adelgazan sino todo lo contrario.

En efecto, algunos verbos necesitan una preposición para trasladar su fuerza al resto de las palabras que se cuelgan de su cuello, y forman con ella una unidad de sentido. Necesitan una, o dos, o tres, o más preposiciones. Pero algunos solamente una, especialmente los pronominales.

Así, *acordarse* sólo puede trasladar su potencia por el canal que le marca la preposición *de: Me acuerdo de eso,* nunca «Me acuerdo eso».

El régimen tiene que ver en unas ocasiones con el significado del verbo (al que corresponde su lógica preposición), y en otras con su naturaleza gramatical. Por ejemplo, el verbo en forma reflexiva *acercarse* sólo puede, por su significado, trasladar esa acción —insistimos: trasladar la acción— mediante la preposición *a.* Se trata de un verbo de régimen por vía de significado.

Y a veces las preposiciones del español guardan relación con las latinas insertas en un verbo: *in-fluir en, con-fluir con, a-fluir a...* Y estamos entonces ante un régimen gramatical.

Unos verbos de régimen sólo admiten una preposición:

*Centrarse **en** eso, circunscribirse **a** ellos, avisar **de** ello, convalecer **de** aquello, inducir **a** ésos, desesperarse **con** ése, desentenderse **de** esto, lindar **con** aquello, atemorizar **con** eso...*

Y otros más tolerantes pueden conjugarse con varias:

*Honrarse **de** eso, honrarse **con** eso; creer **a** mi hermano, creer **en** mi hermano; brindar **a** todos, brindar **por** todos; sincerarse **con*** *alguien, sincerarse **ante** uno; apasionarse **por** algo, apasionarse **con** algo…*

Los primeros se llaman verbos «de término fijo»; y los segundos, «de término variable».

Estos usos son tan dispares que resulta muy difícil establecer unas clasificaciones con rasgos comunes; y las que se han intentado (por ejemplo, el criterio que las divide por «causa», «modo», «fin» y «medio») están llenas de excepciones.

Sin embargo, las distintas preposiciones que pueden acompañar a un solo verbo para formar su régimen en exclusiva no pasan de cuatro: *a, con, de,* y *en*. Es decir, ningún verbo de régimen admite más de cuatro preposiciones para sí. Lo que ocurre es que dan mucho juego.

CAPÍTULO 7
LA CONJUGACIÓN

Imaginemos que no hubiera sólo tres conjugaciones, que los verbos pudieran terminar también en «-or», en «-ur», o incluso en «-yr». Y que cada uno de esos grupos y los anteriores presentara además unas características no sólo diferentes sino también irregulares: por ejemplo, que los verbos de la conjugación «-or» (que sería la cuarta conjugación) formaran su pretérito imperfecto de indicativo como «-oba» y a veces como «-oa» y a veces como «-ía». Y así con todos los demás tiempos y modos. Del verbo «chumor» tendríamos el pretérito «chumoroba»; pero el verbo «clutor» nos daría el pretérito «clutía», mientras que el imperfecto correspondiente del verbo «plinor» sería «plinoa» o, por terminarlo de arreglar, «plinose».

Así que demos gracias por lo sencillo que es lo que a continuación se cuenta.

Conjugar las cosas equivale a congeniarlas. Nos pasamos la vida conjugando nuestros ingresos con nuestros gastos, nuestros gustos con los ajenos, nuestra ropa con el tiempo que hace hoy. Los verbos también hacen eso: en primer lugar, se conjugan consigo mismos para establecer unos rasgos comunes y agruparse según ellos: los verbos de la primera conjugación (terminados en *-ar),* los de la segunda *(-er)* y los verbos de la tercera *(-ir).* Pero no sólo eso: después se conjugan con la persona, con el número, con el tiempo, con el modo… con todo lo que haga falta.

Esa conjugación consiste en combinar la raíz de un verbo con todas sus desinencias posibles.

Las desinencias no son válidas para todos los verbos, sino sólo para los de una conjugación. Cada conjugación establece, pues, un modelo propio coherente. Por ejemplo, en la primera conjugación el pretérito imperfecto se construye con la desinencia -aba, mientras que en las dos restantes se forma con -ía. Otro caso: la desinencia -áis del presente de indicativo del verbo amar en su segunda persona del plural (amáis) es distinta de la equivalente en el verbo oler: -éis (oléis) y de la correspondiente en la tercera conjugación: -ís (sentís).

En definitiva, vemos algo mucho más sencillo de lo que mostraba ese mal sueño con verbos terminados en «-or» o en «-ur».

Por tanto, cada conjugación guarda unas costumbres que nos presentan un grupo de verbos con rasgos similares, y eso nos permite ordenarlos y deducir mejor en nuestra mente qué forma corresponde para cada ocasión.

Primera conjugación: SALTAR

A) FORMAS NO PERSONALES

Infinitivo	Participio	Gerundio
saltar	saltado	saltando

B) FORMAS PERSONALES

MODO INDICATIVO

Simples	Compuestos
Presente	**Pretérito perfecto**
salto	he saltado
saltas/saltás	has saltado
salta	ha saltado
saltamos	hemos saltado
saltáis/saltan	habéis/han saltado
saltan	han saltado

Pretérito imperfecto	Pretérito pluscuamperfecto
saltaba	había saltado
saltabas	habías saltado
saltabas	había saltado
saltaba	habíamos saltado
saltabais/saltaban	habíais/habían saltado
saltaban	habían saltado

Pretérito perfecto simple o Pretérito	Pretérito anterior
salté	hube saltado
saltaste	hubiste saltado
saltó	hubo saltado
saltamos	hubimos saltado
saltasteis/saltaron	hubisteis/hubieron saltado
saltaron	hubieron saltado

Futuro simple o Futuro	Futuro perfecto
saltaré	habré saltado
saltarás	habrás saltado
saltará	habrá saltado
saltaremos	habremos saltado
saltaréis/saltarán	habréis/habrán saltado
saltarán	habrán saltado

Condicional simple	Condicional perfecto
saltaría	habría saltado
saltarías	habrías saltado
saltaría	habría saltado
saltaríamos	habríamos saltado
saltaríais/saltarían	habríais/habrían saltadoha-
saltarían	brían saltado

MODO SUBJUNTIVO

Simples	Compuestos
Presente	**Pretérito perfecto**
salte	haya saltado
saltes	hayas saltado
salte	haya saltado
saltemos	hayamos saltado
saltéis/salten	hayáis/hayan saltado
salten	hayan saltado
Pretérito imperfecto	**Pretérito pluscuamperfecto**
saltara o saltase	hubiera o hubiese saltado
saltaras o saltases	hubieras o hubieses saltado
saltara o saltase	hubiera o hubiese saltado
saltáramos o saltásemos	hubiéramos o hubiésemos saltado
saltarais o saltaseis/ saltaran o saltasen	hubierais o hubieseis saltado/ hubieran o hubiesen saltado
saltaran o saltasen	hubieran o hubiesen saltado
Futuro simple o Futuro	**Futuro perfecto**
saltare	hubiere saltado
saltares	hubieres saltado
saltare	hubiere saltado
saltáremos	hubiéremos saltado
saltareis/saltaren	hubiereis saltado/hubieren saltado
saltaren	hubieren saltado

IMPERATIVO

salta (tú) / saltá (vos)
saltad (vosotros) / salten (ustedes)

Segunda conjugación: COMER

A) FORMAS NO PERSONALES

Infinitivo	Participio	Gerundio
comer	comido	comiendo

B) FORMAS PERSONALES

MODO INDICATIVO

Simples	Compuestos
Presente	**Pretérito perfecto**
como	he comido
comes/comés	has comido
come	ha comido
comemos	hemos comido
coméis/comen	habéis/han comido
comen	han comido
Pretérito imperfecto	**Pretérito pluscuamperfecto**
comía	había comido
comías	habías comido
comía	había comido
comíamos	habíamos comido
comíais/comían	habíais/habían comido
comían	habían comido
Pretérito perfecto simple o Pretérito	**Pretérito anterior**
comí	hube comido
comiste	hubiste comido
comió	hubo comido
comimos	hubimos comido
comisteis/comieron	hubisteis/hubieron comido
comieron	hubieron comido

Futuro simple o Futuro	Futuro perfecto
comeré	habré comido
comerás	habrás comido
comerá	habrá comido
comeremos	habremos comido
comeréis/comerán	habréis/habrán comido
comerán	habrán comido

Condicional simple	Condicional perfecto
comería	habría comido
comerías	habrías comido
comería	habría comido
comeríamos	habríamos comido
comeríais/comerían	habríais/habrían comido
comerían	habrían comido

MODO SUBJUNTIVO

Simples	Compuestos
Presente	**Pretérito perfecto**
coma	haya comido
comas	hayas comido
coma	haya comido
comamos	hayamos comido
comáis/coman	hayáis/hayan comido
coman	hayan comido
Pretérito imperfecto	**Pretérito pluscuamperfecto**
comiera o comiese	hubiera o hubiese comido
comieras o comieses	hubieras o hubieses comido
comiera o comiese	hubiera o hubiese comido
comiéramos o comiésemos	hubiéramos o hubiésemos comido
comierais o comieseis/ comieran o comiesen	hubierais o hubieseis comido/ hubieran o hubiesen comido
comieran o comiesen	hubieran o hubiesen comido

Futuro simple o Futuro	Futuro perfecto
comiere	hubiere comido
comieres	hubieres comido
comiere	hubiere comido
comiéremos	hubiéremos comido
comiereis/comieren	hubiereis comido/hubieren comido
comieren	hubieren comido

IMPERATIVO

come (tú) / comé (vos)
comed (vosotros) / coman (ustedes)

Tercera conjugación: VIVIR

A) FORMAS NO PERSONALES

Infinitivo	Participio	Gerundio
vivir	vivido	viviendo

B) FORMAS PERSONALES

MODO INDICATIVO

Simples	Compuestos
Presente	Pretérito perfecto
vivo	he vivido
vives/vivís	has vivido
vive	ha vivido
vivimos	hemos vivido
vivís/viven	habéis/han vivido
viven	han vivido

Pretérito imperfecto	Pretérito pluscuamperfecto
vivía	había vivido
vivías	habías vivido
vivía	había vivido
vivíamos	habíamos vivido
vivíais/vivían	habíais/habían vivido
vivían	habían vivido

Pretérito perfecto simple o Pretérito	Pretérito anterior
viví	hube vivido
viviste	hubiste vivido
vivió	hubo vivido
vivimos	hubimos vivido
vivisteis/vivieron	hubisteis/hubieron vivido
vivieron	hubieron vivido

Futuro simple o Futuro	Futuro perfecto
viviré	habré vivido
vivirás	habrás vivido
vivirá	habrá vivido
viviremos	habremos vivido
viviréis/vivirán	habréis/habrán vivido
vivirán	habrán vivido

Condicional simple	Condicional perfecto
viviría	habría vivido
vivirías	habrías vivido
viviría	habría vivido
viviríamos	habríamos vivido
viviríais/vivirían	habríais/habrían vivido
vivirían	habrían vivido

MODO SUBJUNTIVO

Simples	Compuestos
Presente	**Pretérito perfecto**
viva	haya vivido
vivas	hayas vivido
viva	haya vivido
vivamos	hayamos vivido
viváis/vivan	hayáis/hayan vivido
vivan	hayan vivido
Pretérito imperfecto	**Pretérito pluscuamperfecto**
viviera o viviese	hubiera o hubiese vivido
vivieras o vivieses	hubieras o hubieses vivido
viviera o viviese	hubiera o hubiese vivido
viviéramos o viviésemos	hubiéramos o hubiésemos vivido
vivierais o vivieseis/vivieran o viviesen	hubierais o hubieseis vivido/ hubieran o hubiesen vivido
vivieran o viviesen	hubieran o hubiesen vivido
Futuro simple o Futuro	**Futuro perfecto**
viviere	hubiere vivido
vivieres	hubieres vivido
viviere	hubiere vivido
viviéremos	hubiéremos vivido
viviereis/vivieren	hubiereis vivido/hubieren vivido
vivieren	hubieren vivido

IMPERATIVO

vive (tú)/viví (vos)
vivid (vosotros)/vivan (ustedes)

Los verbos defectivos

Cuéntase que en las Cortes de la República Española se debatía, allá por los años treinta, sobre la pena de muerte, y que unos diputados comenzaron a gritar *¡Que se abola, que se abola!* Y que otros oponían: *¡Que se abuela, que se abuela!* En eso, tomó la palabra Manuel Azaña, respetado orador y buen conocedor del idioma, quien dijo con voz clara: *Que se abolezca.*

¿Quiénes de todos ellos usaron bien el verbo? Ninguno.

El verbo *abolir* sólo se emplea con tino y cultura en aquellos tiempos que tienen una -*i*- en su desinencia. A los diputados de ese debate sólo les quedaba gritar: *¡Que sea abolida, que sea abolida!*

No todos los verbos disponen de las desinencias al completo. Algunos de ellos, porque así lo han querido los hablantes durante siglos, no se conjugan en según qué tiempos o personas.

Se llama defectivos a los verbos de conjugación incompleta.

➢ **¿Por qué defectivos?**

Podemos encontrar la explicación en el latín, idioma donde *defectio* y *defectus* tienen entre sus significados el de «desaparición». Así pues, estamos ante unas posibilidades del verbo que han desaparecido, que nos faltan. El *defectus solis* era el eclipse de sol, porque el sol desaparecía. Y el «defecto» de alguien o de algo se asocia a alguna carencia, lo que deriva en una imperfección.

Aquí nos encontramos, pues, con la *defección* de algunos tiempos.

➢ **¿Y por qué «defectivos» y no «defectuosos»?**

Diccionario en mano, las dos palabras significan lo mismo; pero en gramática se usa siempre «defectivo», que parece más suave. Al fin y al cabo, si estos verbos son defectuosos no tienen ellos la culpa.

Son verbos defectivos *balbucir, atañer, acaecer* o *aterir,* por ejemplo; porque no permiten en nuestro idioma conjugaciones como «yo balbuzo», o «tú me atieres».

Por lo general (es decir, no en todos los casos), los defectivos se emplean sólo en las terceras personas del presente, el imperfecto y el futuro de indicativo, así como en el participio y el gerundio *(acaece, acaecía, acaecerá, acaecido, acaeciendo).*

Ello se debe a que los millones de hablantes que han usado hasta ahora el idioma español no han creído oportuno usar las restantes posibilidades. Sencillamente, no las han necesitado.

En muchos casos esto se debe a que el significado de tales verbos no les da sentido en según qué personas. *Acontecer* no tiene razón de ser al lado de *yo* («yo acontezco»), lo mismo que *atañer* («yo ataño»). En *soler,* resulta difícil encontrar utilidad al pasado «solió», que no usamos jamás porque siempre preferimos el pretérito imperfecto. En *desolar* nunca podríamos utilizar la primera o la segunda persona («yo desuelo», «nosotros desolamos»), pues este verbo actúa con relación a causas naturales (que implican siempre la tercera persona). Y otro tanto sucede con los impersonales, como ya hemos visto (no existen «yo nievo», «nosotros nevamos»…), que sólo se usan en la tercera persona gramatical.

Varios verbos de la tercera conjugación (como ya hemos visto con el ejemplo de *abolir*) no deben conjugarse en los tiempos cuya desinencia careciera, en su caso, de la *i.* Por ejemplo, los siguientes verbos:

Arrecir, aterir, colorir, descolorir, compungir, desabrir, fallir, manir o *preterir.*

Agredir figuraba hasta hace poco entre ellos pero la prensa ha extendido ya el uso de *agrede* (poco empleado, sin embargo, en el habla general). La realidad de nuestras sociedades ha ocasionado que los periodistas necesiten emplearlo con frecuencia en sus titulares, que tienden a escribirse en presente aunque se cuenten hechos del pasado:

Un hincha agrede a un juez de línea para robarle la bandera.

En su momento podrá suceder lo mismo con «abolir», pero las formas que se han venido considerando incorrectas hasta ahora no son de uso general.

LOS VERBOS IRREGULARES

Es conocido aquel chiste del analfabeto que va al médico y le dice:

—Doctor, doctor, vengo a verle porque estoy poseído.
Y el doctor le rectifica:
—Poseso.
A lo que replica el paciente:
—Pos eso, poseído.

El idioma nos permite estos juegos porque el adjetivo *poseso* —«persona que padece posesión o apoderamiento de algún espíritu»— procede del participio irregular del verbo *poseer (possessus* en latín). Pero habrá que regañar al médico por pasarse de listo, ya que *poseído* es también una formación correcta.

El idioma español, igual que muchas otras lenguas, cuenta con formas regulares y **formas irregulares** (como el citado participio convertido en adjetivo *poseso,* originado en el participio irregular de *poseer).*

- Verbos regulares son los que se conjugan con la misma raíz en todas sus formas, y cuyas desinencias siguen el modelo de su grupo (es decir, el grupo terminado en -*ar,* en -*er* o en -*ir).*

- Verbos irregulares son los que varían en su raíz o en su desinencia respecto a la norma de su grupo.

No hace falta repasar todos los tiempos de un verbo para descubrir si es irregular o no: basta con examinar el infinitivo *(lat-ir)*, el presente *(lat-e)*, el pretérito perfecto *(lat-ió)* y el futuro *(lat-irá)*. Si comparamos éstos con los del verbo *consent-ir,* donde tenemos *consient-e, consint-ió* y *consent-irá*, en el cotejo se observa el cambio en el presente de la raíz *consent-* (que se obtiene quitando al infinitivo la desinencia de conjugación) por *consient-*, y en el pretérito por *consint-*.

(No se consideran irregulares los verbos que tienen cambios en su raíz meramente ortográficos: por ejemplo, *estancar/estanqué)*.

Reglas dentro de la irregularidad

Los verbos de conjugación irregular se apartan de sus hermanos de grupo, de modo que se suceden en ellos distintas formas particulares. ¿Y por qué hacen eso? A menudo porque, siendo irregulares en relación con otros verbos, su formación se corresponde sin embargo con otras reglas del idioma.

Los verbos irregulares son perros ladradores que muerden poco. Se presentan como los díscolos de la gramática, los que van a su aire... pero se parecen a esas personas que, precisamente por su intención de diferenciarse de los demás, acaban siendo todas iguales.

Porque los irregulares no se salvan de alguna norma, incluso como irregulares.

Así, por ejemplo, *digo* es una forma irregular del verbo *decir,* en la cual —entre otros cambios— hemos acabado poniendo una *-g-* donde correspondería una *-c- (dico)*. Ahora bien, las palabras han experimentado diversos cambios durante su paso por los siglos y los siglos, especialmente las más empleadas; y, por ejemplo, ha sido frecuente en esas modificaciones progresivas que las consonantes fuertes situadas entre dos vocales tendieran a suavizarse. Por eso de *vita* sale *vida*. Y de *lacus* heredamos *lago*, como vimos al principio de este libro. Y por la misma razón *dico* se convirtió en *digo* (igual que *fico* derivó en *higo* y *decollare* en *degollar*). De este modo, *digo* es irregular en su conjugación pero regular en su evolución fonética.

En otros verbos irregulares actúan también diferentes tensiones de la lengua, porque el idioma es un conjunto de normas implacables, y hasta los verbos irregulares las admiten. Muchas de esas desviaciones de la norma de conjugación obedecen a su vez a reglas de evolución fonética, o a la fuerza analógica de nuestra lengua.

Los verbos irregulares, por tanto, cuentan también con sus leyes.

• Las alteraciones vocálicas que se producen en la raíz de la mayoría de los irregulares son solamente cinco, y todas de sustitución:

Una *-e-* sustituida por el diptongo *-ie-: mentir, miento.*
Una *-o-* sustituida por el diptongo *-ue-: morder, muerdo.*
Una *-o-* sustituida por una *-u-: exponer, expuse.*
Una *-e-* sustituida por una *-i-: bendecir, bendice.*
Una *-u-* sustituida por el diptongo *-ue-: jugar, juego.*

(De lo cual se deduce que la *a* y la *i* son muy resistentes cuando se hallan en una raíz verbal).

• Las alteraciones consonánticas suman ocho, generalmente de adición:

Se añade una *-d-* y se suprime alguna vocal: *venir, vendrá.*
Se añade una *-g-: salir, salgo.*
Se añade el grupo *-ig-: caer, caigo.*
Se añade una *-y-: huir, huyo.*
Se añade una *-j-: traer, trajo.*
Se cambia una *-c-* por una *-g-: hacer, hago.*
Se intercala una *-z-: enternecer, enternezco.*
Se abrevia la raíz: *hac-er, ha-rá; dec-ir, di-rá.*

• Se salvan de estas normas generales (dentro de los irregulares) los verbos *ser, estar, haber, ir, hacer, tener* y *caber.*

También podemos agrupar los verbos irregulares por los tiempos en que se registran armónicamente las modificaciones, lo cual nos hace deducir algunas reglas más.

> **Irregulares de presente**

Un verbo que es irregular en la primera persona del presente de indicativo deberá serlo también en el presente de subjuntivo.

Venir: viene, venga (en vez de «vene» y «vena»).
Tener: tiene, tenga (en vez de «tene» y «tena»).

Se caracterizan:
• Por cambiar una vocal de la raíz por un diptongo, como hemos visto en los dos ejemplos anteriores. Entre ellos figuran también *almorzar, acertar, calentar, comenzar, confesar, defender, encender, fregar, gobernar, oler, probar, volver*...
• O por añadir una consonante en la raíz (a menudo -*g*-, -*z*- o -*y*-), como sucede en *poner (pongo), tener (tengo), valer (valgo), agradecer (agradezco), compadecer (compadezco), comparecer (comparezco), concluir (concluyo), destruir (destruyo), influir (influyo)*.
• O por cambiar una -*e*- de la raíz por una -*i*-, como sucede en los verbos *competir (compito), concebir (concibo), freír (frío), reír (río), gemir (gimo), servir (sirvo), teñir (tiño)*...
• O por cambiar una consonante, como en *hacer (hago)*.
• O por cambiar una vocal y una consonante, como en *caber (quepo)*.

> **Irregulares de pretérito**
(Se les llama también «de romance», porque no existían en latín y aparecen en el castellano, lengua romance).

Un verbo que es irregular en la tercera persona del pretérito perfecto simple (antes «pretérito indefinido») de indicativo arrastrará al pretérito imperfecto de subjuntivo y al futuro imperfecto de subjuntivo.

Querer: quiso, quisiera, quisiere (en vez de «querió», «queriera» y «queriere»).

Se caracterizan:
• Por cambiar la letra *-e-*, que se convierte en *-i-* en la raíz del verbo. Por ejemplo, *servir (sirvió, sirviera, sirviere)* o *gemir (gimió, gimiera, gimiere)*.
• Por cambiar la letra *-o-*, que se convierte en *-u-*, también en la raíz. Por ejemplo, *poder (pudo, pudiera, pudiere)*.
• Por cambiar las consonantes *(conduje, traje)*.
• Por cambiar las vocales y consonantes *(tuvo, cupo)*.

➤ **Irregulares de futuro**

Un verbo que es irregular en el futuro de indicativo arrastra consigo al condicional.

Valer: valdré, valdría (en vez de «valeré» y «valería»).

Se caracterizan:
• Por suprimir la vocal que quedaría aprisionada por dos consonantes que tienden a «comérsela». Por ejemplo, *caber (cabré* en vez de «caberé»), *poder (podré* en vez de «poderé»).
• Por suprimir la misma vocal de antes y además añadir una consonante. Por ejemplo, *valer (valdrá* en vez de «valerá»); *poner (pondré* en vez de «poneré»), *salir (saldré* en vez de «saliré»).

Un mismo verbo puede participar de los tres subgrupos, por ejemplo *venir: viene* (y no «vene»), *venga* (y no «vena»), *vino* (y no «venió»), *viniera* (y no «veniera»), *viniere* (y no «veniere»), *vendrá* (y no «venirá») y *vendría* (y no «veniría»).

Es decir, hay verbos iguales entre sí en el grupo de los irregulares, que adquieren de este modo una «regularidad dentro de la irregularidad».

Sin embargo, los irregulares de la primera conjugación *(-ar)* son los que menos modificaciones presentan: apenas cambian en su raíz la letra *-e-* por el diptongo *-ie-* (de *atravesar, atravieso)* y las letras *-u-* y *-o-* por *-ue-* (de *mostrar, muestro; de jugar, juego)*. El repertorio se les acaba ahí.

➤ Otras reglas de los irregulares

Por citar alguna norma interna más de los irregulares (de entre las muchas existentes), advertiremos de que los verbos terminados en *-uar* forman su presente con un hiato: *perpetúo, acentúo, conceptúo,* y no con un diptongo. Salvo que esa terminación *-uar* vaya precedida de una *-g-* o una *-c-:* porque en estos casos es válida la unión fonética de esas vocales: *averiguo, evacuo, adecuo, licuo* (si bien se tolera *licúo,* y tal vez también se consagre *adecúo* a fuerza de insistir tanto en esa forma los periodistas).

Otra regla clara de los verbos irregulares consiste en que los pretéritos imperfectos de indicativo *(nevaba, solía)* no presentan irregularidades, salvo en los atípicos verbos *ir (iba)* y *ser (era).* ¡Qué fuerza la de esos tiempos, que resisten todo asalto irregular!

Las normas que se pueden adivinar entre los verbos irregulares son, pues, muy claras; y tienen que ver con juegos de diptongos, de vocales fuertes y débiles, con la evolución de las palabras y con las analogías.

Por tanto, incluso entre las irregularidades hay regularidad.

¿Sabe usted cuántos verbos irregulares hay en español? Sin duda pensará que unos 80 o 90… Pues no: ¡más de 600! (619 si he contado bien en la lista que ofrece Leonardo Gómez Torrego en su *Gramática didáctica del español).* Evidentemente, entre 600 verbos podremos deducir siempre algunas similitudes y desenmascarar a más de un revolucionario impostor. Entre esos 600 verbos, sólo hay 54 modelos diferentes. Pero la distribución de unos y otros en esos 54 epígrafes resulta, cómo no…, muy irregular, porque algunos de esos apartados cuentan con muy pocos militantes.

Esta identidad facilita las indicaciones para conjugarlos, de modo que se suele acudir a los más usuales como modelos. Por ello podemos decir que *satisfacer* se conjuga igual que *hacer;* o que *prever* se conjuga como *ver.*

¿Queremos ponerle una trampa a alguien? Digámosle: «Si *satis-facer* se conjuga como *hacer,* si *pre-ver* se conjuga como *ver,* si *pre-venir* se conjuga como *venir,* ¿como qué verbo se conjugará *mal-decir?*»

Es probable que nuestro desavisado interlocutor responda que se conjuga como *decir.* Pero se equivocará, porque este verbo nos regala el futuro *maldecirá.* Y como corresponde a los irregulares de futuro, también *maldeciría.*

Las irregularidades en el idioma tienen mucho que ver con el uso, y, desde luego, *decir* se usa infinitamente más que *maldecir.* Al menos todavía.

Reconozcamos, no obstante, que tenemos algunos verbos bien díscolos. Clasificamos ahí a dos que muestran hasta triple raíz. Sus anomalías no se quedan en simples cambios de letras o de terminaciones, sino que incluso modifican completamente su aspecto. Estamos hablando de verbos como *ir* o como *ser.*

EL VERBO *ir* y *La mosca*

En *ir* encontramos una raíz que coincide con la desinencia de la tercera conjugación, y ahí empieza su singularidad. ¿Cuál es la raíz entonces, cuál es la desinencia? Por si nos pasamos unas horas cavilando sobre el asunto y conseguimos averiguarlo, este verbo mutará a continuación para seguir desconcertándonos. De repente la raíz no es *ir* (de donde se forma *irá*, por ejemplo), sino que se convierte en *voy*. El presente de indicativo del verbo *ir* tiene una raíz que ni está en el infinitivo ni se le parece. Y por si nuevamente dedicamos horas de estudio a averiguar por qué extraña regla ha tomado esa vestimenta, el verbo *ir* nos espera en la siguiente esquina: su pasado es *fui*. ¿Pero de dónde demonios se saca esos disfraces, que parece Mortadelo?

Hay una explicación, que no hace al caso pero que contaré, ya que estamos en ello. Al verbo *ire* del latín le ocurrió lo mismo que a aquel científico de la película *La mosca*, que andaba en experimentos para cambiar de sitio mediante su desintegración en un lugar y la fácil traslación de sus partículas a otro (en vez de ir andando como todo el mundo). En el intento de traslado de partículas de un cubículo al de al lado, se le cruzó una mosca por el camino y ésta se desintegró también en el proceso para mezclarse luego con las partículas particulares del científico (valga la broma). La mezcla de *partículas particulares* entre hombre y mosca acabó por transformarle poco a poco en ese insecto, una vez cambiado de sitio sin ir andando. Qué tragedia.

Al verbo *ire* le ha pasado como al científico de la película. Era un verbo latino que estaba experimentando con su traslado al castellano, como tantos otros, y también sin ir andando. Pero en mitad del experimento se le cruzó el verbo *vadere*, y de ahí nacieron más tarde *voy, vaya* o *ve*. Tan mala suerte tuvo el pobre, que además le entró otro insecto: un trozo del verbo *ser,* y le nacieron unas patas de él: *fui, fuéramos...* Pero en su nuevo experimento (esta vez debía viajar a Argentina, porque empezó a buscarse retos mayores) aún le sucedió otro accidente, y se le mezcló el verbo *andar,* y por eso los argentinos usan el imperativo *andá vos* en lugar de *vete*.

Siempre hay una explicación para cualquier fenómeno gramatical (aunque no siempre la conozcamos). Los verbos irregulares no los han inventado los profesores de lengua para castigar a sus alumnos. La historia de estos díscolos de la gramática viene de mucho más lejos y puede resultar muy entretenida pero ocuparía muchas más páginas de esta obra, y el libro le habría costado a usted, por tanto, mucho más caro. Así que dé por bueno este resumen.

EL NÚMERO VERBAL

El **número** está presente en el ámbito de los sustantivos y los adjetivos. Al idioma le importa mucho si los actores o agentes de lo que se narra son sólo uno o suman más; cuántos más, eso ya no le parece tan decisivo. Tenemos los numerales para definir la cifra, pero no los usamos exhaustivamente. *Voy con unos amigos, Vinieron los guardias, Nos tomamos unas copas...* La indeterminación del plural se opone a la precisión del singular, que, inevitablemente, se restringe a la unidad: *Voy con un amigo, Vino un guardia, Nos tomamos una copa.*

Dicen que los animales no saben contar y que a una hembra que acaba de ser madre se le pueden retirar unos cuantos cachorros enseguida porque no se va a dar cuenta. Como los animales, y como animales que somos, los seres humanos mostramos habitualmente un desinterés similar por la cifra exacta. Nos importa, eso sí, la diferencia entre el singular y el plural. No podemos construir apenas nada en nuestra lengua sin definir si se trata de uno o varios; no tenemos el significado intermedio; y aunque algunas palabras carezcan de esa marca y sirvan por ello tanto para el singular como para el plural *(gratis, caries, crisis, caos...)*, enseguida las arropamos con artículos o adjetivos que aclaran la ambigüedad.

Con el verbo sucede otro tanto: necesita aclarar siempre si estamos ante un plural o un singular.

> El número en el verbo está impuesto por el sujeto que desempeña la acción. A un sujeto agente individual corresponde un verbo en singular. A un sujeto agente plural le corresponde un verbo en plural.

Si la persona que se expresa soy yo, tendré que acudir a formas como *hablo, hablaré* o *hablaría.* Todas ellas corresponden al singular del verbo, como singular soy yo. Si quienes hablamos, por el contrario, somos mi hermana y yo, necesito una concordancia en plural. ¡Estaría bueno que los sustantivos y los adjetivos concordaran en plural o en singular, incluso en masculino y femenino, y que los verbos, auténticos reyes de la gramática, fueran menos que ellos!

Pero, al contrario de lo que sucede entre sus súbditos, el plural en los verbos no viene marcado necesariamente por el cromosoma que representa la *-s* final; porque podemos encontrarla en muchas formas de singular: *haces, harás, hicieras...* y también en las formas del plural: *venimos, vendréis, viniéramos...* Así pues, no puede señalar mucho la *-s,* si lo señala todo.

El marcador específico de plural en los verbos es la letra *-n: hace/ hacen, viene/ vienen, vendrá/ vendrán...* Aunque no figure en todas las posibilidades (pues la *-s* se entromete por distintos tiempos y personas).

Una cosa sí está clara: el singular nunca termina en *-n.* Y tampoco tiene mucho donde elegir. Sólo encontrará disponibles una vocal o una *-s* (salvo en el imperativo). Y a su vez, el plural puede terminar en *-n* o en *-s* pero nunca en vocal.

De hecho, los verbos sólo se permiten a sí mismos terminaciones en vocal, en *-n* o en *-s;* además de la *-d* y la *-z* para los imperativos *(venid, haz).*

Las marcas de plural atraviesan todos los tiempos y modos, excepto las «formas no personales»: carecen de esta variación de número el infinitivo, el gerundio y el participio (pero éste sí la adquiere —incluso las de género— en las construcciones pasivas: *han sido aceptadas).*

LA PERSONA

El número, pues, va ligado a la **persona.** Pero la persona del verbo no tiene que estar en manos necesariamente de una persona. Son cosas de la terminología gramatical. Podemos decir *El tiesto cayó sobre la cabeza de Mariano,* oración donde *el tiesto* es la tercera persona del singular para alegría de Mariano, porque aún podía haberle ido peor si se hubiera tratado de la tercera persona del plural.

Hablamos, entonces, de «persona gramatical». Y aprovechamos para recordar una vez más que la gramática y la realidad existen en planos distintos, lo que explica que en la oración anterior la persona sea *el tiesto.*

Las personas gramaticales suman tres: la primera, la segunda y la tercera. Esto no quiere decir que no podamos hablar de más personas que de tres, porque nuevamente las palabras de la gramática son más virtuales que verídicas. Se trata de conceptos técnicos, ya se sabe. Y aunque las personas gramaticales sumen sólo tres, las personas de nuestros relatos pueden formar una relación interminable.

➤ La primera persona
Se pone en marcha cuando la acción la realiza quien habla. Ejemplos de uso de primera persona:
Yo suelo comer huevos fritos con chocolate.
Nosotros no te contrataremos como crítico gastronómico.

➤ La segunda persona
Se utiliza cuando se encarga de la acción la persona, animal o cosa que escucha, ya sea en singular o en plural.

Las cosas pueden «escuchar» en sentido figurado, ya hemos dicho que la gramática ha construido su propio mundo y que éste no coincide al cien por cien con la realidad. Por ejemplo, en el ámbito del sistema idiomático es coherente decir en segunda persona: *Oh, mar inmenso, sustento de mi vida marinera, te agradezco los peces que me has dado esta mañana y que escucharas mi ruego, pero he de decirte que los de ayer eran muy pequeños.*

Ejemplos de uso de segunda persona:
Tú quieres que mi equipo baje a Segunda División. (En Argentina: *Vos querés que mi equipo baje a Segunda División*).

Vosotros merecéis eso porque lo más redondo que habéis visto es un plátano. (En América, Andalucía y Canarias: *Ustedes merecen eso...*, etcétera. En zonas de Andalucía y en el habla popular: *Ustedes merecéis eso...*, etcétera también).

➤ La tercera persona

Se usa cuando la acción es realizada por una persona, animal o cosa distinta de las que mantienen el diálogo. Algunas gramáticas dicen que se usa la tercera persona cuando la acción es realizada por alguien o algo distinto de los que hablan o «escuchan», pero nunca estamos seguros de quiénes nos escuchan... de si quienes nos escuchan son sólo quienes creemos que nos escuchan; quizás nos esté escuchando también «él»...

Él escucha siempre detrás de las puertas.
Ella cuida mucho lo que dice, porque le conoce.
Ellos están siempre espiándose.
Ellas mientras tanto lo graban todo.

La forma en que se emplean los verbos en español permite prescindir casi siempre del pronombre personal, porque la persona queda implícita en las desinencias. Si decimos *Llevo paquetes,* no hace falta expresar *yo,* al contrario de lo que sucede en otras lenguas. Porque *llevo* es distinto de *llevas, lleva* (o *llevás*), *llevamos, lleváis* y *llevan.*

Esto tiene un efecto psicológico interesante: el *yo* está poco presente en la lengua española en relación con su uso en otras, especialmente el inglés. Y tal ausencia hace que ese pronombre destaque mucho cuando se usa desmesuradamente, a lo que tienden ciertas personas empeñadas en hablar a cada momento de sí mismas.

➤ El voseo

Demasiadas gramáticas españolas ciñen las personas verbales a *yo, tú, él* o *ella, nosotros, vosotros* o *vosotras* y *ellos* o *ellas.* Sin embargo, no más de un 9 por ciento de los hispanohablantes usa *vosotros* y *vosotras*. La inmensa mayoría de quienes emplean esta lengua dicen *ustedes,* incluidos todos los latinoamericanos, la mitad de los andaluces (Andalucía occidental) y todos los canarios. Además, el pronombre *tú* apenas aparece en la conversación de un argentino o un uruguayo, porque en su país se emplea *vos* para la segunda persona del singular, acompañado de una forma verbal heredera del castellano medieval: *vos hacés, vos andás, vos jugás* (donde se adivinan «vos hacéis», «vos andáis», «vos jugáis»...); y en algunos casos —verbos de la tercera conjugación— una forma calcada de la utilizada hace siglos en España: *vos decís, vos venís, vos sentís...* o *decí vos* para el imperativo. Estas formas rioplatenses son tan legítimas como las peninsulares, y todos los hispanohablantes, de España o de Cuba, o de Perú, o de México, o de Guinea... deben conocerlas y sentirlas suyas también, aunque no las utilicen y sólo las escuchen.

A las personas del verbo hemos de añadir *usted* y *ustedes,* que abordaremos más detenidamente en el epígrafe «Los tratamientos».

LA VOZ

La voz en la vida real es el sonido que causa el aire expelido por los pulmones al pasar por la laringe y hacer que vibren las cuerdas vocales. *Eeeeeeehhhhh,* por ejemplo. Bien, pues eso no tiene nada que ver con la gramática (venimos advirtiendo de ello), pues la gramática tiene su propia realidad virtual a la hora de llamar a sus accidentes, que para empezar no tienen nunca consecuencias graves, al contrario de lo que sucede con los accidentes de la vida real. En gramática, la **voz** es el accidente gramatical que expresa si el sujeto del verbo es agente o paciente. Es decir, si ejerce la acción o la recibe.

Voz activa y voz pasiva

La **voz pasiva** es un verbo transitivo que se ha mirado al espejo. El espejo le devuelve la imagen dada la vuelta, de modo que ahora queda a la derecha lo que en la realidad estaba a la izquierda, y viceversa.

La **voz activa** constituye la forma natural de hablar en español, y se basa, pues, en el uso de los tiempos naturales de los verbos:

Yo compro zanahorias.
Tú construiste la casa.
Él come zanahorias en la casa.

En la voz activa, la acción del verbo nace del sujeto. En la voz pasiva, por el contrario, el sujeto recibe la acción del verbo.

Las zanahorias son compradas por mí.
La casa fue construida por ti.
Las zanahorias son comidas en la casa por él.

La voz del verbo describe las dos direcciones que puede tomar la acción en las oraciones. Como en la vida: podemos desencadenar una acción pero también recibirla. Por tanto, lo que sucede puede nacer de nosotros o morir en nosotros. Eso es lo que diferencia la *voz activa* de la *voz pasiva*.

Y lo que nos diferencia a los seres humanos. Todos conocemos gente activa, que suele emplear su tiempo en distintos menesteres, y gente pasiva, que suele esperar a que otros le arreglen la vida. En esto ya nos parecemos más a la gramática.

En la gramática, ser activo es lo más normal. Al contrario de lo que sucede en la vida, en la que mucha gente siempre espera que los problemas se los resuelva otro, que será después quien tendrá la culpa de los problemas mismos si no los arregla. (No sé si he dicho lo suficiente que la realidad gramatical y la realidad real suelen diferir).

> La voz pasiva se construye con el verbo *ser* en funciones de auxiliar y con el participio del verbo correspondiente. Las palabras que reciben la acción en la voz activa se convierten en el sujeto de la voz pasiva.

*Yo tiro **las piedras** contra las nubes para que llueva.*
***Las piedras** son tiradas por mí contra las nubes para que llueva.*

Eso nos lleva a los conceptos «sujeto agente» y «sujeto paciente». *Yo* es un sujeto agente en la voz activa que hemos puesto como ejemplo; es agente (del latín *agens,* participio presente de *agere,* «hacer») porque *hace* la acción: *Yo tiro las piedras.* Pero en la voz pasiva, el sujeto se convierte en sujeto «paciente» porque la sufre. Es decir, que la recibe. Paradójicamente, el sujeto paciente puede *sufrir* que le premien con un Oscar (la gramática, la realidad… todo eso). Por ejemplo:

La Academia (sujeto agente) *premió a Inmaculada con un Oscar. Inmaculada* (sujeto paciente) *fue premiada por la Academia con un Oscar.*

Las oraciones de pasiva que tienen expreso el sujeto agente se llaman «primeras de pasiva». Si lo eliden, «segundas de pasiva». En este segundo caso, el agente no figura porque no nos interesa demasiado *(La carretera ha sido construida muy deprisa)* o porque lo desconocemos *(El turista fue secuestrado).*

La voz pasiva no se percibe natural en español, y estadísticamente se usa mucho menos que en otros idiomas (especialmente el inglés). Un texto en español lleno de construcciones pasivas lo sentirá extraño quien lo lea (si conoce bien el idioma). Incluso ya parecen extraños algunos de los ejemplos que hemos escrito antes para explicar las oraciones pasivas. Será que los hispanohablantes somos gente activa por naturaleza. El pasivo lo dejamos, eso sí, para nuestra contabilidad.

Atención. No todos los verbos pueden usarse en activa y en pasiva. Si decimos *En un año crecí cinco centímetros,* no podemos darle la vuelta con la frase «Cinco centímetros *fueron crecidos* por mí en un año».

La diferencia estriba en que nuestra lengua cuenta con verbos transitivos (los que hacen que la acción recaiga directamente en una persona, animal o cosa) y con verbos intransitivos (cuya acción no va directa a otra parte de la oración, sino que se pierde en el vacío). De eso ya hablamos antes y de eso hablaremos después.

La pasiva refleja

El principal motivo de que el idioma español esquive la voz pasiva radica en que dispone de este recurso: la **pasiva refleja.** Se llama refleja porque (como sucede con los verbos reflexivos) la acción se refleja sobre el sujeto. Y para más coincidencia, en este caso también necesitamos el pronombre *se:*

Se ganaron muchas posibilidades con esa decisión de trabajar más.

Las diferencias entre los verbos reflexivos y los empleados en la «pasiva refleja» estriban en que éstos carecen de un sujeto agente:

Esta deportista se cuida mucho (verbo reflexivo).
Los pisos grandes y baratos se venden de maravilla (pasiva refleja).

En el primer ejemplo, la acción nace del sujeto y regresa a él. En el segundo, la acción *(se venden)* no parte de los pisos y regresa a ellos, sino que la pone en marcha «alguien» que no se ha expresado, aunque sí se expresa el sujeto paciente que la recibe y con el que ha de concordar el verbo: así, *Se alquilan habitaciones.* Para usar un verbo reflexivo con esos mismos miembros, deberíamos decir «Edurne *se alquila* la habitación» (a sí misma).

La pasiva refleja resulta muy útil para sustituir a la pasiva genuina en el caso de que el sujeto de la oración sea un nombre de cosa. Así, en vez de escribir *Esta casa ha sido edificada en el lugar adecuado,* podemos elegir *Se ha edificado esta casa en el lugar adecuado.* En este ejemplo se omite de nuevo el agente (¿quién ha edificado la casa?), y ahí reside su diferencia, insistimos, con los verbos reflexivos.

En lenguaje poco natural, una pasiva refleja puede llevar agente: *Se venden pisos por la propiedad.* Pero en ese caso no cabe posibilidad de confundirlos con una oración reflexiva.

EL MODO

Cualquiera podría pensar que el «modo» consiste en la manera de hacer algo, el aspecto que presentan una acción o un ser, el procedimiento que usamos para un propósito… Pero la gramática es otra cosa, no insistiremos lo suficiente. Y en gramática, el **modo** es en realidad aquello que manifiesta la actitud del hablante en relación con lo que se enuncia.

> El modo del verbo guarda relación, pues, con la manera de ver el mundo a cargo de quien habla o escribe.

Por supuesto, se trata de algo más complicado que eso. (Pero intentábamos insuflar ánimos para entrar en esta materia. Vamos a ello).

Algunos gramáticos sostienen que los modos son cuatro. Otros, que tres. Y los que buscamos algo más descomplicado, que dos. Quienes dicen que suman cuatro especifican a continuación: el indicativo, el subjuntivo, el condicional y el imperativo. Los que reducen el número a tres eliminan el condicional. Y quienes lo dejamos en sólo dos tenemos suficiente con el indicativo y el subjuntivo, porque se puede considerar al condicional un simple indicativo; y al imperativo, un indicativo corriente.

En general, se dice que el indicativo «indica» y que el subjuntivo «subordina».

El modo indicativo es la expresión de la realidad (o al menos de lo que el hablante considera real), tanto si se refiere al presente como si concierne al pasado o al futuro.
El subjuntivo, por el contrario, entra en los terrenos de lo irreal, de la conjetura, de lo hipotético, refiérase al tiempo que sea.

Podemos decir —para entendernos, y sólo para entendernos— que el indicativo ve la realidad de una forma objetiva:

El Gobierno **trabaja** *mucho en verano.*

Mientras que el subjuntivo nos plantea la realidad de una forma subjetiva:

Confío en que el Gobierno **trabaje** *mucho en verano.*

En este último ejemplo vemos realizados los dos modos verbales. *Confío* se expresa en indicativo porque el hablante lo considera parte de la realidad: está claro que él espera eso. Y el hecho de esperar es real. Pero el hecho de que el Gobierno *trabaje* ya forma parte de la conjetura, de lo esperado o temido, de lo hipotético. Y por eso se expresa en subjuntivo.

Veamos otros ejemplos que muestran la diferencia de percepción psicológica entre el indicativo y el subjuntivo:

Alejandra hace todo lo que le **encargan.**
Alejandra hizo todo lo que le **encargaron.**
Alejandra hará todo lo que le **encarguen.**

*Tengo que salir aunque **llueve**.*
*Tengo que salir aunque **lloverá**.*
*Tengo que salir aunque **llueva**.*

En los dos primeros casos, el verbo *encargar* y el verbo *llover* se conciben como reales, puesto que los encargos existen (en el presente o en el pasado) y la lluvia se da como cierta (en el presente y el futuro). En el tercer ejemplo, Alejandra no ha recibido todavía ninguna encomienda, por lo que el verbo *encargar* entra en el terreno de la irrealidad o de la conjetura, de la incertidumbre, con lo cual entra en el terreno de *lo subjuntivo*. Y en el último caso la lluvia sólo se concibe como probable y, por tanto, su hipotética presencia se expresa en subjuntivo.

Sin embargo, las diferencias entre indicativo y subjuntivo son a menudo arbitrarias, debidas al criterio subjetivo que se ha impuesto durante siglos.

Da la impresión de que el indicativo resulta más adecuado para el espíritu optimista, el de quienes opinan que sus pensamientos se van a cumplir, mientras que el subjuntivo se hará más habitual en la boca de quienes piensan que algo no ocurrirá como esperan, o al menos dudan de ello. Eso, claro está, desde el punto de vista gramatical, pues se puede ser optimista, desde el punto de vista de la realidad, con una frase llena de subjuntivos. Por ejemplo, con ésta:

No creo que mis grandes rivales ganen el campeonato, tal vez incluso tengan muy mala suerte y yo, por el contrario, quizás me clasifique primero, incluso existe la posibilidad de que se retiren por enfermedad.

Sí, serán juicios optimistas; pero ni siquiera el que los profiere está convencido de ellos: usa el subjuntivo.

La diferencia para el uso del modo en el verbo estriba en el tipo de juicio que emitamos. Tenemos los juicios «asertorios» (en los que pronunciamos un aserto o sentencia), los juicios «problemáticos» (donde se expresa duda) y los juicios «apodícticos» (en los que se pronuncia una ley lógica). (Apodíctico: palabra que procede del griego, donde significaba «demostrativo»; es decir, lo que se demuestra con claridad). Los primeros, los juicios «asertorios», se expresan en modo indicativo, y con ello creemos que se cumplirá lo que esperamos se va a cumplir. Y los otros dos (los problemáticos y los lógicos), en subjuntivo: «Tal vez llueva, tal vez no llueva; es lo que ha dicho el hombre del tiempo» (problemático). «Es necesario que vengas para que estés aquí (lógico)».

IRREALIDAD

¿Y por qué pasa eso con los juicios problemáticos y los juicios lógicos? Porque nuestro espíritu íntimo se niega a aceptarlos como reales mientras no ocurran.

Usamos el subjuntivo en la oración subordinada (o supeditada) siempre que el verbo principal —o la idea principal— exprese una acción de *incertidumbre*, de *posibilidad*, de *obligación* (o necesidad), de *emoción* o de *deseo* (o voluntad). Hemos escrito «idea principal» porque ésta puede no ser un verbo, sino un adverbio (como *tal vez, quizás...*) o incluso una interjección con valor verbal *(ojalá)*.

Ejemplos:

Acaso llueva (incertidumbre).
Tal vez nieve (posibilidad).
Tienes que convencerme para que te crea (obligación).
Así te caigas si vas tan deprisa (deseo).
Pero ojalá te levantes luego (deseo).
Porque temo que deba llevarte al hospital (emoción).

Temo que no sepa lo suficiente como para escribir este libro (incertidumbre).
Pero quizás ayude a quienes saben menos que yo (posibilidad).

Para eso es preciso que se lo lean, claro (obligación, necesidad, apodíctico).

Lamentaré que después del esfuerzo no les guste (emoción).

Pero confío fervientemente en que les sirva de ayuda (deseo).

Al menos eso es lo que dije para que se lo creyera mi editor (voluntad).

Puede ocurrir que algunos verbos participen de dos o más de estos capítulos. Así, *temo que* expresa *incertidumbre* pero también *emoción,* a la vez que *posibilidad.*

Se ve con claridad que el «subjuntivo» denota gran cantidad de ideas «subjetivas».

En la frase *Creo que he aprobado,* los dos verbos se expresan en indicativo. El primero muestra una afirmación *(yo creo).* Pero la subordinación cambia cuando se expresa una negación: *No creo que haya aprobado* (es imposible la construcción «No creo que he aprobado»). Y también necesitamos el subjuntivo para expresar una duda: *Dudo de que haya aprobado.* Como para la obligación: *Es preciso que apruebes.* Como para el deseo: *Confío en que apruebes.*

En el primer caso *(Creo que he aprobado),* la subjetividad del idioma considera que el aprobado forma parte de la realidad, aunque el hablante no esté seguro en la realidad. Digamos que en la línea de seguridad o inseguridad supera el 50 por ciento de posibilidades y por eso se inclina hacia la realidad. En los otros dos casos *(No creo que haya aprobado* y *Dudo de que haya aprobado),* las posibilidades psicológicas de realidad suman un porcentaje menor, y por eso acudimos al subjuntivo.

El subjuntivo, pues, se especializa en nuestra lengua para la **irrealidad,** con mayor ámbito de acción que el modo equivalente en otros idiomas. (Así, decimos en español *Cuando me vaya,* pero en francés *Quand je m'irai.* Y *Cuando salga la luna* se diría en inglés *When the moon comes out;* es decir, en ambos casos sin distinción respecto al presente de indicativo).

Todo esto causa que en español se consideren incorrectas las formaciones (influidas por el inglés o el francés) «Confío en que llegará», «Espero que lo hará». En estos casos debe decirse *Confío en que llegue, Espero que lo haga.* Pero volvamos al verbo *creer:* ¿Por qué entonces es correcto *Creo que lo hará?*

Quizás guarde relación ese uso en indicativo con el significado de *creer* («tener por cierta una cosa que el entendimiento no alcanza»). *Creer,* a diferencia de *esperar, confiar* y otros verbos similares, consiste efectivamente —en su más importante acepción— en dar por cierto algo, aunque no esté comprobado. Y en el momento en que nuestra mente gramatical lo da por cierto, necesita el indicativo.

En este sentido, *creo* —afectado por su valor histórico de dar por cierto algo que no se ve— equivale gramaticalmente a *estoy seguro.*

El valor psicológico del subjuntivo hace también que percibamos un significado distinto entre *Quizás está diciendo la verdad* y *Quizás esté diciendo la verdad,* que se aprecia más en las formas simples: *Quizás dice la verdad, Quizás diga la verdad.*

La fuerza de significado que tiene el subjuntivo se aprecia también con claridad en el siguiente ejemplo:

*Estoy buscando a uno que **lleva** un cuchillo en la mano.*
*Estoy buscando a uno que **lleve** un cuchillo en la mano.*

En el primer ejemplo, sabemos que alguien lleva un cuchillo en la mano, y ésa es la persona a quien se busca.

En el segundo, se busca también a alguien con un cuchillo en la mano pero ya no estamos seguros de quién sea esa persona, ni siquiera de que esa persona exista. En el primer caso, alguien ha visto a una persona con el cuchillo en la mano; en el segundo quizás nadie se haya topado con él (afortunadamente).

Sentimiento y deseo

De todas formas, no siempre se usa un subjuntivo para significar irrealidad de una manera directa. También suelen ir ligados, como explicamos antes, a verbos de **ruego** o **deseo, sentimiento** y **mandato.** Es decir, se trata de maneras indirectas de concebir la realidad.

Siento que hayáis venido desde tan lejos y que se me hayan acabado los helados.

(Es imposible «Siento que habéis venido» con ese significado. Si dijéramos «Siento que habéis venido» significaría *Noto que habéis venido,* y usaríamos el indicativo porque se trata de un hecho real gramaticalmente).

El subjuntivo también puede depender del nexo (preposición, conjunción) que acompañe al verbo principal. Por ejemplo, siempre la conjunción final *para que* va acompañada de un verbo en subjuntivo (no confundir con la conjunción interrogativa *para qué*). Eso entronca con la idea de obligación o necesidad *(Hace falta que vengas para que estés aquí).* Lo mismo pasa con las locuciones conjuntivas *con tal de que* y *a fin de que* (ambas sugieren obligación o deseo), seguidas siempre de un verbo en subjuntivo.

—*Pues habíamos venido hasta aquí para que nos vendieras los helados.*
—*Qué mala suerte. Pero mañana, aun siendo domingo, abriré la heladería para que los podáis comprar.*
—*Con tal de que nos des un helado, vendremos cuando sea. Pero, mejor, llegaremos a las doce, a fin de que tú tengas tiempo de abrir la heladería.*

El uso del subjuntivo suele guardar relación con una mayor o menor destreza en el idioma. Algunas personas se expresan casi exclusivamente en indicativo, y construyen por tanto oraciones simples (que suelen contener pensamientos simples). Un comportamiento muy común cuando se está aprendiendo una lengua. Quienes dominan el empleo de todos los tiempos del subjuntivo suelen adentrarse también en conjeturas, hipótesis, abstracciones… ideas complejas.

EL IMPERATIVO

El imperativo es el tiempo verbal que usamos para rogar o para dar órdenes, y también para advertir y amenazar *(Haz eso y verás lo que te aguarda)* cuando nuestro espíritu nos lo requiera.

Resulta curioso que, sirviendo para pedir tanto como para ordenar, lo llamemos siempre **imperativo** y no «rogativo» o «solicitativo», por ejemplo. Incluso «amenazativo», si nos pasamos por el otro lado. Pero *impera* esa denominación.

Algunos gramáticos perciben el imperativo como si fuera un modo más del verbo, no un tiempo de indicativo. Arguyen para ello que reúne características tan propias y exclusivas que no se le ven analogías con el resto de los tiempos.

He aquí las diferencias:

• Para empezar, el imperativo carece de la primera persona del singular. (No tiene sentido gramatical darse órdenes uno mismo; y cuando eso resulte necesario, el espíritu idiomático del español hará que salgamos de nuestro propio *yo* para, desde fuera, ordenarle o pedirle algo; es decir, acudimos a la segunda persona. De este modo, alguien que se llame Nicolasa podrá decirse a sí misma: *Nicolasa, estudia menos o te volverás loca.*

• Para seguir, el imperativo nunca aparece en oraciones subordinadas. (El imperativo funciona solo sintácticamente, sin subordinarse y sin subordinar).

• Es el único tiempo verbal que puede no terminar en vocal, *-n* o *-s (haced, cantad;* siempre en *-d* y excepcionalmente en *-z* como en el caso de los verbos *hacer, rehacer* o *deshacer: haz, rehaz…*). Este uso es exclusivo del español peninsular, puesto que en América y Canarias se emplea *hagan, canten.*

• Su valor temporal se ha limitado entre el presente y el futuro:

Hazlo en este instante.
Hazlo ahora.
Hazlo el año que viene.
Hazlo cuando seas viejo.

(¿Existe un imperativo de pasado? Tal vez sí: el que se forma con el infinitivo del verbo auxiliar *haber: Haberlo hecho*).

Los imperativos tienen algunas otras características singulares, aunque menos exclusivas:

¡Se sienten!

La primera de ellas recordará a los españoles de cierta edad una famosa frase que pronunció uno de los guardias civiles que asaltaron el Congreso de los Diputados el 23 de febrero de 1981 con el teniente coronel Antonio Tejero a la cabeza, en un intento de golpe de Estado que no prosperó.

El guardia que entró en plan chulesco y pegando tiros al aire (es decir, al techo; pero mejor eso que disparar al aire… de los pulmones) reconvino a los diputados para que se estuvieran quietos: *¡Se sienten, coño!*

Asaltar el Congreso, intentar un golpe de Estado, dirigirse así a los representantes del pueblo… todo ello constituye por sí solo una muestra de estupidez, a la que encima se añadió una incorrección gramatical. (Las incorrecciones gramaticales nunca presagian nada bueno).

En efecto, los imperativos (como les sucede a los gerundios) sólo pueden llevar los pronombres enclíticos: *quédate, vete, aclárate...* Y, por supuesto, *siéntense.*

(En el español de Argentina y Uruguay, estos ejemplos de segunda persona del singular se sustituyen por *quedate, andá, aclarate).*

Cometió ese error aquel guardia civil, pero, dada su incompetencia lingüística, podía haber cometido otro: «¡Sentarse, coño!», o «¡Sentaros, coño!». Porque a menudo se emplea el infinitivo donde corresponde un imperativo: «¡Trabajar!» (en vez de *trabajad),* «Venir a por mí si me ahogo» (en vez de *venid).*

Esa *-d* final se mantiene unas veces pero otras no: *Veníos a mi casa, Cantadme ese vallenato, Idos de una vez, Daos prisa* (es incorrecto «daros prisa»). El enclítico *-os* obliga a que la *-d* desaparezca siempre ante vocal, salvo en *idos* (y ello por razones fonéticas, ya que sería molesta la forma *íos).*

En cambio, se da por válida la forma *¡A trabajar!, ¡A limpiar!...* porque se entiende elidido el imperativo *(Poneos a trabajar, Empezad a limpiar).* Y no podríamos censurar tampoco la expresión imperativa de aquel guardia civil —«¡Se sienten!»— si hubiera ido ligada a un verbo principal: *¡Les he dicho que se sienten!* Lo que no fue el caso.

También es incorrecto el uso, muy madrileño, de la segunda persona del imperativo del verbo *ir* terminada en *-s.* Probablemente funciona ahí la analogía de que todas las segundas personas de los verbos en español acaban en *-s* (excepto en el pretérito perfecto simple: *cantaste, fuiste, temiste;* en el que no por casualidad se comete el mismo error: «cantastes», «fuistes», «temistes»). En cualquier caso, es incorrecto el imperativo «ves» en vez de *ve* («Ves a tu casa antes de que te olvides de dónde está»), o el usualmente aplicado al verbo *oír* («Oyes, tú, contéstame ya»).

No haz

El imperativo se emplea para ordenar o pedir que se haga algo; pero no para mandar o solicitar que *no* se haga. Podemos decir *ven* pero nunca se nos ocurrirá pedir «no ven» o «no haz».

En esos casos se acude (como en tantos de negación) al subjuntivo *(no vengas, no hagas)*. Lo cual da argumentos precisamente a quienes consideran que el imperativo no es un modo en sí mismo sino un tiempo de indicativo, que tiene su correspondiente espejo de negación en el subjuntivo.

LAS FORMAS NO PERSONALES DEL VERBO

Además de estos tiempos que representan acción y siempre están referidos a una persona gramatical, los verbos cuentan con cuatro **formas no personales;** es decir, que no se conjugan con las distintas personas de la gramática verbal.

Infinitivo simple
Cantar

El **infinitivo simple** sirve para mencionar a los verbos. Así, decimos «el verbo *ir*», «el verbo *asediar*», «el verbo *experimentar*». Ello se debe a que el infinitivo es la forma sustantivada de los verbos (y qué mejor forma de nombrarlos que con un nombre). Podemos decir: *El fregar se va a acabar, Contaminar está prohibido en este río, El mesón del buen yantar.* Por tanto, los infinitivos siempre terminan en *-ar, -er* o *-ir.* Todo lo que va por delante de esa desinencia es la raíz del verbo.

Para saber si un infinitivo está cumpliendo la función de nombre, basta con ponerle delante un artículo o un adjetivo demostrativo, o cualquier otro determinativo. Si funciona bien la oración así, si no se atasca y empieza a hacer ruidos extraños o a soltar gasolina, estamos ante un infinitivo disfrazado de nombre. Y tanto se disfraza a veces, y tantas veces disfrazado se usa, que el genio del idioma lo adopta como tal y hasta le dota de número plural si lo necesita:

El saber no ocupa lugar / Los saberes del hombre son ilimitados.
Estoy triste por culpa de un querer / Estos quereres de Jaime son peligrosos.

Infinitivo compuesto
Haber cantado

Es un infinitivo un tanto postizo, porque no se trata propiamente de una forma propia de cada verbo, sino de una forma genérica *(haber)* a la que en realidad acompaña el participio particular. Por tanto, podemos definirlo como un participio del verbo significador que se une a un auxiliar polivalente. Pero se usa y de alguna manera hay que registrarlo en cada verbo. Como todos los compuestos, da idea de acción completada: *haber nadado.*

El **infinitivo compuesto** se emplea siempre con idea de anterioridad a otra acción:

*Es necesario **haber escrito** algún libro para que le llamen a uno escritor.*

La idea se parece pero no es igual que si se usa el infinitivo simple:

*Es necesario **escribir** algún libro para que le llamen a uno escritor.*

En este caso no se da la acción por terminada. Quien use la frase anterior pensará que para recibir la consideración de escritor hace falta terminar un libro. Quien use este segundo ejemplo creerá que sólo se precisa empezarlo (o al menos tenerlo algo avanzado).

El infinitivo compuesto (o infinitivo de pasado) se usa también con valor regañón:

—*No me dejaron subir al tren porque no tenía billete.*
—*Pues **haberlo comprado**.*

—*Estuve en la cárcel porque me sorprendieron con la gallina que había robado.*
—*Tonto, **habértela comido** antes.*

Es lo que en otro momento denominamos «imperativo de pasado».

Igual que sucede con el infinitivo simple, el infinitivo compuesto puede usarse como sustantivo:

El haber comido *mucho cinco minutos antes de la carrera explica que te hayas clasificado el último.*

Participio pasado
Cantado

Participio, qué nombre tan raro. Parece un nombre antiguo de los que se ponían en los pueblos: «el señor Participio». ¿Por qué se llama así? Lo denominamos «participio» porque participa de dos ámbitos gramaticales: el verbo y el adjetivo. Y en tanto que adjetivo, puede sustantivarse.

El infinitivo sólo participa del ámbito sustantivo, porque el verbal —es decir, las conjugaciones— lo deja siempre fuera. En cambio, el participio toma parte activa —es decir, pasiva— en todas las formas compuestas.

Los participios regulares de la primera conjugación terminan siempre en -*ado;* los de la segunda, en -*ido;* y los de la tercera, también. Los irregulares no tienen mucho donde elegir, a pesar de sus travesuras, porque sólo pueden acabar en -*to (cubierto),* -*cho (hecho) y* -*so (impreso).*

El **participio pasado** sirve para formar los tiempos compuestos, todos ellos en pasado (por eso se llama participio pasado):

*El piloto que **has elegido** no sabe pilotar.*

Y casi siempre puede cumplir además una función de adjetivo (en ese caso con posibilidad de concordar en género y número, como le corresponde a su disfraz):

*El piloto **elegido** no sabe pilotar* (adjetivo).
*Es **un elegido** de los dioses pero no sabe pilotar* (nombre).

Se percibe su función adjetiva si puede concordar en género y número con el nombre al que acompaña.

*Los años que **han transcurrido** ni se le notan, gracias a la cirugía.*
*Los años **transcurridos** ni se le notan, gracias a la cirugía.*
*Las horas **transcurridas** en la operación se me hicieron eternas pero los arreglos ni se me notan.*

Y también concuerda en género y número con un sustantivo en la voz pasiva:

*Las cartas **fueron repartidas** por el cartero.*

Los participios-adjetivos pueden incorporar asimismo los sufijos superlativos, en tanto que tengan valor de adjetivos: *construidísimo, cerradísimo, presentadísimo, elegidísimo, leidísimo;* pero no todos alcanzan tal integración (no se suele decir «transcurridísimo», «escritísimo»...).

El participio pasado se llama así porque transmite la idea de una acción acabada, completa; en sentido gramatical, «perfecta» o «perfectiva». También se le denomina «participio pasivo», por su necesaria participación en la voz pasiva (véase pág. 215).

Los participios experimentan las consecuencias de los verbos irregulares, y pueden registrar en su raíz estas alteraciones: *decir/dicho; hacer/hecho; abrir/abierto; absolver/absuelto; cubrir/cubierto; escribir/escrito...*

Y algunos verbos poseen dos participios, que especializan su significado y su función. Uno se forma con los procedimientos morfológicos propios del participio en español, y el otro suele proceder directamente del latín:

Poseer: *poseído, poseso.*
Imprimir: *imprimido, impreso.*
Concluir: *concluido, concluso.*
Bendecir: *bendecido, bendito.*
Elegir: *elegido, electo.*
Abstraer: *abstraído, abstracto.*
Completar: *completado, completo.*
Maldecir: *maldecido, maldito...*

A menudo los significados y las funciones de los dos participios de un mismo verbo son disparejos. Por ejemplo, *electo* se refiere específicamente a quien ha sido elegido pero no ha tomado posesión de su cargo; *impreso* se aplica sólo a estampaciones tipográficas... (Así, es correcto escribir *He impreso el documento,* pero no «He impreso en todos mi forma de actuar»). Y algunos participios irregulares se especializan en su función adjetiva *(maldito, completo, bendito, concluso, abstracto),* mientras que unos pocos son sinónimos del participio regular *(freído, frito; proveído, provisto...).*

A veces también se producen desviaciones de significado en participios de verbos transitivos. Así, la expresión *Es una mujer muy **leída*** no significa que sus obras cuenten con muchos lectores, sino que esa mujer ha leído mucho. Funciona aquí la fuerza analógica del idioma *(Es un hombre muy educado, Es una persona muy instruida...).* Y se extiende a frases como *Es un tipo muy **considerado*** (que tiene consideración), *Es muy **entendido** en eso* (que entiende mucho de eso).

Los hablantes aventurados y de escasa formación dan a veces un salto en el vacío y construyen oraciones como «El delincuente *fue disparado* por la policía». En este caso no cabe la fórmula «un delincuente *muy disparado*». Lo que se disparan son las balas.

➤ **El participio absoluto**

En latín se llamaba «ablativo absoluto», y consistía, igual que en español, en usar el participio como representante del gerundio compuesto de la voz pasiva pero con la elisión de los verbos auxiliares *haber* y *ser:*

Oídas todas las partes, el juez dijo que no se acordaba de lo que le había dicho.

Es decir, el **participio absoluto** equivale a *habiendo sido oídas,* o también a *una vez que habían sido oídas.*

El participio sirve para crear todas las formas compuestas de los verbos, en unión del auxiliar *haber.* Y a su vez, oh triste sino el suyo, no puede tener forma compuesta, al contrario de lo que sucede con el gerundio *(haciendo, habiendo hecho)* o el infinitivo *(andar, haber andado).* Él, que se presta para formar tantos tipos distintos de tiempos, no puede ayudarse a sí mismo. Ni siquiera por repetición: («telefoneado telefoneado»), ni siquiera con el participio del auxiliar («habido telefoneado»).

Participio presente
Cantante

También *participa* este *participio,* el participio presente, de la doble condición de verbo y adjetivo. Incluso de la posibilidad de convertirse en sustantivo. Se le conoce igualmente como participio «activo» por su diferencia con el participio «pasivo» y porque siempre se vincula a un sujeto que promueve la acción.

El **participio presente,** para hacer honor a su denominación, acaba siempre en las letras -*nte,* a las que preceden la
raíz verbal y una vocal de enlace. Así, del verbo *evitar* tenemos
la raíz *evit-* y la desinencia *-ar;* pero en el participio presente
necesitamos añadir el interfijo -*a-* a la raíz antes de unirla con
la desinencia propia -*nte: evit-a-nte* (que evita). En las conjugaciones segunda y tercera, las vocales que han de añadirse en
las formas regulares son las que constituyen el diptongo -*ie-:*
de *cometer, cometiente;* de *latir, latiente* (pero de *decir, dicente*).

El participio presente, a diferencia de su primo el participio pasado, no refleja una acción terminada sino una acción
en transcurso:

> *La persona **presentante** de documento deberá hacerlo por triplica-
> do, con sello oficial y papel timbrado, y con letras góticas.*

En ese ejemplo, *presentante* se puede sustituir por *que presenta* (la persona que presenta). Por eso se llama «participio
presente» (pero no porque presente el documento, claro,
sino porque está en presente).

Ahora bien, ¿hasta qué punto se trata de un verbo...? ¿No
es más bien un sustantivo o un adjetivo? Sí... y no.

Muchos participios presentes se han sustantivado: *el vigilante, el dependiente, el presidente, el cantante, el asistente, el sirviente...*
Hasta el punto de que algunos admiten variación de género: *la
asistenta, la dependienta, la sirvienta, la presidenta, la clienta...*

Pero su lexicalización como nombres o adjetivos (es decir,
su fosilización, su cristalización... su consolidación como palabras con significado propio) depende por lo general de si
son poco o muy usados por *los hablantes* (participio presente
del verbo *hablar*).

Véase cómo el participio presente del verbo *presentar*
suena poco común («el *presentante* del documento»), pese a
resultar legítima su formación en español; y sin embargo la
adición de un prefijo lo convierte en sustantivo de uso muy
frecuente: *El **representante** del pueblo.*

No es necesario que un participio presente figure en el diccionario para que se considere correcto. Si está bien construido morfológicamente, puede usarse y desarrollarse: *cabreante* o *escuchante* o *sobreviviente* no están en el léxico de la Academia, y sin embargo forman parte del sistema lógico de la lengua. No están en el léxico pero están en la lógica.

Gerundio simple
Cantando

Así como el infinitivo simple refleja una acción abierta e imperfecta, y así como el infinitivo compuesto y el participio representan una acción terminada, el gerundio simple se encarga de mostrar algo que dura, y dura, y dura. Es decir, una «acción durativa», que transcurre sin que se determinen gramaticalmente su principio ni su final; y, por tanto, imperfectiva: *Haciendo eso acabarás mal.*

Los **gerundios simples** se forman de manera similar a los participios presentes: la raíz necesita un engarce con la terminación propia de este gerundio: *-ndo.* En la primera conjugación se precisa una *-a-* en enganche *(and-a-ndo);* en la segunda y en la tercera, el diptongo *-ie- (tem-ie-ndo, lat-ie-ndo),* de forma similar a lo que ocurre con los participios presentes.

Los gerundios simples reflejan acciones que están en grado de ejecución, pero eso no significa que no hayan concluido. Los aspectos perfectivos de la oración en su conjunto dependen de los restantes verbos que figuren en ella: *Llegué corriendo, Iré corriendo.* En el primer caso, la acción que representa el gerundio ha concluido, como el verbo al que complementa. En la segunda, ni siquiera ha empezado.

Lo que representa el gerundio es la acción en desarrollo, aunque esa acción esté concluida ahora; pero a él no le importa, él lo que pretende es reproducir la fotografía del momento en que se desarrollaba. Podemos decir, en efecto, *Llegué corriendo;* y *llegué* representa una acción perfectiva (terminada);

pero eso poco le importa al gerundio: él va a lo suyo, y lo que representa en *Llegué **corriendo*** es la acción continua de correr, que nos muestra con una duración amplia aunque ya esté terminada.

En esos casos, el gerundio suele cumplir la función de complemento circunstancial de modo (ya llegará ese tema).

Esta forma no verbal puede admitir en algunos casos el diminutivo, sin convertirse por ello en adjetivo como ocurre con «el señor Participio». Así, *Llegó **callandito*** o *Se escapó **andandito*** no alteran la función de complemento circunstancial de modo ni la esencia del gerundio.

Precisamente esa diferencia global respecto al adjetivo ha hecho que no se considere correcto su uso indiscriminado como tal. Hay casos, desde luego: *Se agarró a un clavo ardiendo,* por ejemplo (a un clavo «que ardía», a un clavo «ardiente»). *Me quemé con agua hirviendo.* Pero más allá de los gerundios de *hervir* y *arder* no se hará tarea fácil emplear uno que pueda complementar a un sustantivo para adjetivarlo... y hacerlo correctamente. Sobre todo con calcos sintácticos del inglés como «Se necesita directivo *teniendo* experiencia», que denotan la necesidad de alguien que escriba los anuncios teniendo experiencia.

Sí se puede aceptar el gerundio «de pie de foto»: *El atleta ucranio, **saltando** con la pértiga.* Para ello hace falta esa coma que marca la elisión de un verbo: *El atleta ucranio **aparece saltando** con la pértiga,* así como el uso de verbos de acción (no valdría «El atleta, *sabiendo* el resultado»).

El gerundio, pues, no se puede usar como complemento de un nombre (porque lo suyo son, principalmente, los verbos). Por ejemplo, «Llegó el barco con la sirena *sonando*». Lo correcto es *El barco llegó haciendo sonar la sirena.*

Hemos estudiado que el gerundio funciona en las oraciones como complemento circunstancial de los verbos, en un valor adverbial. Su conexión errónea con muchos sustantivos origina oraciones incorrectas y carentes de sentido gramatical: el gerundio sólo puede servir de enlace entre ideas que se perciben como simultáneas. Por tanto, no se considera correcto el gerundio «de posteridad»: «El ministro llegó con retraso, *sentándose* en la presidencia». *Sentándose* representa una acción posterior, y para eso no sirve el gerundio simple. Sí sería correcto *El ministro llegó con retraso,* **anudándose** *la corbata y* **limpiándose** *el carmín de las mejillas.* Bueno, quizás eso no sería muy correcto tampoco…

Gerundio compuesto
Habiendo cantado

Como sucede con el infinitivo, el gerundio simple tiene su reflejo en las formas compuestas, y se forma, naturalmente, con el gerundio del verbo haber:

Parece mentira que digas eso, **habiendo sido** *maestro tantos años.*

Aquí le interesa también al gerundio la idea de duración, en este caso siempre de pasado. O al menos de pasado respecto a otro verbo:

Salió de casa **habiendo hecho** *los deberes.*

LAS PERÍFRASIS VERBALES

Perífrasis significa algo así como «alrededor de la frase» (puesto que *perí* en griego significa «alrededor»). Interpretando el término más libremente, es una frase con rodeos. Si en vez de los genes del griego usáramos los del latín, en lugar de «perífrasis» diríamos «circunlocución». Es decir, dar un rodeo para expresar lo que habríamos podido designar con menos palabras. Este recurso casi siempre se emplea de manera deplorable en los medios de comunicación (*da comienzo* en vez de *comienza, hace entrega* en vez de *entrega* o en vez de *da...* alargamientos innecesarios), pero también podemos encontrar casos en que la perífrasis hace más hermosa, certera, hábil o contundente la frase.

Y son éstos las que vamos a tratar aquí. (Acabamos de escribir una perífrasis: *vamos a tratar*).

> Las perífrasis se basan en combinar dos formas verbales que funcionan como un solo verbo.

Una de ellas es una forma verbal conjugada (simple o compuesta); y la otra, una forma verbal no personal (es decir, un participio, infinitivo o gerundio). La unión de ambas formas —casi siempre mediante una preposición o conjunción— crea la perífrasis.

He aquí un ejemplo de perífrasis:

***Me voy a examinar** de matemáticas, así que recuérdame cuál era la diferencia entre dividir y multiplicar.*

*Me voy **a** examinar* es una perífrasis que podría sustituirse por *Me examinaré;* pero la perífrasis añade en este caso el factor de cierta inminencia, siquiera sea psicológica.

Otro ejemplo:

*Mi hermano se **echó a llorar** cuando le dije que había perdido la selección nacional, el muy tonto.*

Se puede apreciar claramente que en estos casos los verbos-base se han desprendido de su significado habitual. *Me **voy** a examinar* no significa que el alumno se deba desplazar a otro sitio, puede examinarse en el mismo lugar donde está hablando. *Se echó a llorar* no representa que se arrojase a ningún sitio, como tampoco en *Tengo que escribir este libro* apelamos al significado del verbo *tener* (puesto que si el libro no está escrito no se tiene ni libro ni nada).

Pero a ver, en todos estos casos se trata de dos verbos que están situados uno junto a otro, como ocurre tantas veces en textos y conversaciones. ¿De qué manera podemos distinguir entonces entre una perífrasis y un uso normal de los verbos ajeno a esta circunlocución? Muy fácil:

En cualquier otra oración, si preguntamos «¿qué?» al verbo base, éste adquiere en la pregunta su verdadero significado: *Amalia acaba su trabajo para Rigoberto*. ¿Qué acaba Amalia? Su trabajo para Rigoberto.

En el caso de la perífrasis, el verbo no responde a su significado: *Mi equipo **acaba de ganar** la Liga, cuando aún quedaba un partido*. ¿Qué ha acabado tu equipo?... Sólo podríamos contestar: *Ha acabado una buena temporada*.

Adivinemos en este otro caso:

*Y me **puse a temblar** cuando su marido me sorprendió en el armario.*

¿Es perífrasis o frase? Claramente, es una perífrasis; porque si preguntáramos *¿Qué se puso?* sólo podríamos responder: *Los pantalones*.

Es fundamental, pues, saber si el verbo conserva o no su significado. Si decimos ***Voy a trabajar** un rato*, podemos estar ante una perífrasis... o no. Si ***Voy a trabajar*** significa que alguien va a empezar a hacerlo en los próximos instantes, se trata de una perífrasis. Pero si quiere decir que alguien va al trabajo, desplazándose de lugar (por ejemplo, *Cuando voy a trabajar paso siempre por una pastelería y compro unos dulces*), el verbo base mantiene su significado y entonces estamos ante una oración normal.

Asimismo, las perífrasis no se pueden descomponer (al contrario de lo que pasa con las demás fórmulas de dos verbos juntos). Si decimos ***Voy a ver** una película*, podemos decir también *Es a ver una película a donde voy*. Pero si decimos ***Voy a regalarte*** una película no podemos construir el equivalente «Es a regalarte una película a donde voy». *Ma-*

ñana **tengo que trabajar** (posible); «Es trabajar lo que tengo mañana» (imposible).

Perífrasis verbales son, por ejemplo, las siguientes:

Debió de vestirse deprisa, porque llevaba la camisa al revés.

Hemos de aprender la lección y no secar más veces los calcetines en el microondas.

Este coche viene a costar el doble que el tuyo pero éste tiene ruedas y volante. Pues deja de decirme que es caro.

Las construcciones perifrásticas se pueden clasificar así:

➤ **Incoativas** («incoar» significa «abrir»)
Abren un proceso: *ir, pasar, echarse + infinitivo.*

Voy a acabar este artículo.

Me echaré a llorar si no me suben el sueldo.

Paso a contestar su solicitud.

➤ **Terminativas**
Se forman sobre el verbo *venir.*

Vino a ser la solución.

➤ **Aproximativas**
También emplean el verbo *venir.*

Viene a costar unos doscientos dólares.

➤ **Obligativas**
Tiran de los verbos *haber* y *tener. Tener que* suele implicar obligación externa. *Haber de* implica obligación personal.

Debo dejar de fumar, he de cuidarme.

Tienes que ser más puntual.

➤ Dubitativas

Estas perifrásticas acuden al verbo *deber* pero con la ayuda inestimable de la preposición *de*.

Debieron de venir unos 200 invitados, y sólo habíamos enviado tarjetas a 50.

➤ Durativas

Se forman con los verbos *ir, venir* y *seguir + gerundio*.

Vengo escribiendo desde hace tiempo.
Mientras sigas escribiendo cada día no te aburrirás.

➤ Perfectivas

Se basan en los verbos *tener, llevar* y *dejar + participio*.

Te lo tengo dicho.
Llevo hechos tantos libros que no recuerdo ninguno.
Dejó descrito el mecanismo del botijo.

LAS LOCUCIONES VERBALES

Un locutor ejecuta una locución, para lo cual se dedica a pronunciar una serie de palabras con cierta coherencia. «Locución» es en el Diccionario «un grupo de palabras que forman un sentido». Y eso mismo podemos decir de la locución gramatical: En gramática, se llama **locución** a ese mismo grupo de palabras pero además hace falta que tenga carácter y significado estables. Por ejemplo, *Te echo de menos*. Esta locución posee un significado y una agrupación de palabras estable (el inestable suele ser quien la usa). En las locuciones, como sucede en las perífrasis verbales, el significado del conjunto no es la suma de los significados propios de esas palabras.

Por todo ello, se puede confundir una locución verbal con una perífrasis verbal. ¿Cómo saber la diferencia?

En las perífrasis verbales, el verbo que soporta el significado principal puede cambiarse por uno que signifique lo contrario:

Voy a trabajar / Voy a descansar.
Tengo que levantarme / Tengo que acostarme.
Acabo de llegar / Acabo de salir.
Puede llover / Puede escampar.

En cambio, las locuciones verbales no admiten ese juego:

DECIMOS	NO DECIMOS
Te echo de menos	«Te echo de más»
Lo has echado a perder	«Lo has echado a ganar»
Lo daré a conocer	«Lo daré a ignorar»
Hace falta	«Hace sobra»
Vaya usted a saber	«Vaya usted a desconocer»
Echar en cara	«Echar en pies»
Saber a ciencia cierta	«Saber a ciencia equivocada»

LOS TRATAMIENTOS

A veces pueden conducir a error los **tratamientos** de cortesía y respeto. Es lo que ocurrió en aquel famoso sucedido. Un general le pidió a su ayudante:

—*Anselmo, vigile de cerca al teniente coronel Ramírez, hace cosas sospechosas.*

El ayudante espía cautelosamente al teniente coronel, y días des-
pués informa al general:
—*He vigilado muy de cerca al teniente coronel Ramírez, sé lo que*
hace a cada instante. Por las tardes, va a su casa, se pone sus zapa-
tillas, lee un rato y se acuesta con su mujer.
A lo que el general responde:
—*Pues no veo nada sospechoso en todo eso.*
El ayudante se rasca la cabeza, se pone luego la mano en la barbi-
lla… y le contesta por fin.
—*A ver cómo se lo explico… ¿Me permite que le tutee?*

El español conserva —no sabemos si por mucho tiempo, pues poco a poco se debilita su uso— unas formas de respeto que afectan a los pronombres (posesivos y personales) y a los verbos: al conjunto de esas formas se le denomina «tratar de usted», porque los hispanohablantes no han considerado interesante crear el verbo «ustedear» y el sustantivo «ustedeo» como opuesto a *tutear* y *tuteo,* lo cual tendrá seguramente una buena razón: tal vez que en la génesis de nuestra lengua lo común era tratar a la gente de usted: en el *Poema de Mío Cid* aparece 261 veces esa fórmula, *vos,* frente a sólo 10 su alternativa *tú.* Quienes se dirigen a Rodrigo Díaz le tratan de *vos,* incluido el Rey, mientras que él habla de tú a los infantes de Carrión y a otras personas de menor edad que él; no así a Doña Jimena, a quien también trata de *vos.* Esa estadística del legendario poema podía deberse a la aparición continua de grandes personajes a los que se debía un respeto, pero —y así lo hace notar la Academia en su *Esbozo*— en *El Libro del Buen Amor,* donde se dan cita personajes de toda condición, es muy abundante *vos* aunque ya predomina *tú.*

Por tanto, los hablantes han necesitado más veces pedirse permiso para el tuteo que para establecer un «ustedeo» que, por otra parte, no suele solicitarse.

Usted procede de los antiguos *vuestra merced* y *vuessa merced,* que ya mostraban en el siglo XVI un tratamiento mucho más respetuoso que el correspondiente a *vos,* entonces más cercano al tuteo. Y por aquellos años se va extendiendo la población española en América.

El empleo de *ustedes* para el plural se generaliza sin fisuras, pero en la segunda persona del singular mantendrán *vos* las zonas peor comunicadas con la metrópoli (Argentina, Paraguay, Uruguay y los países de Centroamérica), mientras que el resto se inclina por el *tú* que ya se había impuesto en la Península (si bien en muchos países americanos convive con el uso, más esporádico, de *vos*).

También experimentaron reducciones similares a la de *vuestra merced* los tratamientos *vuestra excelencia,* que derivó en *vuecencia,* y *vuestra señoría,* que terminó en *usía,* abreviaciones ambas que ya están difuntas en la lengua actual. R.I.P.

Los tratamientos de usted se extienden a los pronombres posesivos, que cambian la segunda persona por la tercera *(He traído su auto, señora);* y a los personales *(¿Le cuelgo la chaqueta, señor?),* donde sucede lo mismo.

No obstante, el uso de *usted* es muy peculiar en América, y especialmente en Colombia y México, porque se emplea con mucha frecuencia como signo de familiaridad —lo contrario que en España— y hasta de intimidad y de amor. Muchos hijos tratan de usted a sus padres durante toda su vida, sin que eso signifique distancia sino proximidad. Eso lo supo muy bien el cantante español y catalán Joan Manuel Serrat, que en alguno de esos lugares transformó la letra *Vuela esta canción para ti, Lucía…* y decidió cantar: *Vuela esta canción para usted, Lucía.* El público entendió perfectamente el gesto, y la emoción todavía aumentó.

Capítulo 8
El reloj verbal

Todos los verbos hacen «tic tac».

> Los tiempos verbales son el reloj del idioma. La lengua los utiliza como saetillas que marcan las referencias temporales con trazos gruesos pero perfectamente inteligibles.

Los verbos se adaptan así al pensamiento humano, que puede concebir un tiempo **pasado,** uno **presente** y otro **futuro;** pero el idioma va más allá porque —y esto es una cualidad del español que no todos los idiomas poseen— tiene la capacidad de acudir a tiempos intermedios entre esos grandes pilares y colocar las acciones en relación con otros verbos (es decir, con otros tiempos).

➤ El aspecto

No sólo eso, sino que nuestra lengua dispone de una posibilidad harto interesante: dar a entender de inmediato si la acción de la que hablamos ha concluido ya o si todavía continúa. Si ha concluido, usaremos un **tiempo «perfecto»** (pues se entiende la acción perfecta como aquella que se ha terminado; eso tampoco pasa en la realidad, donde la perfección va por otro lado, pero ya hemos hablado mucho de estas diferencias). Y si aún continúa la acción, usaremos un **tiempo «imperfecto».**

A esas pistas que nos da el verbo (acción terminada / acción en curso) se las llama «aspecto verbal». Para recordarlo, basta fijarse en la terminación de las tres palabras: «aspecto», «perfecto»/«imperfecto». Está claro que deben ir juntas, ya que riman.

(Algunos gramáticos emplean las expresiones «aspecto perfectivo y aspecto imperfectivo», lo que evita la redundancia fonética pero nos estropea el truco nemotécnico).

En español tienen el aspecto perfectivo el pretérito indefinido *(bebió)* y todas las formas compuestas *(he bebido, había bebido).*

➤ Dos referencias para el tiempo

Las referencias de tiempo en español son dos: una vinculada al hablante y otra vinculada a otro verbo.

En la oración *Amalia comerá doce guindillas picantes,* el verbo tiene como referencia el momento en que el hablante se expresa. Porque tal vez cuando leamos esta frase la pobre Amalia ya se haya comido las doce guindillas, y entonces aquel futuro se habrá convertido en pasado. (Probablemente Amalia también se haya convertido en pasado. Descanse en paz).

En la oración *Cuando entré en la casa, Amalia comía doce guindillas picantes,* la referencia de *comía* es otro verbo: *entré.* Los dos se expresan en pasado, si bien el primero está referido al hablante *(entré)* y el segundo tiene como vinculación principal el otro verbo.

➤ Los tiempos del verbo

El idioma español dispone de muchas posibilidades verbales para referir el pasado, y de muchas menos para el presente o el futuro. Tiene sentido ese desequilibrio, puesto que el pasado se ha producido en un orden que conocemos, al contrario de lo que sucede con el porvenir. Todas las ciencias, las humanas y las técnicas, saben más de lo que ha ocurrido que de cuanto va a suceder. Stephen Hawking, el sabio de las matemáticas y la astrofísica, explica que si consiguiéramos ordenar el futuro lo sabríamos todo sobre él; y por eso sabemos casi todo acerca del pasado: porque está ordenado, porque conocemos sus fases, y deducimos con facilidad qué hechos han dado lugar a otros, una vez que sabemos que tales hechos son ciertos. Si pudiéramos ordenar el futuro —todos los hechos que van a ocurrir en el futuro, incluso los aleatorios— sabríamos qué hechos van a conducir a otros.

El presente verbal —incluso con las sutiles variantes que luego veremos— apenas ofrece posibilidades, aunque se trate de un tiempo real y conocido; pero su brevedad en el espacio temporal se corresponde con este leve trato que recibe entre los tiempos y los modos gramaticales: el presente de indicativo, el presente de subjuntivo, el participio presente. Y se acabó.

Vamos a recorrer los distintos tiempos verbales, viajando por el túnel cronológico desde el pasado hasta el futuro, como si fuéramos las saetillas del reloj.

LOS TIEMPOS DE INDICATIVO

Pretérito pluscuamperfecto (o antecopretérito)
Había cantado

Es el verbo más lejano que podemos imaginar en el tiempo. *Había empezado, había temido, había ido...* Está situado en el tiempo un poco antes que el pretérito anterior (al que pasaremos enseguida), y podemos considerarlo también en un instante previo al condicional compuesto (que veremos ahora).

El pluscuamperfecto es el «más que acabado» en terminología gramatical: plus-quam-perfecto. Se considera más que acabado porque su acción ocurre antes que la de cualquier otro verbo perfecto con el que vaya relacionada. Por ello necesita la referencia —expresa o implícita— de una segunda acción verbal: *Tú habías nacido cuando ocurrió eso.*

A menudo se usa el pluscuamperfecto acompañado del adverbio de tiempo *ya*, un tanto superfluo porque va implícito en el propio pretérito pluscuamperfecto: *Tú ya habías nacido cuando ocurrió eso.* Sin embargo, puede considerarse que añade valor expresivo.

Condicional compuesto (o potencial) (o antepospretérito) (o antefuturo hipotético)
Habría cantado

La segunda acción más remota que podemos imaginar en el pasado nos la trae este tiempo de indicativo. Y tan remota es, que ni siquiera se realiza la acción, sino que se trata de una posibilidad no concretada; una potencialidad que no se hace real: *Habría venido si no me hubiera caído por el barranco.* (La acción de caer por el barranco sí es real pero convierte en irrealizada la acción de *venir* que indica *habría venido*).

El condicional compuesto se puede presentar en un momento posterior al pretérito pluscuamperfecto (el precedente en el reloj gramatical): ***Habría** ido a tu conferencia, pero ya **había empezado** el concierto en el que estaba.* En este caso, la posibilidad de ir a la conferencia se proyectó en el reloj verbal después de que entrara en función la forma *había empezado,* que retrata un tiempo anterior al momento en que el sujeto tuvo la oportunidad de ir a la conferencia.

No obstante, el condicional compuesto abarca un espacio temporal amplísimo, puede adelantarse o retrasarse en relación con otros tiempos y hasta se acerca al presente en determinados casos: ***Habría** ido a tu conferencia, pero **estoy** en la playa. Mejor me la envías en vídeo.*

Este verbo tiene la capacidad de expresar también una condición futura en relación con otro pasado: ***Pensé** que para cuando dejaras el tabaco ya te **habrías enganchado** a otro vicio. **Planeé** que al dejar a mi novio ya **habría encontrado** uno mejor.* En estos ejemplos, el condicional compuesto sitúa la acción aún más próxima al presente: es posterior a *pensé* pero anterior a *dejaras*.

Como en otros casos de primos suyos, ese condicional cubre un cierto campo de probabilidad: *Ya se habría puesto el impermeable cuando empezó a llover*. Este uso —que necesita un verbo referente para emplearse con corrección— conduce a muchos errores, sobre todo por influencia periodística del condicional francés (que no es equivalente al español). Así, se pueden leer informaciones como *el ministro habría aprobado el proyecto ayer*, donde se intenta dar a la frase un sentido de probabilidad (mala información entonces, pues no está confirmada). Pero en español esa frase significa que el ministro *no aprobó* el proyecto ayer. *El ministro habría aprobado el proyecto ayer... si hubiera podido* (luego no lo hizo). *Por mí, habría aceptado el cargo* (luego no lo acepté). *Por mí, habría tomado otro café* (luego no me lo bebí).

Estamos ante un verbo que se considera perfectivo (o perfecto, para que siga rimando con aspecto), porque la posibilidad de la acción se da por concluida, ya no ha lugar a cambiar el pasado... si realmente ha pasado. Veamos este ejemplo:

—*Si hubieras sido un terrateniente, ¿habrías vendido tus tierras para dar el dinero a los pobres?*

—*Por supuesto, yo quiero ayudar a los pobres. Habría vendido mis tierras.*

—*Y si hubieras sido un futbolista millonario, ¿habrías donado tu ficha a una entidad humanitaria?*

—*Claro que sí, las organizaciones humanitarias hacen una gran labor. Habría donado mi ficha.*

—*Y si te hubieran regalado un gran auto deportivo, ¿lo habrías puesto a subasta a beneficio de la lucha contra el cáncer?*

—*Desde luego, es muy importante la lucha contra el cáncer. Habría puesto a subasta mi auto.*

—*Y si hubieras tenido una buena moto, ¿la habrías donado para un sorteo destinado a recaudar fondos que se entregaran a los más desfavorecidos?*

—*¡Eh, mucho cuidado, mucho ojo, que moto tengo!*

Pretérito anterior (o antepretérito)
Hube cantado

Se llama así porque es anterior a otra acción verbal, lo mismo que sucede con el pluscuamperfecto. Sin embargo, aquí consideramos la acción como inmediatamente anterior al verbo de referencia. Por tanto, una designación más precisa sería «pretérito inmediatamente anterior» o «pretérito anterior inmediato».

Entre el pretérito pluscuamperfecto y el tiempo perfecto al que acompañe aquél puede haber un margen de tiempo mayor que entre el pretérito anterior y su acción verbal de referencia.

Veamos estos ejemplos:

Había terminado cuando le invité a entrar.
Cuando hube terminado le invité a entrar.

En el primer caso, pueden haber transcurrido horas entre la acción de terminar y la de invitar a entrar. En el segundo, apenas unos instantes.

Por eso consideramos aquí al pluscuamperfecto el verbo más remoto en el tiempo de todos los que maneja el idioma español cuando se refiere a hechos ocurridos (exceptuamos por tanto el condicional compuesto, que refleja un hecho no ocurrido).

Ese criterio nos permite construir una frase improbable pero verosímil gramaticalmente (a nuestro entender):

Ya lo había pensado cuando lo hube escrito.

Resulta extraña, desde luego, porque no está en uso. Pero podemos «pensarla» gramaticalmente correcta.

En cambio, no ha lugar a la posibilidad inversa: «Ya lo *hube escrito* cuando lo había pensado».

Todo lo cual nos muestra lo lejos que queda el pluscuamperfecto.

El pretérito anterior se usa poco en la lengua hablada, y resulta muy útil en la escrita; sobre todo si se desea enriquecer lo que se relata y enmarcar adecuadamente la acción temporal.

Pretérito imperfecto (o copretérito)
Cantaba

El pretérito imperfecto es el tiempo de nuestros sueños. *He soñado contigo. Estabas en tu dormitorio y yo entraba para abrazarte pero no conseguía avanzar hacia ti y de repente desaparecías* (típico de los sueños).

Llegamos así, en este túnel del tiempo de atrás hacia delante, al primer tiempo que nuestra mente no da por terminado: es decir, que es «imperfecto». Al tratarse de un pasado, se llama «pretérito imperfecto».

Es decir, hemos concebido este verbo de manera que no nos interesa que precise cuándo termina la acción, ni siquiera cuándo empezó. Nos interesa sólo su transcurso. Es un verbo que, de manera más pedestre, podríamos denominar «pasado de durante». Es decir, refleja algo que ocurría en el momento en que se refleja una acción pasada. Por tanto, constituye una especie de «presente del pasado»; es decir, representa lo que ocurre simultáneamente con un pasado. Por tanto, lo que era presente en ese momento. El «durante» de la acción pretérita.

—*Yo* **dormía** *cuando tú te caíste de la cama.*
—*No. Cuando* **estaba dormido** *tú me empujaste.*
—*No saldremos de dudas, porque nadie nos* **veía.**

—*Te equivocas. Por mi despiste, **seguía** funcionando la cámara de vídeo.*

Su carácter de imperfecto le da también un aire de duración mayor, a menudo sólo psicológico.

No es lo mismo: *Sé que el profesor Pancracio **aprobó** a los pobres* que *Sé que el profesor Pancracio **aprobaba** a los pobres.*

En el primer ejemplo, sabemos que el profesor Pancracio aprobó a los pobres en algún momento pero no se nos dice cuánto tiempo duró esa actitud.

En el segundo, entendemos que el profesor Pancracio tenía por costumbre aprobar a los pobres. La «imperfección» del verbo (su carácter de «tiempo no acabado») favorece esa impresión. Con razón es un «pretérito de durante», porque dura. Por el contrario, el pretérito indefinido *(aprobó)* puede indicarnos que la acción se produjo una sola vez, o en un momento aislado.

*Carlota **fabricaba** pan para todo el pueblo, hasta que llegó el dentista y se enamoró de él. Desde ese momento, Carlota fabricó sólo turrón duro.*

En ese ejemplo, *fabricaba* refleja unos momentos claramente anteriores a *llegó* y *fabricó*. Podríamos haber escrito *Carlota fabricó pan para todo el pueblo hasta que llegó el dentista*, pero la acción de *fabricar* se percibiría menos extensa en el tiempo.

Los escritores han acudido a este tiempo con mucha frecuencia, precisamente por ese amplio espacio relativo que ocupa en nuestra mente. La sucesión de pretéritos imperfectos no resulta molesta para el *oído* del lector, al contrario de lo que sucedería con una profusión de pretéritos indefinidos. Veamos estas diferencias:

*Crescencia **engañó** a sus padres, los **embaucó** y hasta los **sometió** a brujerías, pero un amigo suyo le **recriminó** eso, y le **prohibió*** *que lo hiciese. Sin embargo, ella **siguió** con su plan. Le **dedicó** mucho tiempo, pero por fin **consiguió** que sus padres creyeran que ella nunca se **llamó** Crescencia.*

*Crescencia **engañaba** a sus padres, los **embaucaba** y hasta los **sometía** a brujerías, pero un amigo suyo le **recriminaba** eso, y le **prohibía** que lo hiciese. Sin embargo, ella **seguía** con su plan. Le **dedicaba** mucho tiempo, pero por fin **iba a conseguir** que sus padres creyeran que ella se **llamaba** Ramona.*

El hecho de usar el pretérito imperfecto *(engañaba)* tiende a presentar los hechos en el momento en que se están desarrollando, lo cual nos introduce mejor en la realidad (o irrealidad) que se narra. El pretérito indefinido *(engañó)*, por el contrario, retrata una realidad acabada, alejada del momento en que se lee. Obviamente, el lector se siente más interesado por lo cercano que por aquello que se quedó lejos; y es tarea del buen novelista conseguir que quien lea sus textos los sienta próximos.

➤ Imperfecto de condicional

En el lenguaje descuidado, el pretérito imperfecto ocupa a veces el lugar del verbo que corresponde a la segunda parte de una oración condicional:

*Me gusta la catedral de Burgos. Si tuviera dinero, me la **compraba**.*

Aquí el imperfecto reemplaza al condicional *me la **compraría**.* Si alguien quiere hacerse rico escribiendo, para comprar así la catedral de Burgos, más vale que corrija este defecto.

➤ Imperfecto de cortesía

El imperfecto se usa también en fórmulas de cortesía, a fin de evitar un presente que puede sonar, precisamente, descortés:

***Quería** dos helados de achicoria.*

Esa forma suena más suave porque condicionamos nuestra voluntad a la de quien nos escucha. Estamos diciendo *Quería dos helados* pero también *Si a usted no le molesta, porque en ese caso puedo no quererlos; es decir, los quería pero ya no los quiero*. Parece mentira que después vayamos a pagar por ellos.

➤ El imperfecto infantil

En los juegos en que los niños adoptan distintos papeles, suelen repartírselos en pretérito imperfecto:

*Tú **eras** el malo, que para eso has suspendido. Y yo **era** el bueno, que para eso son mías las pistolas.*

Los niños —grandes creadores de formas gramaticales lógicas— interpretan así que desempeñan un personaje irreal: si no forma parte de la realidad, no forma parte del presente. Y no podrían emplear un tiempo perfectivo, porque eso alejaría la acción de sus imaginaciones. Y acuden así al imperfecto, del que no salen nunca. Una maniobra sensacional.

➤ El imperfecto de error

También se usa este tiempo verbal cuando la realidad hace que nos topemos con una previsión equivocada:

*El cónyuge sorprendido le dijo a su pareja: «¿No **venías** mañana de Londres?».*

En este caso, el cónyuge percibe que el futuro ya no es como era, y por eso se refiere a lo que *era* con un imperfecto.

Pretérito indefinido (o pretérito; o pretérito perfecto simple) (o pretérito perfecto absoluto)
Canté

El pretérito indefinido no se moja mucho. Nos cuenta que algo ha sucedido en algún momento del pasado, sin darnos más referencias. *Sucedió,* y punto. Y si alguna vez tenemos ese marco más preciso, ello se deberá a los imperfectos que lo acompañen. Por ejemplo:

Se me cayó *un diente cuando estaba silbando.*

➤ Gramática y realidad (otra vez)

Hemos hablado de que en los tiempos perfectos se da la acción por acabada. Pero eso ocurre sólo desde un punto de vista gramatical. Ya dijimos (al hablar de los géneros y al tratar los posesivos, entre otros momentos) que la realidad gramatical no va paralela con la realidad a secas. Por ejemplo, en el caso del pretérito indefinido usamos un tiempo perfecto y se supone que la acción terminó con él; pero no sucede así en la realidad, por ejemplo con esta frase:

*Enseguida **sospeché** del mayordomo.*

Evidentemente el sujeto hablante *sospechó,* pero la acción no terminó ahí en la realidad: continuó sospechando una vez que había empezado a sospechar. Sobre todo después de ver que el mayordomo no dejaba de comprarse automóviles de lujo y después de apreciar claramente que tenía gotas de sangre en la camisa; por no hablar del puñal que le encontró debajo de la almohada.

La *perfección* del verbo se refiere aquí a que la acción se produce por completo, enteramente; y queda realizada en su grado máximo. El hecho de sospechar ha tenido su realización completa —por cierto, el mayordomo además se llevaba muy mal con la víctima—, y eso no impide su continuación. Veamos otro caso:

Un individuo con buen aspecto y mucho poder de convicción me vendía el aeropuerto de Barajas y yo se lo compré. Eso me ***arruinó.***

El perfecto *compré* retrata un hecho acabado: el acto de la compra se produce y queda concluido, de modo que lo que sigue a esa acción es la propiedad sobre lo comprado, pero la compra no continúa produciéndose. En cambio, *arruinó* implica que el hablante estafado continuó en la ruina bastante tiempo después de arruinarse.

➤ **Negación del presente**

Otra característica del pretérito indefinido es que se puede usar como negación del presente, lo que no ocurre con el pretérito imperfecto. Podemos decir:

Hay que ver lo que hice por Susana, atravesé la jungla caminando, machete en mano y matando tigres, para llegar a verla de lejos. En fin, **estaba** *enamorado de ella.*

Pero eso no implica que tan valiente explorador haya dejado de estarlo. Simplemente, refiere la acción «estar enamorado» al momento en que atravesó la jungla con un machete. No es lo mismo que atravesar la jungla caminando, matar tigres y llegar a verla de lejos para decir finalmente: *En fin,* **estuve** *enamorado de ella.* En este caso, y a pesar de tanto heroísmo, nuestro héroe dejó de estar enamorado. Por tanto, este pretérito puede suponer la negación del presente.

La negación no queda asegurada con el pretérito imperfecto: *estaba enamorado* permite tanto *y lo sigo estando* como *pero ya no lo estoy,* mientras que *estuve enamorado* casa difícilmente (nunca mejor empleado un verbo) con *y continúo así.* En este ejemplo, podríamos deducir una interrupción en el enamoramiento y su reanudación tras un paréntesis intermedio (lo cual ocurre raramente).

El pretérito indefinido se llama también perfecto simple porque se diferencia del pretérito perfecto en que sólo emplea una palabra *(compré* frente a *he comprado),* sin necesidad de verbo auxiliar. Y también es distinto, como hemos apreciado, del pretérito imperfecto, pues da la acción por terminada (gramaticalmente).

➤ Sucesión por orden cronológico

¿Y qué acción es anterior cuando conviven en una frase dos pretéritos indefinidos? Si otras partes de la oración no aclaran el asunto (principalmente los adverbios) el uso consecutivo de pretéritos indefinidos debe corresponderse con el orden de las acciones. Si alguien dice *Llegué y bebí,* primero llegó y luego bebió. Si dice *Bebí y llegué,* primero bebió y después llegó. Si dice *Llené la piscina y me tiré desde el trampolín más alto,* primero llenó la piscina. Y si dijo *Me tiré del trampolín más alto y llené la piscina,* estamos ante un mentiroso.

Pretérito perfecto compuesto (o antepresente) (o pretérito perfecto actual)
He cantado

El pretérito perfecto se diferencia del pretérito imperfecto en dos letras: la *i* y la *m,* que forman la sílaba *im.* Pero este análisis se parecería mucho al del soldado que dividía las partes del fusil en *fu* y *sil* si no le añadiéramos que *im-* (equivalente a *in-*) significa la negación de lo que se nombra. Por ello, el *im-perfecto* es un verbo *no perfecto* (no acabado en su ejecución); mientras que el *perfecto* sí nos cuenta que la acción referida ha terminado.

➤ Percepción cercana

Esta acción se halla más cercana del presente que ninguna de las representadas por los otros pasados. Por eso se denomina también «antepresente».

Y tan cercana se halla, que sólo se concibe una relación con el presente. A menudo se trata de una relación meramente psicológica, puesto que una misma acción ocurrida en el pasado puede ser relatada tanto con *sucedió* como con *ha sucedido*. Dos hermanos pueden referirse a la muerte de su madre de estas dos formas:

Mi madre **murió** ya.
Mi madre **ha muerto** ya.

Ambos dan así el hecho por pasado y por concluido; pero el primero lo percibe más lejano, mientras que el segundo lo muestra próximo, tal vez por su propia percepción afectiva del asunto. Quizás quien dijo *Mi madre ha muerto* todavía no haya superado emocionalmente el golpe.

Vemos de nuevo que la realidad real no coincide necesariamente con la realidad gramatical. Como tampoco en el caso de dos hermanas gemelas que dijeran, cada una por su lado:

Yo **nací** en Málaga.
Yo **he nacido** en Málaga.

El pretérito indefinido *(cambió, sucedió)* está situado cronológicamente (en la cronología gramatical) más lejos que el pretérito perfecto *(ha cambiado, ha sucedido)*. Pero éste es capaz de ir también hasta los orígenes del universo, si le parece necesario.

Podemos escribir, por ejemplo:

*La Tierra **ha cambiado** mucho en los últimos cinco millones de años.*

La acción referida comenzó hace millones de años, y probablemente los últimos cambios notables no ocurrieron ayer, pero el hablante puede usar el pretérito perfecto porque considera que el hecho referido aún está en desarrollo, y por tanto lo siente cercano.

Si dijéramos:

*La Tierra **cambió** mucho en los últimos cinco millones de años.*

También daríamos por terminada la acción (igual que en *ha cambiado)*, sin embargo parece claro que en este caso está mucho más terminada (por irreal que resulte): consideraríamos que ese cambio ha concluido ya.

No obstante, estos valores diversos del pretérito perfecto y el pretérito indefinido tienden a confundirse en amplias zonas hispanohablantes (en casi toda América; y en España, especialmente en Canarias, Galicia y Asturias). No tanto en la lengua escrita como en la oral. Pero es un hecho que el pretérito perfecto apenas se emplea en América, a semejanza de lo que ocurre en el noroeste español (Galicia y Asturias).

➤ Anticipación del pasado

La representación de la realidad se puede forzar (metafóricamente) con el uso de este tiempo como anticipador de un hecho inminente.

Alguien está en su oficina, a punto de salir. Suena el teléfono, y el inoportuno que estaba llamando podrá escuchar al otro lado del hilo:

*Ya me **he marchado**.*

No se ha podido marchar, porque está atendiendo al teléfono. Pero con este tiempo anticipa lo que ya es inminente. Y a la vez anticipa el pasado. ¡Tan cerca del presente se halla este pretérito!

***

➤ Resumen de pasados

Hasta aquí, pues, el análisis de los pasados del modo indicativo, elaborado por orden cronológico. En una frase imposible pero juguetona y de apariencia gramatical, podemos encadenar así, correlativamente en el tiempo, los pasados de indicativo, integrándolos en una misma unidad:

Lo habría hecho, pero ya lo había hecho cuando hube hecho lo que hacía, así que hice lo que he hecho.

Si soltamos esta frase de repente, causaremos gran impresión.

***

Presente
Canto

Algunos gramáticos consideran el presente un tiempo imperfecto, puesto que su acción no ha terminado. Así, podríamos denominarlo «presente imperfecto». Pero cabría discutir esta visión, porque existiría también un «presente perfecto»: el llamado «presente histórico»:

*En 1521 **se produce** la revuelta de los comuneros de Castilla.*

Y en efecto, podemos referirnos a lo que en otro libro hemos llamado «el plurivalor» del presente, que tiene capacidad y poderío para representar también el pasado y el futuro.

Así, podemos establecer distintos tipos de presente:

➤ **El presente ramplón**
Es el que representa el momento en el que sucede la acción.

*¿Adónde vas? **Voy** al hospital, porque me han dicho que allí te **dan** puntos... y me faltan dos para aprobar.*

➤ **El presente de continuidad** (o presente habitual)
Es el que representa una acción que sucede ahora, pero que sucedía ayer y sucederá mañana. Es decir, una acción que abarca el pasado, el presente y el futuro. En el ejemplo anterior, *porque allí **dan** puntos.*

También se emplea en los refranes y dichos, sean verdaderos o inventados:

*En todas partes **cuecen** habas.*
*No por mucho que amanezca **me levanto** más temprano.*

Este presente expresa asimismo nociones universales y generales, a las que se supone válidas para cualquier momento: *No **es** educado comer con las manos.* Los gramáticos lo llaman en ese caso «presente gnómico» pero esto no tiene que ver con los gnomos de los cuentos sino con la palabra griega *gnomé,* «opinión» o «sentencia», es decir, que es un presente que se utiliza para lanzar sentencias u opiniones a troche y moche.

➤ El presente de costumbre

Refleja un hecho que se produce con regularidad. Difiere del que hemos llamado «presente de continuidad» en que la acción regular es intermitente: *Todos los meses **me quedo** sin dinero el día 10.* Es decir, sucede y deja de suceder, con interrupciones intermedias; por tanto, con un aspecto perfectivo que se reitera:

*Ceno cada día a las seis de la tarde. Es **que me entra** mucha hambre a esa hora.*

Por tanto, el presente puede servir para mostrar acciones que se ejecutan en un momento y se vuelven a ejecutar después, siempre que ocurran con regularidad. Eso lo desconocía aquel peatón a quien un conductor pidió que le dijese si funcionaba el intermitente de su automóvil:

¿Me puede decir si funciona el intermitente? El peatón miró atentamente al vehículo y respondió: Ahora sí, ahora no; ahora sí, ahora no; ahora sí, ahora no.

➤ El presente histórico

Sirve para acercar psicológicamente al presente una acción que sucedió hace mucho. Por ejemplo:

*Cervantes **describe** en el primer capítulo la pinta que tenía Don Quijote.*

Evidentemente, hace más de cuatro siglos que Cervantes describió a su personaje; pero al usar ese presente acercamos la acción al lector y ganamos efectividad en la comunicación. Lo usan mucho, obviamente, los historiadores como recurso estilístico.

➤ El presente de conato

Lo situamos en el pasado, y representa algo que pudo ocurrir, pero que no ocurrió. Y tan a punto estuvo de suceder, que lo consideramos presente.

*Casi **me caigo** de espaldas cuando vi a tu hermano en la jaula de los leones.*
*¿El jarrón? Por poco **se rompe** cuando lo tiraste por la ventana.*

➤ El presente de futuro

Se suele emplear con valor de imperativo:

*Y ahora te **cuelgas** el silbato del cuello. Ya sé que tienes 42 años, hijo, y que no es edad para andar tocando el pito… ¡pero es que eres árbitro! Así que te **cuelgas** el silbato y te **vas** pitando al partido.*

También puede tener intención de consejo, ánimo…

*No te preocupes, el viernes lo **arreglas**.*
*Es verdad, eres el delantero centro y no has conseguido marcar un gol en toda la temporada. No te preocupes, seguro que el año próximo **metes** alguno.*

Y también de simple seguridad en que algo va a ocurrir:

*El mes próximo nos **visita** el inspector de Hacienda.*

O de que el hecho es inminente:

*Ya **voy** a hacer las cuentas, pesado.*

Condicional simple (o pospretérito) (o futuro hipotético)
Cantaría

Abandonamos la frontera del presente para entrar en los tiempos venideros. ¿Cuál es de ellos el más próximo al tiempo presente? Entendemos que el condicional *(haría, hablaría, comería),* hasta el punto de que puede alternarse con él:

*Si vinieras a mi casa, te **invitaría** a comer.*
Si vienes a mi casa, te invito a comer.

(Incluso se suelen ver errores de concordancia como «Si *vinieras* a mi casa, te *invito* a comer»).
Otra manera de comprobar que este tiempo es el primer futuro en el reloj gramatical consiste en analizar su valor como futuro del pasado, en relación con la misma función ejercida por el futuro imperfecto (del que hablaremos luego).
Podemos decir:

*Indalecia me dijo que **ganaría,** pero me **ha decepcionado.***

Y también:

*Indalecia me dijo que **ganaría,** y confío en que así **suceda.***

De ese modo apreciamos que *ganaría* puede referirse a un tiempo pasado respecto del momento en que se habla

(Me dijo que ganaría). Le vale con cumplir su papel de futuro respecto a un tiempo de pasado *(dijo)*.

Esta forma verbal expresa, pues, una acción posterior a otra acción. Y la acción expresada —siempre posterior a un pasado— puede ser anterior o posterior al presente real. No siempre se precisa esta circunstancia:

Me dijo que vendría al estreno (y no ha venido, porque ya ha terminado la película).

Me dijo que vendría al estreno (y aún le espero, porque la película todavía no ha empezado).

Este tiempo también nació de la fusión entre la raíz verbal que corresponda y el auxiliar *haber* («cantare había»). Se aprecia igualmente ahí, pues, un matiz de obligación o propósito que se halla en el origen de esta forma verbal *(había de cantar)*. Y, si bien se mira, tal obligatoriedad permanece en esta construcción, pues el condicional ha de cumplirse si también se realiza el verbo con el que concuerda: *Aprobarías si estudiases*. (Claro, desde el punto de vista gramatical; ya sabemos que la realidad es otra cosa).

Veamos diversas formas en que el condicional se manifiesta ante nosotros:

➤ El condicional encadenado

El uso más frecuente del condicional consiste en asociarlo a un imperfecto de subjuntivo, en lo que luego estudiaremos como «oraciones condicionales»:

Si te mostraras amable, me **harías** *más grata la vida.*

Si fuera cierto que guarda tantas tortillas en su casa, eso nos **serviría** *para crear un museo de la tortilla.*

En este caso, se da un uso regional incorrecto en amplias zonas del norte de España, donde se sustituye el imperfecto de subjuntivo por el condicional, que además se repite: «Si *vendrías* a verme, te invitaría a comer unas kokotxas, oye».

➢ El condicional de deseo

Este tiempo nos sirve para expresar anhelos, cuya realización condicionamos a que se den determinadas circunstancias que no solemos expresar, pero que se entienden implícitas.

*Me **gustaría** que vinieras* (si estuvieras cerca, si tú quisieras, si no tuvieras que andar 50 kilómetros…).

*¿Qué te **gustaría** hacer* (si pudieras)?

*Yo ahora me **echaría** una siesta* (si no fuera trapecista y no estuviera en el trapecio).

*Ahora **estaríamos** aquí tú y yo, mirándonos a los ojos. Tú me **pedirías** un beso, y yo me **resistiría** hasta el final de mi resistencia.*

➢ El condicional histórico

Los escritores también han empleado este verbo para manejar la virtualidad de los tiempos, de modo que sirve como pasado posterior a un pretérito; es decir, como futuro en el pasado.

*El Gobierno fue elegido por mayoría absoluta, pero años después la **perdería**.*

➢ Probabilidad de pasado

La forma del condicional resulta útil asimismo para expresar cálculo o posibilidad referidos al pasado:

***Habría** unas cuarenta personas en el bar cuando se le cayeron los pantalones.*

Esta posibilidad representa casi un espejo del futuro simple *(habrá, serán…)* en ese caso referido al presente en la realidad *(**Habrá** unas cuarenta personas ahora en el bar, **Serán** las cuatro de la tarde);* y del futuro compuesto *(habrá hecho)*, en este caso referido al pasado también, paradójicamente *(**Habrá hecho** doscientas veces el mono, calculo yo).*

Las frases condicionales muestran con claridad la especialización de los modos: *Si lo **mostraran*** (subjuntivo) *con clari-*

*dad, lo **entenderíamos** (indicativo) enseguida.* En la primera parte estamos ante una conjetura, una posibilidad, algo inconcreto; en la segunda, nos hallamos ante una certeza de que este segundo verbo se concretará en la realidad una vez que previamente lo haya hecho el verbo anterior.

Futuro perfecto (o antefuturo)
Habré cantado

Nuevamente nos hallamos aquí ante un tiempo del verbo que no tiene como referencia temporal el sujeto y el momento en que habla, sino la acción de otro verbo:

*Lo **habré terminado** para cuando lo **necesites.***

Representa una acción futura que es anterior a otra más futura todavía. Y por eso se trata de una acción perfecta (acabada). La segunda acción futura (que ya no es perfectiva) se puede representar con un verbo en subjuntivo (pues nos adentramos en el terreno de la conjetura, lo posible, lo inseguro), y también con el futuro imperfecto como referencia:

*Para cuando **quieras** dirigir la orquesta yo ya **habré robado** los violines.*
*Tú **dirigirás** la orquesta pero yo **habré robado** los violines.*
*Tú **robarás** los violines pero yo **habré llevado** unos de repuesto.*

El empleo de este verbo es ideal para los usos periodísticos en que el cierre de un diario impide contar algo que no ha sucedido cuando se termina de elaborar el texto pero que sí conocerá el lector cuando llegue a sus manos el producto. Por ejemplo, si se disputa una final olímpica en otro continente y hemos de escribir algo acerca de ella —porque alguna información tenemos— pero sin conocer su resultado. Sin la certeza siquiera de si se celebró la final (que pudo haberse suspendido por el mal tiempo, por algún altercado, por la lesión de algún participante, caso de tratarse de un partido individual de tenis…). No podemos decir *Se disputará la final* porque el lector ya sabrá que se ha disputado; y tampoco podemos darla por celebrada, para no correr riesgos. El futuro perfecto nos ayudará mucho:

*Esta madrugada nuestros dos representantes **habrán disputado** la final de 10,000 metros después de haber pasado un día tranquilo jugando al ajedrez.*

➢ Probabilidad
El futuro perfecto, como acabamos de ver con el condicional simple, alcanza también un valor de probabilidad o de cálculo que se proyecta hacia el pasado:

*Yendo hacia mi pueblo me torcí el pie. **Habré hecho** unos cuatro kilómetros a la pata coja. Y supongo que **habré tardado** más de dos horas.*

➢ Y sorpresa
También expresa admiración en la frase hecha *Habrase visto*.

*¡**Habrase visto**!, ¡ha robado 20 violines!*

Futuro imperfecto (o futuro) (o futuro absoluto)
Cantaré

Estamos ante un tiempo imperfecto *(silbaré)* porque no consideramos acabada su acción. Podría pensarse: claro, cómo va a estar acabada si se proyecta al futuro. Pero en español tenemos un futuro perfecto (del que acabamos de hablar).

El futuro imperfecto se apoyó antiguamente en un verbo auxiliar. Más exactamente, nuestro futuro actual (valga la paradoja) nació de él. En el castellano primitivo se construía el futuro con el verbo *haber*, en una formación equivalente a nuestro *he de cantar*: «cantar he». Y eso nos da la correlación lógica de personas: «cantar he, cantar has, cantar ha, cantar habemos, cantar habéis, cantar han». En la primera y segunda personas del plural, la evolución de «cantar habemos» y «cantar habéis» ha terminado en *cantaremos* y *cantaréis* por razones de economía fonética. Se trata de un proceso que tiene su paralelismo parcial en el verbo *haber* («habemos» da *hemos)*.

➢ Obligación

Ese origen *(he de cantar,* «cantar he») le transfirió al futuro en primer lugar un significado de obligación o propósito, que todavía mantenemos (especialmente en la segunda persona del singular y del plural, y en la primera del plural):

*No **levantarás** falso testimonio ni **mentirás.***
*Tú **irás** por la retaguardia.*
***Jugaréis** al ataque.*
***Nos quedaremos** aquí.*

➢ Certeza

El futuro, igualmente, puede transmitir una convicción de certeza por parte de quien habla:

*Yo **salvaré** la patria.*
*Pues no **durarás** ni diez meses en el cargo.*

➢ Duda

Sin embargo, esos valores de obligación y certeza conviven con un significado de inseguridad, suposición o duda (todo un ejemplo de convivencia, desde luego). En este caso, el verbo en futuro no indica tiempo. ¿Por qué este valor tan aparentemente contradictorio? Tal vez porque los usuarios del idioma han ido identificando psicológicamente el futuro con lo que no es seguro realmente, puesto que no se sabe con certeza siempre lo que va a ocurrir. Quizás proceda de ahí este uso:

*¿Quién **podrá** estar haciendo esto?*
***Serán** las cinco.*
***Habrá** unas cincuenta casas en ese barrio.*
*No ha llegado Hipólito, **estará** enfermo.*
*¿Cuántos comanches vienen? **Serán** unos cuatrocientos uno; porque viene uno delante y luego como cuatrocientos.*

Por tanto, acudimos al futuro para calcular el presente. (No vamos a decir nada más sobre la diferencia entre la gramática y la realidad, aunque en este caso venía de maravilla la reflexión otra vez).

➤ Intensificador

El futuro sirve también para enfatizar un adjetivo, especialmente con el verbo *ser*: *¡**Será** estúpido!, ¡**Serás** capaz de hacer eso!;* y también para denotar sorpresa: *¡**Te atreverás** a contradecirme!*

➤ De cortesía

En ocasiones, y especialmente con el verbo *decir,* se usa también como verbo de cortesía, en vez del imperativo, lo que a veces puede no entender bien alguien poco acostumbrado a estos tratamientos:

*Usted **me dirá.***
¿Yo?, como un metro sesenta.

➤ El futuro histórico

Ya hemos visto que el uso literario de los verbos juega a veces con la cercanía de la acción respecto del lector. Se intenta introducir de lleno a quien lee en la historia que se cuenta, y para eso se mueven artificialmente los tiempos, forzando la realidad sin forzar la gramática. En esa técnica, se puede usar el tiempo gramatical de futuro para un tiempo real de pasado. Por ejemplo:

*El Cid nació en la localidad burgalesa de Vivar. De allí se trasla-
da después a Burgos, donde más tarde **se convertirá** en un héroe de
leyenda.*

*Cervantes vivió unos sucesos muy tristes, y estuvo encarcelado.
Pero después **escribirá** El Quijote y **alcanzará** la gloria.*

LOS TIEMPOS DE SUBJUNTIVO

Ingresamos en el mundo de lo irreal. El apasionante
mundo del subjuntivo tiene como entrada un espejo que podemos horadar con nuestro cuerpo para descubrir tras él auténticas maravillas.

> «Sub-juntivo» significa que se junta por debajo, en posi-
> ción de inferioridad, en funciones de subordinación: que
> depende de otro verbo. En este modo, los tiempos ver-
> bales dejan de indicar y se ponen a subordinarse.

Pero en realidad dependen de nuestra imaginación y
nada más.

Los tiempos del subjuntivo son menos que los del indicativo. No en vano estamos en el bosque de las nebulosas. En el
terreno del subjuntivo la niebla se espesa, la carretera serpen-
tea, las señales se difuminan… ¡entran en juego los sueños!

Y empezamos a notar la viscosidad de las propias palabras
que nos guían. ¿Hablamos de «tiempos»? Podemos entendernos con ese vocablo, pero sus límites se difuminan tanto en
este lado del espejo que un mismo «tiempo» servirá tanto
para un pasado como para un futuro. ¿Es «tiempo» entonces? Muchos gramáticos los llaman «formas», para esquivar
el problema; pero aquí mantendremos la denominación de
«tiempos» —una vez apartada la niebla que los envuelve—
para facilitar las analogías y por mera claridad expositiva.

Un solo tiempo del subjuntivo puede tener al otro lado del espejo (en el modo indicativo) varios tiempos equivalentes. No se corresponden uno con uno los unos y los otros porque los tiempos de indicativo son nítidos; y componen un reloj que hemos descrito sin problemas graves. Por el contrario, los tiempos del subjuntivo pueden acomodarse a los otros con más polivalencia y menos fijeza.

Veamos.

El presente de indicativo puede decir *Creo que los pájaros vienen esta mañana*. Y también *Creo que los pájaros vendrán esta tarde*. Como se ha empleado un verbo de convicción, los tiempos que dependen de él se encuadran en el modo indicativo. Pero si cambiamos a un verbo de negación y necesitamos entonces el subjuntivo para la acción que depende de él, los dos tiempos del indicativo (presente y futuro) encontrarán un único equivalente en el subjuntivo: su presente:

*No creo que los pájaros **vengan** esta mañana* (y ahora es por la mañana).

*No creo que los pájaros **vengan** esta tarde* (y ahora sigue siendo por la mañana).

El idioma español, no obstante, dispone de recursos para suplir esa carencia cuando realmente lo necesita el hablante. Las frases *Creo que Gertrudis viene hoy* y *Creo que Gertrudis vendrá hoy* no se pueden transferir al otro lado del espejo como «No creo que Gertrudis *vendrá* hoy» y «No creo que Gertrudis *viene* hoy»; ambas oraciones tienen su único equivalente de subjuntivo —lo ponemos en negación para avalar su uso— en *No creo que Gertrudis venga hoy,* un supuesto en el que el presente de subjuntivo toma un valor claro de futuro. ¿Cómo hacer cuando deseamos significar una idea de presente con negación? Tranquilos todos: para ello disponemos del presente continuo, si deseamos realmente acercar la acción al presente de quien habla: *No creo que Gertrudis esté viniendo hoy.* Y también podemos cambiar de sitio la negación: *Creo que Gertrudis no viene hoy* (en este caso se mantiene el indicativo porque el verbo está expresado como afirmativo: afirma una negación, pero afirma).

Esa equivalencia asimétrica entre el indicativo y el subjuntivo se da también con otros tiempos. Por ejemplo: el pretérito perfecto de indicativo *(he terminado)* y el futuro perfecto de indicativo *(habré terminado)* se corresponden ambos con el pretérito perfecto de subjuntivo *(haya terminado)*.

Lo percibimos en estos ejemplos:

*Creo que **han terminado** la película esta mañana. Creo que **habrán terminado** la película para la fecha del estreno* (ambos en indicativo).

*No creo que **hayan terminado** la película esta mañana. No creo que **hayan terminado** la película para la fecha del estreno* (ambos en subjuntivo).

Lo mismo sucede con el pretérito imperfecto *(terminaba)*, el condicional *(terminaría)* y el pretérito indefinido de indicativo *(terminó)*, a los que el otro lado del espejo únicamente puede corresponder con un tiempo, el imperfecto *(terminara o terminase)*.

Lo apreciamos también en los ejemplos:

*Creí que **terminaban** la película hoy. Creía que **terminarían** la película mañana. Creo que **terminó** la película antes de que empezase el festival de cine* (todos ellos de indicativo).

No son posibles los usos «No creí que *terminaban* la película hoy», «No creía que *terminarían* la película mañana», «No creo que *terminó* la película antes de que empezase el festival de cine» (todos ellos de indicativo).

Por eso debemos usar así el subjuntivo:

*No creí que **terminaran** la película hoy.*
*No creía que **terminaran** la película mañana.*
*No creí que **terminaran** la película antes de que empezase el festival de cine.*

Se ve claramente que un mismo tiempo del subjuntivo corresponde a tres del indicativo... Pero al menos podemos alternar *terminaran* y *terminasen*...

Y otro tanto ocurre con el pretérito pluscuamperfecto *(había terminado)* y el condicional compuesto *(habría terminado),* a los que el subjuntivo responde sólo con su pretérito pluscuamperfecto *(hubiera* o *hubiese terminado).*

Como se nota en estos ejemplos:

*Creía que **habían terminado** la película el mes pasado. Creía que **habrían terminado** la película para ayer* (ambos de indicativo).

*No creía que **hubieran terminado** la película el mes pasado. No creía que **hubieran terminado** la película para ayer* (subjuntivo).

Las delimitaciones temporales en el subjuntivo no son tan precisas como en el indicativo.

Evidentemente, los hablantes no lo han necesitado; es más, han decidido que ocurra así porque con este modo (que no deja de constituir una riqueza del español en comparación con otras lenguas) el idioma invita a difuminar la realidad y a considerar sus rasgos más que sus detalles.

Incluso algunos de los tiempos existentes en el subjuntivo resultan intercambiables, para terminar de indefinir sus límites. Así, podemos decir: *Cuando me **ponga** la mano en el pecho, tú pides cambiar de cartas.* Pero también *Cuando me **haya puesto** la mano en el pecho, tú pides cambiar de cartas.*

Con tanto misterio, dan ganas de entrar realmente en ese lado de la irrealidad.

Pasemos a recorrer los tiempos del subjuntivo de uno en uno, después de haber observado las características generales de este modo verbal, este modo de imaginar el mundo. Aquí, como se ha visto, no resulta fácil el orden cronológico... sólo el orden «nebulógico», «brumático», «penúmbreo», tan irreal como estas tres palabras que se acaban de leer.

Pretérito pluscuamperfecto (o antepretérito)
Hubiera cantado

La acción que representa este tiempo del subjuntivo ha concluido claramente (no podía ser menos, tratándose de un *plus-quam-perfecto,* un «más que acabado»).

> *No me aseguré de que **hubiera llegado.***
> *Ignoraba que **hubiese comprado** una casa.*
> *Me extrañó que **hubieran venido** sólo dos voluntarios para cenar con el obispo.*

El uso hace intercambiables las formas *hubiera* o *hubiese* acompañadas del participio correspondiente, si bien en las oraciones condicionales suele emplearse más la forma *hubiera* para la primera parte del planteamiento o «prótasis»: *Si **hubiera** podido / Si hubiese podido.*

Presente
Cante

El presente de subjuntivo, ya lo hemos visto, tiene valor de presente y de futuro a la vez. Incluso puede ocurrir que no percibamos bien el momento para el que se prevé una acción. *Me han obligado a que **dirija** la empresa* puede significar que el sujeto aún debe empezar a dirigir la empresa; pero también que ya la está dirigiendo. Sólo el contexto nos ayuda a resolver la situación (y a veces incluso a dirigir la empresa).

Por tanto, el presente de subjuntivo engloba el concepto «Quiero que *vienes*» y «Quiero que *vendrás*» (ambos bajo el paraguas de *Quiero que **vengas)**.*

Su uso depende mucho de la subjetividad del hablante. Desde el punto de vista del significado, son idénticas estas dos frases:

*Tal vez tu primo el golfista **está** buscando todavía la pelotita.*
*Tal vez tu primo el golfista **esté** buscando todavía la pelotita.*

En el primer caso, representamos una realidad más diáfana; en el segundo, más difusa. Pero se trata del mismo cuadro, pintado con diferente técnica. No obstante, si estiramos la acción hacia el futuro, hacia la conjetura, hacia lo probable... ¡ahí reina el subjuntivo!:

*Tal vez tu primo el golfista **esté** buscando la pelotita dos semanas más.*

Pretérito perfecto (o antepresente)
Haya cantado

Como perfecto que es, el pretérito perfecto de subjuntivo representa una acción acabada. Eso, por supuesto, desde el punto de vista gramatical. En la realidad es fácil que desconozcamos si está acabada o no, incluso si en efecto se ha dado esa acción:

*Quizás **haya venido** el basurero ya, pero aquí huele a porquería de varias semanas.*

Esa frase es perfectiva según la mira nuestra gramática, pero si huele tanto a porquería también consideraremos la posibilidad de que el basurero esté de vacaciones y no haya avisado al suplente. Amigos, así es el subjuntivo. Y así parece ser el basurero. En cualquier caso, hablamos de una acción acabada, sea cierta o no.

El pretérito perfecto también dispone, como buen subjuntivo, de un amplio campo temporal, que va desde el pasado hasta el futuro. En el pasado, podemos decir: *Confío en que* **hayas puesto** *el tapón de la bañera antes de llenarla de agua.* Y en el futuro: *Mira que eres merluzo: llénala mañana otra vez pero cuando* **hayas puesto** *el tapón.*

Los terrenos movedizos de este modo empiezan a darnos pistas extrañas sobre el lugar que pisamos…

Pretérito imperfecto (o copretérito)
Cantara o cantase

Aquí el espejo devuelve una imagen deforme, según el ángulo en el que nos situamos frente a él, porque el campo de acción temporal del pretérito imperfecto de subjuntivo *(estuviera o estuviese)* corresponde a tres tiempos de indicativo. Puede representar un momento del presente, del futuro y del pasado.

En el presente: *Si no* **viviera** *aquí cerca* (y está claro que así es), *no habría venido.*

En el futuro: *Me sugirieron que* **hiciera** *lo mismo otro día* (y lo haré).

Y en el pasado: *Fue una pena que* **estuviera** *lloviendo todo el día* (y estuvo).

Este tiempo se emplea mucho en el dialecto periodístico para sustituir al pretérito pluscuamperfecto de indicativo, tomando un uso poético del siglo XIX que ya entonces se consideró afectado. *El presidente del Gobierno, quien ya* **visitara** *estas instalaciones cuando era diputado, llegó ayer al Polígono Industrial del Este.* Se ha solido censurar este uso (sin que muchos periodistas se den por enterados), pues no añade nada al habitual *había visitado* y tiende a enredar un panorama que no necesita de más lío. Ante la insistencia en el uso por los medios de comunicación, las autoridades gramaticales han acabado tolerándolo, aunque mantienen la censura ante la posibilidad de que este *visitara* se mude en *visitase* como correspondería al pretérito imperfecto de subjuntivo. Pero se muda, se muda...

Futuro perfecto (o antefuturo) (o antefuturo hipotético)
Hubiere cantado

Los dos futuros de subjuntivo representan una eventualidad: es decir, algo que puede ocurrir o no. Por eso se adaptan tan bien a los deseos de los legisladores cuando elaboran sus normas.

El futuro perfecto indica que la acción ha concluido, y por tanto que ha de ser juzgada con todo conocimiento:

*El que **hubiere sobrepasado** el límite de velocidad será obligado a recorrer andando el trayecto que estuviere haciendo.*

Futuro imperfecto (o futuro) (o futuro hipotético)
Cantare

La eventualidad que se representa aquí es ya de futuro. No se plantea algo que quizás ha ocurrido o quizás no, sino algo que puede o no ocurrir.

Esta posibilidad verbal también se halla muy presente en textos oficiales, y puede servir igualmente para dar tono de seriedad a cualquier norma:

*El que **cantare** desafinando será expulsado de inmediato de este bar.*

Como el tiempo anterior, suele reservarse para el uso legal y administrativo. Los bares todavía no lo han copiado mucho.

CAPÍTULO 9
LAS PIEZAS ARTICULADAS

EL ADVERBIO

El nombre es el maquinista del idioma. El adjetivo le pone la ropa al maquinista. El verbo es la locomotora de la lengua, porque ejerce la acción, lo arrastra todo. Y el **adverbio** describe la clase y el color de la locomotora. (Más adelante vendrán las preposiciones, que son los tornillos de la máquina. Y el artículo, que —como parece obvio— se encarga de articular los vagones. ¿Y qué hay en los vagones? Complementos, pero de eso hablaremos luego).

> El adverbio tiene como trabajo principal adjetivar al verbo (es decir, ejercer como adjetivo del verbo). Por eso se llama «adverbio» (ad-verbum, «junto al verbo»), porque suele acompañarlo. Nos cuenta el adverbio la manera en que el verbo se realiza.

Un programa de radio se emite desde los estudios centrales de una cadena con un sonido puro, que luego llega a nuestros oídos a través de un aparato. El aparato modifica ese sonido, a la vez que lo convierte en familiar y nos lo aproxima. Un adverbio es como una radio.

A veces, la radio modifica tanto el sonido original que casi lo hace irreconocible. Pasa lo mismo que cuando decimos

Corrió despacio. Despacio es una radio que modifica muchísimo la percepción de *corrió* (y *corrió* viene a ser el programa que emite esa radio).

Si oímos *La familia entera llegó,* tenemos una realidad pelada, insustancial, sólo animada por el adjetivo *entera* que le pone una cierta vestimenta a *familia.* Si, por el contrario, oímos *La familia entera llegó* **tarde,** el verbo *llegar* adquiere una dimensión nueva: ¡tiene ropa! ¡la radio suena para mí! Exacto: tiene un adverbio.

Ahora bien, el adverbio puede igualmente vestir al adjetivo que a su vez viste al sustantivo o nombre: *Considero a mi primo* **bastante** *lento.* Y también a otro adverbio: *Me dijo que no tocara aquel botón pero fue* **demasiado** *tarde.* Incluso a una oración entera: **Muy** *pronto los ratones de la computadora se alimentarán con queso informático.*

En los ejemplos anteriores, *bastante* modifica (adjetiva) a *lento; demasiado* adjetiva (modifica) a *tarde;* y *muy* hace lo mismo con *pronto.* Las cuatro palabras ejercen aquí como adverbios, que se modifican por parejas.

¿Cómo podemos diferenciar un adverbio de un adjetivo?

Precisamente por esas funciones (modificar al verbo, a un adjetivo o a otro adverbio), que un adjetivo no puede desempeñar generalmente.

Veamos estos adverbios en acción:

Tu amigo **estudia demasiado** (el adverbio *demasiado* modifica al verbo *estudia*).

Juan Ramón era **demasiado joven** *(demasiado* modifica al adjetivo *joven).*

El fuego está **demasiado cerca** *(demasiado* modifica al adverbio *cerca).*

Pero también lo distinguiremos por un detalle fundamental: el adverbio no tiene género ni número. Y se podría oponer: ¡Hombre, demasiado tiene género y número, por ejemplo en demasiadas! En efecto, existe el adjetivo *demasiado, demasiada, demasiados, demasiadas*. Pero se trata de que intentemos modificar su género y su número en esas mismas frases que pusimos como ejemplos. Cambiemos todos los géneros y todos los números, y veamos que el adverbio permanece inalterado:

*Tus amigos estudian **demasiado**.*
*Juana y Ramona son ya **demasiadas** candidatas.*
*Los fuegos están **demasiado** cerca.*

Ha de tratarse de un adverbio porque no cambia su número ni su género (sencillamente porque carece de ellos) cuando cambia el sujeto de la oración.

Sí lo haría si fuera un adjetivo:

*Dos amigos son **demasiados**.*
*Juana, Gabriela y Ramona son ya **demasiadas** candidatas.*
*Has puesto **demasiada** mantequilla y **demasiado** pan.*

Ya sabemos diferenciar, pues, un adjetivo de un adverbio: este último no cambia de género ni de número aunque lo hagan las palabras que tiene alrededor.

Algunos adverbios, eso sí, admiten diminutivos y otros sufijos: *ahorita, ahoritita, lejísimos, cerquísima, prontito, tempranito, cerquita, deprisita, despacito…*

Adverbios apocopados

Un tipo de adverbios está especializado en modificar a los adjetivos y a otros adverbios (y en no hacer nada sin embargo por los verbos): los apocopados *muy, cuán* y *tan:*

***Muy** miedoso, **cuán** lejos, **tan** contento.*

Lo mismo sucede con *medio:*

*Está **medio** mal.*
*Va **medio** despacio.*
*Le vi **medio** cabreado.*

Nunca los veremos acompañando a un verbo en forma personal, por muy adverbios que sean.

En cambio, *recién* sólo quiere tener cuentas con los participios (en su valor de adjetivo):

Recién *pintado,* ***recién*** *manchado,* ***recién*** *enviado a la tintorería.*

En el español de la zona rioplatense, *recién + verbo* equivale a la perífrasis verbal *acaba de + infinitivo: Recién vino. Me enteré recién (Acaba de venir, Acabo de enterarme).*

Adverbios terminados en *-mente*

El sistema lingüístico del español dispone de un recurso muy frecuente para la formación y el uso de adverbios: sumar el sufijo *-mente* a un adjetivo femenino (si tiene género):

Buenamente, tontamente, malamente, eficazmente, pedantemente, resolutivamente, rápidamente...

En estos casos, el adverbio lleva acento si también lo tenía el adjetivo (*dócilmente, pésimamente, facilísimamente*).

Por lo general, se consideran adverbios de modo pero no siempre lo son. Eso suele depender del significado que tenga el adjetivo base. Por ejemplo, *actualmente* sería un adverbio de tiempo.

¿Y por qué se mudan al femenino para casarse con *-mente*? Por razones etimológicas, es decir, relacionadas con el origen de la palabra. *Modernamente* significa «de manera moderna para la mente». La lengua romance (todavía muy próxima al latín) construía los adverbios mediante un adjetivo acompaña-do del sustantivo *mentem* («para la mente»). Éste acompaña-ba al adjetivo pero sin formar una palabra sola, sino dos: *lenta mente.* Un rastro de esa circunstancia nos lo proporciona el hecho de que hoy en día aún pronunciemos este tipo de ad-verbios con dos acentos de intensidad: *velozmente;* y que vulne-remos la norma general de acentuación al conservar la tilde que lleve el adjetivo transformado en adverbio *(difícilmente),* o la ausencia de ella: *velozmente* es en apariencia una palabra es-drújula, y sin embargo no lleva acento ortográfico. (De todas formas, si pensamos *velozmente* como esdrújula la pronunciare-mos de otra forma: hagamos la prueba: /velózmente/).

Otro rastro de aquellas dos palabras ha quedado en la su-presión de *-mente* cuando se usan dos adverbios de este tipo juntos: *tierna y cariñosamente.*

Pero no todos los adjetivos dan un adverbio. Tardaremos años en encontrar palabras como «perfectiblemente», «inte-resantemente» o «normalistamente», o «fértilmente». Son posibilidades que están en el sistema pero no se han activa-do en el habla. Los usuarios de la lengua no las han conside-rado útiles, tal vez por lo prescindible de sus significados. No obstante, alguien podría decir de una persona que *hace las cosas interesantemente* si quisiera resaltar su arte en el proceso de realizarlas (por que esa persona tenga capacidad de inte-resar a otros en observar su trabajo).

Adjetivos adverbiales

Algunos adjetivos calificativos pueden cumplir la función del adverbio, porque complementan a un verbo.

*Ella habla muy **claro**.*
*Le ató **fuerte**.*
*Eso es jugar **sucio**.*
*Él camina **lento**.*
*Lo hizo muy **rápido**.*

Vemos de nuevo que no cambian el género y el número de esos «adjetivos/adverbios» si se modifican las demás palabras:

*Él habla muy **claro**.*
*La ataron **fuerte**.*
*Esa patada es jugar **sucio**.*
*Ellas caminan **lento**.*
*La hizo muy **rápido**.*

Por tanto, tenemos unos adjetivos que cumplen la función de un adverbio.

En todos esos casos se pueden emplear fórmulas adverbiales alternativas, desde luego:

Habla muy claramente o con mucha claridad.
Le ató fuertemente, o con fuerza.
Eso es jugar suciamente o con suciedad.
Camina lentamente, o con lentitud.
Lo hizo muy deprisa.

Pero en otros no:

*Lo pagué **caro**.*
*Lo pasamos **bárbaro**.*
*Me sentó **fatal**.*

El uso los ha arraigado en esa función, si bien les pone como requisito que se inmovilicen en la forma masculina.

Ahora bien, no se puede extender indiscriminadamente este recurso. Sigue sonando extraño el empleo de otros adjetivos en la tarea de adjetivación verbal:

*Ganaron **fácil** (fácilmente, con facilidad).*
*Trabaja **duro** (duramente).*
*Canta **sencillo** (con sencillez).*

Pero el empleo habitual puede atemperar esa sensación, sobre todo porque el sistema ya tiene analogías suficientes.

Se dan también usos regionales de adjetivos en el lugar de adverbios, como el aragonesismo *Me sabe **malo*** (equivalente a *Me sienta mal, me molesta*).

Los adjetivos con valor adverbial suelen modificar verbos como *decir, hablar, charlar* o *cantar* (verbos que se relacionan con la voz), *ver, comprender, pasar, sentir, sentar, notar, percibir* (es decir, verbos de entendimiento y de sentimiento), *andar, pisar, golpear, dar* (verbos que denotan energía), *respirar, suspirar, costar, valer, sonar...* (verbos que expresan cantidad o intensidad), *correr, mover, viajar, ir* (verbos de movimiento).

La presencia de adjetivos en función adverbial puede llegar incluso a los adverbios afirmativos, especialmente en el español de Colombia (también se utiliza para ello en otras zonas el adverbio *pues):*

—*¿Has sido tú quien puso al gato en la caseta del perro?*
—***Cierto.***
—*¿Y verificaste que el perro estaba de vacaciones?*
—***Seguro.***
—*¿Y te cercioraste de mirar bien el calendario?*
—***Pues.***

(El caso es no decir que sí).

Los adverbios pueden formarse a partir de adjetivos (como ocurre en *prácticamente),* y devuelven el favor al sistema lingüístico permitiendo que algunos sustantivos se formen a partir de adverbios: *el **bien**, el **mal**, en aquel **entonces...***

Y en su generosidad por corresponder al detalle, llegan incluso a ofrecerse ¡como verbos principales! Y de ellos puede colgar por tanto alguna oración subordinada: *Sí que me parece bien.* ***Desde luego*** *que voy.* Sin embargo, no conviene acudir a este uso indiscriminadamente.

Debiera reservarse para oraciones de carácter casi exclamativo, y muy breves: *Naturalmente que sí.*

No creemos de buen estilo un ejemplo como éste:

Naturalmente que los barcos que llegan al puerto y usan sus servicios tienen que pagar un impuesto a la autoridad marítima.

Preferimos esta opción:

Naturalmente, los barcos que llegan al puerto y usan sus servicios tienen que pagar un impuesto a la autoridad marítima.

La inventiva popular alcanza a todos los ámbitos de la lengua, incluso a algo tan serio como los adverbios. En El Salvador descubrí una fórmula genial, tal vez por influencia del inglés, respecto a la decisión de abordar ya, o no, un problema que, sin parecer acuciante, no convenía demorar demasiado; ni era para luego, ni era para después, ni era para mañana.

Y me dijeron: *Déjalo para **mientras**.*

Clases de adverbios

Los adverbios no se dejan clasificar bien. Hagamos lo que hagamos, alguno se sale del cajón y no congenia bien del todo con sus compañeros. Esa incoherencia se da en muchas gramáticas, incluso en la elaborada por la Academia (que se llamó *Esbozo* porque iba a ser ampliada, pero finalmente ha resistido el paso del tiempo, si bien se anuncia una próxima para 2007). Bien, pues en el *Esbozo* se incluyen como adverbios de modo *excepto* o *salvo,* y parecen estar ahí porque no encontraron un acomodo mejor. Algunos gramáticos proponen reubicarlos entre las preposiciones. Otros han criticado que se incluyera *conforme* en este mismo capítulo, y sin embargo sí parece un modo de hacer algo: *conforme le dicen a uno, conforme manda el Gobierno.*

Aquí nos sucederá lo mismo, pero al fin y al cabo se trata de establecer unas líneas generales para entendernos.

Podríamos clasificar los adverbios por su función, por su entonación, por su origen... Pero la división más útil atiende a sus significados. En este caso, un mismo adverbio puede aparecer en dos apartados distintos, a causa de su polisemia: es decir, que tiene varios significados: **Igual** *voy mañana (tal vez* voy; adverbio de duda). *Pues disfrutaré **igual** si no vienes* (disfrutaré *lo mismo;* adverbio de modo). Y muchos adverbios pueden confundirse con adjetivos:

*Vendrá **pronto*** (adverbio).
*Le deseo un **pronto** restablecimiento tras perder la Liga* (adjetivo).

Pero lo importante, ya lo hemos escrito, es la función que desempeña una palabra; no la palabra en sí misma.

(Seguimos aquí, con algunas excepciones, la lista de Leonardo Gómez Torrego en su *Gramática didáctica del español):*

➤ Adverbios de lugar
Aquí, lejos, ahí, arriba, allí, adelante, delante, adonde, donde, dónde, cerca, encima, allá, detrás, atrás, alrededor, acullá, allende, dondequiera, debajo, dentro, adentro, encima, debajo, fuera, afuera, enfrente...

➤ Adverbios de tiempo
Hoy, ya, constantemente, ayer, recién, antes, mañana, recientemente, ahora, después, luego, aún, nunca, jamás, enseguida, temprano, cuando, entonces, anteayer, antaño, hogaño, pronto, despacio, siempre, mientras, todavía...

➤ Adverbios de modo
Así, mejor, cual (cual gigante), *como, igual, según, conforme* (conforme tú digas), *bien, mal, peor* (me siento peor), *regular, adrede, aposta...* y la mayoría de los terminados en *-mente.*

➤ Adverbios de cantidad
Nada, apenas, menos, bastante, todo, mucho, demasiado, sufi-

ciente, harto (Es harto difícil), excepto, tan, casi, cuanto, poco, más, muy, justo, sobremanera, salvo...

➤ Adverbios de deseo
Ojalá, así (Así te parta un rayo).
(Ojalá figura definido en el diccionario de la Academia como «interjección» pero consideramos lícito incluirlo en este apartado).

➤ Adverbios de afirmación
Sí, bueno, seguro, también, máxime, efectivamente, evidentemente, claro, naturalmente, verdaderamente.

➤ Adverbios de negación
No, tampoco, nada, nunca, jamás.

➤ Adverbios de orden
Antes, después, delante, detrás, primero (haz primero eso)...

➤ Adverbios de duda
Quizás o *quizá, posiblemente, igual, probablemente, acaso, seguramente.*

➤ Adverbios de exclusión, inclusión o adición
Sólo, aun, inclusive, solamente, además, exclusive, únicamente, incluso, exclusivamente...

➤ Adverbios de identidad
Mismo, mismamente, cabalmente, propiamente, precisamente, concretamente...

➤ Adverbios de exclamación
Qué, cuán (qué lejos, cuán cerca: sólo cuando modifican a otro adverbio; en otro caso son pronombres o adjetivos).

➤ Adverbios sin cajón
Viceversa, contrariamente, justo, siquiera...

***

Si atendemos a su función, se pueden establecer otras clasificaciones; pero en ellas deberemos incluir los adverbios que acabamos de citar.

➤ Por ejemplo, **adverbios demostrativos**
Aquí, ahí, allí, ahora, entonces, así, tal, tanto… Se les llama así porque muestran una relación espacial o temporal, similar a la que se produce con los adjetivos y pronombres demostrativos.

*Me senté **ahí**.*
*Y yo vine desde **allí**.*
*Y ahora estamos los dos **aquí**.*
*Pero ya no es como **entonces**.*
*Mejor ya vámonos **allá**.*

➤ O **adverbios de relativo**
Donde, cuando, como, cuanto. Se les llama así porque (como ocurre con los adjetivos relativos) se refieren a un antecedente, implícito o expreso.

*Me senté en la segunda fila, **donde** me dijo la azafata.*
*Me senté en la segunda fila **cuando** me dijo la azafata.*
*Me senté en la segunda fila **como** me dijo la azafata.*
*En fin, que hice todo **cuanto** me dijo la azafata.*

➤ O también los **adverbios interrogativos**
Cuándo, cuánto, cómo, dónde, adónde.

*¿**Cuándo** te lo dijo la azafata?*
*¿**Cuánto** te dijo la azafata?*
*¿**Dónde** te dijo la azafata?*
*¿**Cómo** te dijo la azafata?*
*¿**Adónde** dices que mandaste a la azafata?*

La posición del adverbio

Es importante el lugar que ocupa el adverbio en la oración, pues de ello depende qué otras palabras está modificando. Cuando se sitúe al principio probablemente ejercerá su influencia sobre la oración al completo.

Sólo Naroa asistió al entierro.
Naroa sólo asistió al entierro.

Sólo el presidente habló cuatro horas.
El presidente habló sólo cuatro horas.

El lugar de una palabra puede cambiar incluso su función y su esencia gramatical: *Mi amigo toca mejor el violín* (*mejor* complementa o modifica al verbo *toca*, y es por tanto un adverbio equivalente a *más bien*). *Mi amigo toca el mejor violín* (*mejor* se convierte en un adjetivo superlativo, que complementa o modifica a *violín*, y que aquí equivale a el *más bueno*).

Locuciones adverbiales

Ya hemos explicado que la locución es un grupo de palabras que tienen un significado conjunto, indivisible y estable. Las locuciones adverbiales, obviamente, cumplen el papel de los adverbios: modificar o complementar a un verbo, a otro adverbio o a un adjetivo.

Las locuciones adverbiales se pueden clasificar en líneas generales como los adverbios:

➤ **Locuciones de lugar**
De frente, por fuera, de arriba abajo, frente por frente, de lado, por encima, junto a...

➤ **Locuciones de tiempo**
De pronto, de repente, a menudo, de Pascuas a Ramos, de higos a brevas, en un santiamén, en un abrir y cerrar de ojos...

➤ **Locuciones de modo**

A pies juntillas, a trancas y barrancas, sobre seguro, sobre aviso, entre pitos y flautas, en cualquier caso, de cualquier modo...

➤ **Locuciones de cantidad**

A mansalva, a porrillo, a mogollón, a más no poder, a rebosar, a tutiplén...

➤ **Locuciones de afirmación**

Desde luego, a cierraojos, de veras, sin duda alguna, por supuesto...

➤ **Locuciones de negación**

De ninguna manera, en absoluto...

➤ **Locuciones de duda**

Tal vez.

➤ **Locuciones de oposición**

Sin embargo, no obstante, a pesar de...

Una locución adverbial es, pues, un adverbio en trozos.

LAS PREPOSICIONES

Fue muy bueno aquel consejo que Walter Matthau le da a Jack Lemmon en la película *Primera plana,* en la que ambos ejercen de periodistas: «Y sobre todo, nunca termines el texto con una preposición».

Brillante el traductor, pues en otros idiomas (por ejemplo el inglés) sí sería posible ese remate preposicional. Pero en español la preposición siempre ocupa una «pre-posición»: va «delante» de la palabra a la que afecta, nunca detrás.

La preposición que precede a un nombre o a un infinitivo los convierte en un complemento de otro nombre *(El jueves fue a **casa de** su novia),* de un adjetivo *(Estaba **deseoso de** verla),* de un adverbio *(La esperó **delante de** la puerta)* o de un verbo *(Pero finalmente **se hartó de** esperar).*

La preposición es el aceite que hace funcionar los engranajes del idioma. Sirve de engarce entre palabras, varía incluso el significado de algún verbo... La lengua española, eso sí, dispone de muchas marcas de aceite, y se puede resbalar con ellas. Porque cada tipo de aceite es el adecuado para unas funciones y no para otras. Los hablantes poco leídos confunden unas preposiciones con sus semejantes, sobre todo cuando éstas acompañan a un verbo. Así, se pueden oír en los medios de comunicación expresiones como «medirse a» en vez de *medirse con* («El Real Madrid *se mide al* Barcelona»), o «confluir a» en vez de *confluir con*.

La relación de preposiciones ha cambiado en los últimos decenios. No es que se haya descubierto una preposición más como se descubre un nuevo planeta del sistema solar, sino que el conjunto de los gramáticos (aunque no todos) ha considerado preposiciones algunas palabras que antes se encuadraban en otros apartados o en tierra de nadie.

Las preposiciones que estudiaron quienes en el momento de aparecer este libro tienen entre 30 y 90 años eran las siguientes:

A, ante, bajo, cabe, con, contra, de, desde, en, entre, hacia, hasta, para, por, según, sin, so, sobre y *tras*.

Quienes ya tenemos cierta edad recitábamos de niños esta relación con su soniquete particular, y sin hacernos preguntas sobre lo que podía significar *cabe* en este capítulo, cuando parecía un verbo. Durante todo el bachillerato cantamos esta letra y su música sin que nadie nos pidiera un ejemplo de tal preposición, y sin que lo encontráramos en ningún texto.

Con la preposición *cabe* no nos podíamos imaginar otro uso que no fuera *esto cabe, esto no cabe,* que empleábamos a menudo en la clase de matemáticas al hacer las divisiones, en las que *esto* era el cociente.

Y con la preposición *so* nos veíamos más seguros, ignorantes todavía de nuestro error: estaba claro que *so* se usaba en expresiones como *so burro* o *so tonto,* que también se podían oír en la clase de matemáticas.

Algunos gramáticos han propuesto suprimir *cabe* y *so* (más adelante explicaremos su significado). La relación de preposiciones, con tales expulsiones, queda así:

A, ante, bajo, con, contra, de, desde, en, entre, hacia, hasta, para, por, según, sin, sobre, tras.

Otros prefieren suprimir también *según,* por su carácter tónico y otras particularidades, por ejemplo que puede ir sola:

—*¿Quieres ir al cine?*
—*Según.*

no la consideran una preposición. Su lista es entonces ésta:

A, ante, bajo, con, contra, de, desde, en, entre, hacia, hasta, para, por, sin, sobre, tras.

Ya se ve que los gramáticos no han descansado en todos estos años y han establecido nuevas teorías. Como consecuencia de sus debates, algunos desearon añadir a la lista *durante* y *mediante,* y han elaborado la nueva relación respetando el orden anterior, para que puedan memorizarla los que sean del plan antiguo. Y queda así:

A, ante, bajo, con, contra, de, desde, en, entre, hacia, hasta, para, por, sin, sobre, tras, mediante y *durante.*

Pero otros han acudido al orden alfabético para insertar esas dos recién llegadas, lo que en este caso es una forma de desordenarlas:

A, ante, bajo, con, contra, de, desde, durante, en, entre, hacia, hasta, mediante, para, por, sin, sobre y *tras.*

Para terminar de complicarlo (aunque con motivo), también hay partidarios de incluir entre las preposiciones *pro* y *vía*, por lo que el orden alfabético quedaría así:

A, ante, bajo, con, contra, de, desde, durante, en, entre, hacia, hasta, mediante, para, por, pro, sin, sobre, tras y *vía.*

Y no faltan gramáticos que proponen añadir *salvo, excepto* y *menos*, palabras todas ellas de significado similar. Las tres, como el resto, preceden siempre a la palabra acompañada o modificada, cumplen una labor de engarce entre elementos de una misma oración y, en efecto, se pueden conceptuar como preposiciones. Anteriormente se consideraban adverbios; ya de modo, ya de cantidad (según los autores).

Y si recuperamos las tres preposiciones abandonadas podremos componer por fin una lista exhaustiva de cada una de las 26 palabras que alguien en algún momento ha considerado preposiciones:

A, ante, bajo, cabe, con, contra, de, desde, durante, en, entre, excepto, hacia, hasta, mediante, menos, para, por, pro, salvo, según, sin, so, sobre, tras y *vía.*

Y éstas son las que analizaremos aquí.

Pero quienes aprendieran la relación antigua encontrarán complicado acomodarse a la nueva. Les sugiero este orden si realmente tienen interés en memorizarla:

Las preposiciones del español

A, ante, bajo, cabe, con, contra, de, desde, en, entre, hacia, hasta, para, por, según, sin, so, sobre, tras, durante, mediante, menos, salvo, excepto, pro y vía.

Las preposiciones del español una a una

Vamos a analizar seguidamente el papel de cada preposición, tanto las que fueron y ya no están como las que ya son y no estaban.

> **A**

Puede aparecer sola o contraída con el artículo determinativo masculino: *a + el = al.*

La preposición *a* expresa dirección, ya sea por el movimiento que refleje el verbo que la acompaña como por el sentido de la marcha que toma la acción gramatical.

Voy a la Antártida.
Te acompaño a comprar un abrigo.
Le di el arpón a ese amigo que se va al Polo.

También sirve como índice del complemento directo de persona (tema en el que entraremos más adelante), y como elemento de personificación.

Quiero mi perro / Quiero a mi perro.
Necesito gerente / Necesito al gerente.

En efecto, un adminículo tan insignificante como la preposición puede cambiar mucho el sentido de las oraciones:

El profesor dividió la clase / El profesor dividió a la clase.

En el primer caso, se trata de una obra en la cual se levanta un tabique y el aula queda dividida en dos. En el segundo caso, por el contrario, queda claro que los alumnos han quedado divididos en su situación (unos a un lado y el resto a otro) o en su opinión respecto de algo que ha hecho el profesor, porque la preposición *a* individualiza y personifica el complemento (y a quienes estén incluidos en él).

Otro ejemplo:

Dejó al equipo en casa / Dejó el equipo en casa.

En el primer caso pensamos en un equipo de personas, mientras que en el segundo imaginamos uno de aparatos.

Esta función personificadora sirve para sutilezas como la que distingue estas dos oraciones:

Paseó el perro por toda la ciudad.
Paseó al perro por toda la ciudad.

(En el primer caso, el perro se representa como un objeto; nos lo imaginamos recibiendo la acción con desinterés y sin ser el destinatario preferente del movimiento. En la segunda oración, el perro recibe la atención de ser paseado).

Esta preposición sirve igualmente para denotar el complemento indirecto:

Le regalé un perfume a Eulogio, el pescadero.
Le di un golpe al director, sin querer.

(Del complemento directo y del indirecto hablaremos dentro de un rato).

La preposición *a* engrasa todo tipo de locuciones, frases…

Me sorprendió a la puerta del bingo.
Llevo la pistola al cinto.
Lo cobro a dos mil.
Esto hay que hacerlo a lo bestia.

Es una preposición tan usada que resultaría muy larga una lista que detallara todas sus misiones en el mundo del idioma. Aquí se acaban de ofrecer sólo los usos más frecuentes y clasificables.

Se incurre en galicismo al emplear la fórmula *a + infinitivo,* que la mayoría de las veces se puede suprimir sin perjuicio del texto. «Mohamed es todo un ejemplo *a seguir*», «Edelmira estudió los problemas *a resolver*», «total *a cobrar*»... Salvo excepciones, la oración no varía si quitamos esa composición: *Mohamed es todo un ejemplo, Edelmira estudió los problemas.* Y si necesitamos de todas formas remachar la frase, se puede acudir a fórmulas como: ... *los problemas que hay que resolver;* ... *un ejemplo que hay que seguir;* ... *total por cobrar.*

También es ajeno a nuestra gramática el uso de *a* delante de un sustantivo que complementa a otro: «avión *a* reacción», «televisor *a* color», «cocina *a* gas». En todos esos casos se puede sustituir por la preposición *de.*

Asimismo, es incorrecta la expresión «A 100 kilómetros *a* la hora», igualmente un galicismo. Debe decirse *A 100 kilómetros por hora.*

Se ha de suprimir la preposición *a* cuando un complemento directo necesite distinguirse de otro que lleve esa misma partícula:

*Palmira llevó **a** sus hijos **a** la abuela.*
*Palmira llevó sus hijos **a** la abuela.*

En el primer caso podemos dudar si la abuela va a ver a los hijos de Palmira o es al revés. En el segundo no puede haber duda.

«A por»

En España se emplea el dúo de preposiciones *a por,* infrecuente en América. Hasta hace apenas unos años se consideraba incorrecto, pero vale la pena reconocer que añade significado a la opción sin *a: Voy a por el dinero / Voy por el dinero.* En el primer caso, *voy a por* se cruza en la mente de los españoles con *voy a recoger, voy a traer;* y dejan para *Voy por el dinero* la función de subordinada causal *(Voy por causa del dinero).*

➤ Ante

Significa «delante de». Se usa a menudo en frases de sentido abstracto:

Nos encontramos ante el palacio.
Estamos ante un gran problema.
Se crece ante la dificultad.

Algunos confunden esta preposición con otra: *contra:* «El partido del Villanueva de Abajo *ante* el Real Madrid fue muy desigual», en vez de *contra el Real Madrid.* El partido, de todas formas, es desigual en los dos casos.

➤ Bajo

Implica una situación inferior, bien física o bien metafórica.

Se coló bajo la reja.
Estoy bajo los efectos del alcohol.

Se usa erróneamente en frases como *«bajo* mi punto de vista», donde corresponde usar *desde.* A no ser que observemos la realidad desde un helicóptero.

➤ Cabe

Aquí queríamos llegar de una vez. Esta preposición ha desaparecido de la cantinela escolar, ha desaparecido de las gramáticas y ¿ha desaparecido del idioma? En el uso habitual, desde luego que sí. Pero no en el literario. Aún podemos encontrarla en algunos textos contemporáneos, con su viejo significado de *junto a.*

Cabe la puente alta / pasa un río de polvo / que se mira en un cielo violeta.
(Poema «La puente de Aranda». Tino Barriuso. España).

Cuando llegamos a Salamanca, al atardecer, del río caudaloso otoñal se levantaba el rumor de la presa cabe el puente romano.
(«Tertulia junto al Tormes». José María de Areilza. *El País*, Madrid, 2 de diciembre de 1988).

Gemela de Dios, gemela del hombre; sobre la laguna de México, cabe el río de Sevilla, se abren al mismo tiempo los párpados del Sol y los de la Luna.
(*El naranjo*. Carlos Fuentes. México. Editorial Alfaguara, 1993).

Una mañana invernal cabe los toros de Guisando...
(«Excursiones». Andrés Campos. *El País*, Madrid, 3 de abril de 1998).

Como se puede apreciar, tenemos aquí una preposición que puede dar un tono arcaizante a lo que escribimos; y se puede acudir a ella con esa intención, o bien para reflejar un ambiente rural. En cualquier caso, es una palabra hermosa en su pequeñez, y vale la pena recordarla; y conocerla por si nos la encontramos en algún texto, antiguo o moderno.

Su diferencia fonética con el verbo *caber* consiste en que se trata de una voz átona (sin acento predominante en relación con el término al que acompaña). Si decimos *cabe la puerta* (en el sentido de «al lado de la puerta»), la fuerza tónica del grupo recae en el sustantivo al que acompaña la preposición: «cabelapuérta». Si usamos el verbo *caber* en la frase *Cabe la mesa*, la fuerza tónica recae sobre él: «cábelamesa».

➢ Con

Indica idea de compañía, de instrumento o de modo:

Voy con mi pareja.
No peles las papas con el martillo.
Me lo tomé con interés, lo del martillo.

Es un uso dialectal catalán la forma *con que* en vez de *como:* «*Con que* me habías dicho que no cantarías, no traje la guitarra».

➤ Contra

Expresa oposición, a veces figurada:

Está contra la pared.
Está contra el tabaco.

Se incurre en una construcción galicista al juntarla con la preposición *por:* «por contra», para significar *por el contrario.* Es un vulgarismo su uso en lugar de *cuanto:* «*Contra* más grites, menos te escucharé».

➤ De

Principalmente, da idea de posesión y pertenencia *(la bicicleta de Alí),* de origen *(Alí es de Marruecos)* o de materia *(Alí es de carne y hueso, como tú).* Pero también de contenido *(un saco de monedas),* de tiempo *(es de noche),* de inicio *(de aquí hasta allá);* y se usa también con sustantivo en función adverbial *(Lo entendí de maravilla. Lo hice de pena).*

Como sucede con la preposición *a,* esta partícula también sirve de engrase para multitud de expresiones y para el régimen de muchos verbos.

La preposición *de* no debe omitirse nunca en estos tres casos:

• En los nombres de las calles, avenidas, plazas y paseos (salvo que el nombre sea un adjetivo):

Calle de América (y no «calle América»), *calle de Espronceda, calle de los Álamos, avenida de Bogotá, plaza de Colón, paseo de Gràcia.*
Pero *calle Mayor, calle Nueva.*

• Cuando el verbo o la locución verbal tienen esta preposición en su régimen:

El tren se aleja de la estación.

- Delante de la cifra con los años de una persona:
Mi abuelo, de 98 años, se siente muy joven.

Y no: «El ministro de Cultura, Anastasio López, 35 años, era un desconocido hasta ahora».

Es incorrecto el uso de muchos comentaristas españoles de baloncesto al informar sobre el marcador del partido: «Gana el Joventut *de* 5 puntos» (en vez de *por 5 puntos).*

Afortunadamente, esto no lo han copiado los comentaristas de golf. «Tiger Woods derrotó a Olazábal *de* dos golpes». Parecería otro deporte.

➤ Desde
Indica el principio de un tiempo o de una distancia:

Desde ayer no paro de andar.
Vengo desde la ciudad.

Entre los políticos españoles se ha extendido el uso de *desde* donde correspondería *con.* «Esto se lo digo *desde* la honradez», «Lo hemos hecho *desde* la experiencia que tenemos», «Le hablo *desde* la sinceridad»… Pero no nos hablan «desde» la gramática. Con este uso parecen dar a entender que ellos están en la sinceridad, la honradez, la experiencia… y sus interlocutores no.

➤ Durante
La preposición *durante* cumple con todos los requisitos para añadirse a la lista. Se trata de un tornillo más que conecta las palabras, en este caso para dar idea de simultaneidad y desarrollo:

Me dormí durante la ceremonia.

Equivale a la locución *en el transcurso de,* pero también a la preposición *en: Me dormí en la ceremonia.* Desde el punto de vista psicológico, la primera frase *(Me dormí durante la ceremo-*

nia) representa un sueño mayor, más duradero. En el segundo *(Me dormí en la ceremonia),* la cabezada pudo ser ocasional.

Anteriormente se consideraba adverbio de tiempo, similar a *mientras;* pero la peculiaridad de sus funciones (pues enlaza o introduce elementos de la oración simple, más que oraciones entre sí) justifica que se incluya en este capítulo.

➤ En

Esta preposición indica tiempo, lugar, modo, ocupación o características:

Estamos en Navidad.
Esperamos en la tienda.
No lo dirás en serio.
Somos expertos en regalos.

➤ Entre

Indica la situación o estado en medio de dos o más personas o cosas (incluso entre una persona y una cosa y viceversa).

Esto que ha pasado, que quede entre tú y yo.
Entre bomberos no vamos a pisarnos la manguera.
Ni entre frailes nos pisaremos la sotana.
Es que estoy entre dos amores, amigo.
Pues que no te veas entre dos cuernos.

También puede significar cooperación: *Entre él y ella me dejaron sin dinero.*

➤ Excepto

Significa «fuera de», «a excepción de», «menos». Por eso mismo se puede considerar un adverbio de cantidad (en el sentido de que detrae algo). El Diccionario de la Academia la considera ya preposición.

Vinieron todos, excepto los que tenían que venir.

También puede cumplir un papel como engarce de oraciones, precediendo a conjunciones como *cuando, donde* o *si*: *Haré lo que me dices, excepto si me gritas.*

➤ Hacia

Sirve para indicar dirección y también para orientar en una aproximación.

Voy hacia el albergue para meditar, no quiero perder el norte. Pues creo que el albergue queda hacia el este.

Se incurre en galicismo al emplear esta preposición en lugar de la locución adverbial *frente a:* «El Gobierno tiene una actitud muy tímida *hacia* este problema».

➤ Hasta

Denota el final de un trayecto, el tope de un espacio físico, el término de una acción, la conclusión de un tiempo…:

Voy hasta el fin del mundo por ti.
El agua llegó hasta allá arriba.
Lo hizo hasta cansarse.
Durará hasta las diez.

Adquiere valor adverbial cuando equivale a *incluso:*

Bebía ginebra hasta en ayunas.
Hasta los esquimales saben quién es Pelé.

Y se usa para distintas locuciones, especialmente despedidas: *Hasta luego, hasta mañana, hasta más ver…*
También se emplea en la locución que forma con una conjunción y con una negación para significar *mientras no:*

He decidido no salir de casa hasta que no me des las llaves para que pueda volver a entrar.

En estos casos es más elegante suprimir la negación, a fin de evitar un *ruido* en la frase:

He decidido no salir de casa hasta que me des las llaves.

En México se usa como punto de origen temporal. *Abre hasta las ocho* significa que *Abre desde las ocho.*

No sé de qué se ríen los demás, si ellos dicen *Lo haré dentro de tres días* y luego lo hacen *fuera* o en el límite de ese tiempo.

➢ Mediante

Otra preposición recién llegada. Su significado es intercambiable con la preposición *con,* hasta el punto de que suele usarse para evitar repeticiones:

*Lo apretó **con** el destornillador **con** fuerza / Lo apretó **mediante** el destornillador **con** fuerza.*

Esta palabra no tiene valor de preposición en frases como *Dios mediante (Si Dios quiere),* en las que se presenta como participio presente del verbo *mediar.*

➢ Menos

No hay que confundir la preposición *menos* con el adverbio comparativo *menos* o *menos que,* ni con locuciones conjuntivas como *al menos* o *a menos que.* Sólo es preposición si equivale a *excepto.*

Vinieron todos, menos los que tenían que venir.

➢ Para

Sirve para denotar el destino o fin de algo. En esa función caben matices de lugar, finalidad, relación, predisposición y tiempo o plazo.

Me voy para la taberna (lugar).
Supongo que vas para jugar al dominó (finalidad).

Por supuesto, es un sitio para grandes deportistas como yo. ¿Te vienes? (relación).

No estoy yo para eso, estoy más bien para el arrastre (predisposición).

Dejémoslo para otro día (tiempo o plazo).

Esta preposición se puede usar como introducción de una opinión personal:

Para mí tengo que eso son molinos de viento.

Para el nuevo gobernador, la situación de inseguridad que ha originado la muerte de siete personas no es preocupante.

Y también puede cumplir una función adversativa:

Recibes mucho para lo que tú te mereces.

A menudo se sustituye en los periódicos esta preposición por el barbarismo innecesario *de cara a:* «El Gobierno prepara sus proyectos *de cara al* nuevo curso parlamentario». Se debe decir *para el nuevo curso* o *ante el nuevo curso.*

Tampoco es acorde con la tradición del español la expresión *pensada* en inglés «quince minutos *para* las dos de la tarde». Lo más correcto es *Son las dos de la tarde menos quince minutos* o *Son las dos menos cuarto.*

➢ Por

Estamos ante otra preposición muy polivalente. Puede indicar causa, duración, lugar, medio, modo, precio o cuantía, equivalencia, búsqueda de, acción en favor de, en lugar de, cambio o trueque, algo sin hacer, clase o calidad.

Iré a las fiestas de tu pueblo por ti (causa).
Sólo tendrás que venir por un tiempo (duración).
¿Tu pueblo está por la costa? (lugar).
Sí, puedes venir por barco (medio).
Eso no lo haré yo por gusto, que me mareo (modo).

Te saldrá sólo por doscientos pesos (precio o cuantía).

Pero este esfuerzo valdrá por unos cuantos besos, ¿eh? (equivalencia).

Vete ya por los boletos (búsqueda).

Vale, me decido por el barco (en favor de).

Yo no puedo viajar por ti, la fiesta es en mi pueblo (cambio, en lugar de).

No me tomes por pendejo, que me estás enredando (clase, calidad).

No te preocupes, y sube al barco; lo mejor está por venir (algo sin hacer).

La preposición *por* es fundamental también para denotar al sujeto agente en una voz pasiva: *El barco fue asaltado por los piratas.* Y sirve también para crear locuciones concesivas: *No me busques en los montes, por altos que sean; ni me busques en la mar, por grande que te parezca* (Francisco Pino, poema «Esta tierra»).

➤ Pro

Este cultismo (se trata de una preposición del latín) se va introduciendo cada vez más en la lengua común, sobre todo por su uso en la política y los medios informativos (*asociación pro derechos humanos, una posición pro estadounidense, movimiento pro abortista o movimiento pro legalización del aborto*). Los gramáticos lo consideran ya una preposición más, que significa «en favor de».

➤ Salvo

No se debe confundir con el adjetivo *salvo (sano y salvo)* ni con la locución adverbial *a salvo*. El Diccionario de la Academia considera esta palabra adverbio equivalente a *excepto* pero también preposición (y en ese caso debiera equivaler a *excepto* igualmente, lo que parece inducir al equívoco). En cualquier caso, sólo podemos considerarla preposición cuando significa «fuera de», «excepto» o «a excepción de».

Vinieron todos, salvo los que tenían que venir.

➤ Según

Ésta es la única preposición tónica; es decir, su tono de frase no se funde con la palabra a la que acompaña. Gracias a ello (o quizás como consecuencia) es también la única preposición que se puede usar sola, sin acompañar a otra palabra. Por tanto, se trata de la única preposición que tiene vida propia:

—¿*Quieres ser periodista?*
—*Según.*

Cuando aparece sola, como acabamos de ver, significa que una acción o idea está condicionada a que se den o no determinadas circunstancias.

Por lo general, expresa relación de conformidad de unas cosas con otras:

Hizo el reportaje según las normas del periódico.

Algunos gramáticos consideran que *según* no es preposición —sino adverbio—, cuando acompaña a un verbo, ya que en esos casos equivale a *conforme:*

El Gobierno lo hace muy bien, según dijo un ministro (El Gobierno lo hace muy bien, conforme dijo un ministro).

Y ese criterio se extiende, por lógica, a frases como *según tú* o *según yo,* en las que se sobreentienden verbos como *dices* o *creo.*

Con el mismo argumento, otros han defendido que *conforme* se incluya entre las preposiciones también, ya que está su compañera *según.*

Dejemos a los gramáticos que sigan debatiendo al respecto.

➤ Sin

Expresa privación (*un cementerio sin muertos*). En algunos medios informativos se abusa de su empleo —por influencia del inglés— para definir conceptos mediante una negación, frente al gusto del español de describirlos con una afirmación. Así, se habla de «los *sin* techo» o «los *sin* casa» *(homeless)*, con un calco del inglés. Eso constituye un desprecio hacia los recursos de los que dispone el idioma español para designar a los pobres, recursos que, paradójicamente, son muy ricos: *los indigentes, los mendigos, los pordioseros, los vagabundos, los desfavorecidos, los marginados…*

➢ So

Esta preposición arcaica equivale a *bajo (So la montaña corre el río).* En la actualidad se considera desaparecida del idioma, salvo en expresiones fosilizadas como *so pena* o *so capa* o *so pretexto,* o *so color.*

No es una preposición el término *so* que antecede a un insulto o expresión despectiva: *so cabrón.* En este caso se trata de un apócope de «seó», y éste a su vez de «seor», síncopa finalmente de «señor», que a su vez procede de *senior* en latín. Así que *so ladrón* significa en realidad «señor ladrón», lo cual no tranquilizará mucho al insultado, porque los ladrones no suelen estudiar etimología.

En fin, que podremos llamar *so burro* a quien ponga uno de estos casos como ejemplo de uso de la preposición *so.* Y si se enfada, díganle: *¡soooo!*

➢ Sobre

Significa principalmente «encima de» o «acerca de»:

Le vi venir y sobre la cabeza llevaba una cornamenta inmensa, el toro. Yo sé poco sobre animales pero me pareció peligroso.

Otro valor —menos empleado— refleja aproximación:

Iré sobre las dos de la tarde.

Esta preposición se usa incorrectamente en el periodismo deportivo español, en frases como «Puyol hizo falta *sobre* Robinho», «Raúl disparó *sobre* puerta» o «Ronaldinho se interna *sobre* el área». Las preposiciones correctas son *a* en los dos primeros casos y *en* para el último *(hizo falta a Robinho, disparó a puerta, se interna en el área)*. En los casos incorrectos no se aprecia ningún significado de «encima de», salvo que el disparo de Raúl saliera alto. (Las faltas se suelen hacer en los tobillos, los disparos no siempre salen altos y nadie puede internarse debajo del área).

También carece de tradición en español la expresión «Pasan quince minutos *sobre* las doce de la noche», en vez de *Pasan quince minutos de las doce de la noche* o —mucho mejor— *Son las doce y cuarto de la noche.*

➤ Tras
Significa posterioridad, en el tiempo o en el espacio.

Tras noviembre llega diciembre, si está bien hecho el calendario.
Se puso a escucharme tras la puerta, el muy tonto; pero no sabe que yo soy mudo. Y tú no sabes que tras el accidente se quedó sordo.

➤ Vía
Esta palabra clasificada últimamente como preposición no forma parte del habla popular. Se usa principalmente en la Administración y en el lenguaje jurídico:

Esta reclamación hay que cursarla vía Oficina de Atención al Cliente.
La propuesta llegó vía sindicatos.
La imagen se envió vía Internet.

El uso más apropiado, desde luego, se hace en las estaciones de ferrocarril:

Expreso Madrid-Bilbao vía Burgos.
Se construirá una nueva línea de tren Santiago-Concepción vía Valparaíso.

Su papel coincide con el resto de las preposiciones, y se acerca en significado a *por* y a la locución adverbial *a través de*.

> ➤ **Locuciones prepositivas**

Las preposiciones también adoptan a veces el disfraz de varias palabras, que se juntan en formaciones estables de vocablos y significado. Estas agrupaciones cumplen una función equivalente a la que desempeñan las preposiciones: *gracias a, merced a, por mor de, en pos de, en torno a...*

EL ARTÍCULO

Los gramáticos ponen en su microscopio las palabras, pero no para ver las letras más grandes sino para escudriñar nuestra mente. Detrás de cada palabra hay un pensamiento, y hasta unos seres tan insignificantes como los artículos ofrecen pistas sobre lo que percibimos y sobre la manera de asimilarlo primero y expresarlo después.

¿Me vende un artículo? Vamos a ello. Tenemos algunos en la tienda.

Qué importantes son los artículos, qué aire le dan a nuestro idioma, cómo lo distinguen de otras lenguas que carecen de ellos (el serbocroata, sin ir más lejos) o los tienen muy simplones (como el inglés), qué bien delimitamos con ellos lo que deseamos señalar... ¿Ya los compró?

Los artículos son un marcador que nos muestra los objetos y las personas como conocidas o inconcretas.

Por el significado

Los artículos pueden ser:

- Determinados o definidos (es decir, con los que nombramos algo conocido, algo determinado):
  El, la, los, las y *lo*.

- Indeterminados o indefinidos:
  Un, una, unos y unas.

Por el género

- Masculinos: *el, los, un, unos.*
- Femeninos: *la, las, una, unas.*
- Neutro: *lo*

Dependiendo de los toques de este marcador, así se nos representan los sustantivos: como algo definido o como algo etéreo: «*el* día», «*un* día».

El artículo como categoría gramatical no existía en la lengua latina. Pero sí la palabra que lo designa. *Articulus* fue la traducción que se dio en latín a la palabra griega que designaba esta misma función en el idioma heleno *(árzron,* literalmente «articulación»). La palabra *articulus* (diminutivo de *artus,* «articulación» en latín) viene a significar, en sentido literal, «articulación pequeña» o «división pequeña» o «parte pequeña». En latín tenía otro significado también, el de «nudo», que aquí no hace al caso y que se encaminó en el español por la palabra «artejo» (evolución regular de «artículo», como «oreja» viene de «aurícula»), que todavía figura en el diccionario con el significado de «nudillo» de los dedos.

En la transición de la lengua de los romanos hacia el español, los demostrativos se fueron transformando hasta llegar a esto: unas partículas que señalan a los sustantivos sin determinar la cercanía o el alejamiento físicos o mentales, sino mostrándolos de una manera más difusa y sin embargo útil. Porque, bien pensado, sería un cansancio tremendo tener que decir o escribir continuamente un demostrativo cada vez que usásemos un sustantivo y quisiéramos delimitarlo, y sobre todo sería un agotamiento pensar a cada rato si estará lejos o está cerca.

Esa herencia del demostrativo que pesa sobre el artículo ha hecho, no obstante, que muchos gramáticos lo consideren un demostrativo más; un tanto degenerado, eso sí. Por eso lo llaman «el determinativo artículo».

En el *Poema de Mío Cid* encontramos expresiones como «*estos* cavalleros» o «*aquel* día» que equivaldrían hoy a *los caballeros* o *el día*. Después, el demostrativo latino *ille, illa, illos...* sería la fuente de nuestros *el, la, los...*

En cambio, *un, una* y *unos* derivan directamente del latín *unus,* que en aquella lengua no tenía valor de artículo (ya hemos dicho que no existían) sino sólo de adjetivo numeral.

*No sé si comerme **un** pastel o **dos** pasteles.*

Y realmente aun hoy es difícil separar esta condición de la debida propiamente al artículo, puesto que *Dame **un** lápiz* se opone a *Dame **dos** lápices,* y tiene por tanto un valor numeral. Y a la vez indefinido, en lo que coincide también con *dos*. Si quisiéramos determinar mejor qué *dos* lápices pedimos deberíamos decir *Dame esos dos lápices.*

En cuanto al artículo indeterminado plural, tanto *unos* como *unas* puede considerarse un adjetivo indefinido, equivalente a *algunos* y *algunas*. Se podrían plantear entretenidas cuestiones de matiz, sin embargo. ¿Imaginamos la misma cantidad de libros en la frase *Le llevé unos libros* que en su alternativa *Le llevé algunos libros?* ¡Con razón el latín carecía de artículo!: así se evitaban sus gramáticos estos dilemas.

Ahora bien, hemos de convenir todos en que nos entendemos mejor (y comprenderemos con más facilidad la gramática al menos en una primera aproximación) si clasificamos los artículos como una de las partes de la lengua española, con una vida peculiar.

Siendo el autor de este libro periodista de profesión, se ruega al público que comprenda esta defensa del artículo.

Los artículos carecen de significado propio

Si decimos *los,* esa palabra no vale nada. El artículo obtiene su significado si acompaña a otras palabras. No es lo mismo decir *Dame libros* que *Dame los libros.*

El artículo —insistimos— acompaña al nombre o sustantivo para contarnos de él un hecho muy importante: si se trata de algo conocido (una persona o un objeto del que los interlocutores saben ya algo) o de algo que no tiene concreción para los que hablan o leen.

Si decimos *el amigo,* se entiende que nos referimos a uno del que ya sabemos algo. Si decimos *un amigo,* ignoramos todo sobre él, al menos de momento.

Así, es normal la sucesión *un amigo - el amigo* para referirse a la misma persona, y no al revés.

Podemos decir: *Pol se fue con **un** amigo a ver la carrera ciclista.* Y a continuación: ***El** amigo tiene **un** hermano que participa en la prueba.* Y después: ***El** hermano **del** amigo de Pol llegó el último.*

En la segunda oportunidad, ya sabemos algo sobre el significado de *amigo* (es *el* amigo de Pol), gracias a que nos habíamos referido a él anteriormente. Y lo mismo sucede con *hermano.*

Pero nunca construiríamos la sucesión a la inversa si habláramos de la misma persona: «Pol se fue con *el* amigo a ver la carrera ciclista. *Un* amigo tiene *el* hermano que participa en la prueba».

(En ese caso no entenderíamos nada, tal vez pensaríamos que se trataba de dos amigos distintos).

Tampoco podríamos escribir, lógicamente, *«Un* amigo tiene *el* hermano que participa en la prueba», sino ***Un** amigo tiene **un** hermano que participa en la prueba.*

Nuevamente podemos percibir cómo el lenguaje y el pensamiento se unen, y cómo las palabras que usamos han de corresponder a una ideación determinada de la realidad a la que se ha llegado colectivamente. Pensar con artículos nos lleva a plantearnos una representación de la vida diferente de la que elaboraríamos sin ellos. No mejor ni peor, sino sólo otra.

Ausencia de artículo

Pero tenemos una segunda forma de indeterminación, quizás un segundo grado: la ausencia de artículo. Gracias a que podemos contar con él, disponemos de la oportunidad de dar un valor a su ausencia. El genio del idioma aprovecha todas las posibilidades, incluidas las que obtiene por vía de omisión. Por eso podemos decir —y significar con ello ideas distintas— *Viene en el tren*, *Viene en un tren* y *Viene en tren*.

En el primer caso *(Viene en **el** tren)*, el hablante y su interlocutor saben de qué tren se trata, probablemente porque sólo hay uno en el que pueda venir. Así *el tren* se opone a todos los demás trenes que existen en el mundo.

En el segundo *(Viene en **un** tren)*, los dos interlocutores ignoran de cuál se trata, probablemente porque puede venir en varios. Es más: ese modo de expresarse induce a pensar que en efecto puede llegar en varios. Aquí, *un tren* puede corresponder a todos los trenes en los que cabalmente tiene la oportunidad de venir esa persona en ese día.

Y en el tercero *(Viene **en** tren)* también desconocen ambos interlocutores de qué tren se trata, pero en este supuesto a quienes hablan no les importan tanto la hora del tren o las características de los vagones o de la locomotora como el medio de transporte elegido. *Viene en tren* se opone a otros medios de locomoción, tales como *Viene en barco*, *Viene en avión* o *Viene en coche*. Viene en tren, y no en otro transporte.

En otros casos se pueden producir diferencias de significado más radicales, abismales incluso, entre la posibilidad de usar el artículo o suprimirlo.

Pocos niños que tienen caries renuncian a los caramelos.
Los pocos niños que tienen caries renuncian a los caramelos.

Pocos asistentes al concierto lo pasaron bien.
Los pocos asistentes al concierto lo pasaron bien.

¡Se dice exactamente lo contrario!

En el primer caso, *pocos* es un adjetivo indefinido, que sin embargo se usa en oposición al sentido general de lo que se cuenta: que muchos no renuncian a los caramelos, y por tanto pocos renuncian a los caramelos; muchos no lo pasaron bien en el concierto, y por tanto pocos lo pasaron bien en el concierto. Pero en el segundo ejemplo de cada caso la fuerza del artículo determina y delimita lo que se cuenta, y acaba con la indefinición, de modo que desaparece la oposición mental *pocos/muchos,* porque ya sólo se habla de *los pocos* para referirse a todos ellos, a todos los que asistieron. En el primer caso, la mayoría de los asistentes al concierto no lo pasó bien; en el segundo, la mayoría de los asistentes al concierto lo pasó bien. Entre uno y otro sentido media sólo un modesto artículo.

Siempre por delante...

Algo que hace especialmente simpático al artículo es que él siempre va por delante de todo, arrojado como nadie. Nunca diríamos «carretera la» o «bueno lo», sino *la carretera* y *lo bueno.* En esto está emparentado con la preposición.

... pero cobijado

Ahora bien, su ímpetu no le da para valerse solo. Como palabras átonas que son, los artículos se refugian siempre bajo el paraguas sonoro del sustantivo, a diferencia de los pronombres personales. Vemos claramente la diferencia sonora entre:

Él vale y *el vale*
Él ama y *el ama*
Él bala y *el bala*
Él vino y *el vino*

Y eso nos permite identificarlos al oído.

Diferencias respecto al demostrativo

El artículo, como los pronombres y los adjetivos demostrativos, es una muestra clara de la interlocución: los dos hablantes saben a qué se están refiriendo cuando usan una de esas palabras: *Dame **ese** bolígrafo, dame **el** bolígrafo*. ¿Cuándo usamos un artículo y cuándo un pronombre o un adjetivo demostrativos? Depende una vez más de la actitud psicológica, de cómo nuestra mente (sin que lleguemos a pensarlo) elige las palabras igual que nuestras piernas eligen qué músculos han de mover para subir las escaleras: *Dame **el** bolígrafo* se refiere al que los dos interlocutores conocen, seguramente porque lo están usando. *Dame **ese** bolígrafo* implica que se desea ése y solamente ése por alguna circunstancia ajena a la cercanía; tal vez incluso tuviésemos uno más próximo.

Otra diferencia consiste en que el artículo puede servir ocasionalmente para generalizar un sustantivo, mientras que el demostrativo lo delimita siempre: *Quiero merendar **en el campo*** puede no referirse a ninguno en concreto (en este sentido, equivale a *Quiero merendar en un campo)*, al contrario de lo que sucede con *Quiero merendar **en ese campo.***

¿Qué hay en nuestra mente cuando decimos *Quiero ir este fin de semana al campo?* ¿Por qué la gramática nos ha dado ese instrumento, el ganglio que cumple la función específica de determinar el sustantivo para evitar algún daño? En efecto, es una especie de ganglio en este caso el artículo: acude en nuestra ayuda. Porque si dijéramos a nuestros amigos *Este fin de semana quiero ir **a un campo,*** inevitablemente nos preguntarían: *¿A cuál?* Por absurdo que parezca, si decimos *al campo, al monte, a la playa…* psicológicamente estamos evadiendo la inclinación de dar más explicaciones. Si decimos *Me voy **al monte,*** nuestro interlocutor dará por buena la respuesta, pues psicológicamente entenderá que se trata de uno que ambos conocen. Hagan la prueba de decir *Este verano me voy **a una playa.*** Tendrán que seguir hablando.

El artículo determinado que señala un nombre de forma indeterminada parte del supuesto de que nuestra mente y la de nuestro interlocutor coinciden en la misma idea de lo que son el campo o la playa. Y en ese caso les importa más el tipo de lugar al que se refieren que el lugar en concreto.

Sustantivador

Los artículos no sólo sirven para presentarnos un sustantivo; también pueden decirnos algo sobre un grupo de palabras, al que introducen en escena; pero en este caso todas ellas quedarán obligadas a cumplir la función de un sustantivo: «Llegó Eulogio, *el que nos faltaba*». Así, «que nos faltaba» se convierte en un sustantivo por el mero influjo del artículo.

También consigue sustantivar un verbo:

*Le gusta más que **el comer** con los dedos.*

Y en eso coincide con los adjetivos demostrativos: ***Ese comer** que tienes acabará atragantándote.* Y lo mismo puede lograr con un pronombre posesivo: *Dame **el mío**.* Y con un adverbio: ***Lo de anoche** me pareció fatal.*

El artículo neutro *lo* puede actuar en función sustantivadora de un adjetivo:

***Lo blanco** del pastel no me gusta.*
***Lo bueno** de mi novio es que tiene mucha ternura.*
*Con **lo valioso** que es el jarrón, vas y lo rompes.*

Enfático

El artículo también sirve para resaltar enfáticamente un adverbio o un adjetivo:

¡Lo bien que lo pasamos!
¡Lo dispuesto que estaba!

O un sustantivo:

La de veces que te he dicho que aprendas gramática (se supone que está elidida la palabra *cantidad*).

Nuevamente, la mentalidad del hablante tiende a cosificar lo abstracto para resaltarlo y hacerlo cercano, para determinarlo. Y precisamente esta función la cumplen mejor los artículos determinados (o determinativos). Los indeterminados intentan apuntarse al descubrimiento, y sin embargo los percibimos torpes en el empeño: *Una de veces se lo he dicho...*

Contracciones

Las contracciones también guardan relación con la biología, pues de dos fusiones deriva el alumbramiento de nuevas palabras. Nos referimos a que el artículo determinado *el* se fusiona necesariamente con dos de las preposiciones si éstas lo anteceden, y entonces se produce una contracción; es decir, se juntan, se reducen a menor tamaño, se contraen. Los contractos se forman con las preposiciones *a* y *de:* «a + el» = *al;* «de + el» = *del.* Y por eso se llaman artículos contractos, son fruto de una contracción y conciben así unas palabras fruto de su unión... Es romántico.

Esta norma no se aplica con los nombres propios:

Me gustan las historias de El Guerrero del Antifaz.
Pues yo prefiero la lectura de El Quijote.
Es originario de El Salvador.

Cambio de artículo

El oído colectivo se ha afinado mucho durante los últimos siglos, y por eso el idioma no consiente uniones cacofónicas (divertida palabra griega que significa «mal sonido»). De este modo, el artículo *la* se sustituye por *el*, casi siempre, cuando el sustantivo al que acompaña empieza por *a* con acento prosódico: *el hacha, el águila, el agua...* Pero eso no se extiende a los adjetivos demostrativos: *esta agua* y no «este agua»; *esta aula* y no «este aula», *aquella águila* y no «aquel águila», *esta área* y no «este área»... (En las retransmisiones de fútbol en España se llega a oír «este área pequeña»).

LAS EXCLAMACIONES (O INTERJECCIONES)

Las interjecciones son unos granos que le salen a la frase, que aumentan su relieve en un punto determinado y que interrumpen el normal desarrollo de su piel.

¡Qué sería de nosotros sin las exclamaciones! O de las interjecciones, que es como se denominan entre gramáticos las exclamaciones, término aquél que procede del latín *interiectio,* «intercalación». Y en efecto, las exclamaciones suelen intercalarse en el discurso, porque no pueden concordar con las demás palabras. Aparecen ahí en medio, para mostrar asombro, molestia, alegría, euforia, amor, dolor... igual que un grano:

*Y entonces me dije, ¡**qué narices!**, si ése puede doblar una cuchara con la mente yo también.*

En español usamos algunas interjecciones que sólo pueden ser eso: *eh, oh, ah, bah* (con la original hache muda al final de palabra, que ayuda a interpretar correctamente estas palabras y en ocasiones las diferencia de otras homófonas), *hey, ay, uff, caramba...* Ninguno de esos vocablos significa otra cosa. De hecho, no significan nada. Pero también puede ser interjección cualquier otro término, dotado de funciones diferentes en el idioma: *¡Demonios!, ¡leche!, ¡vaya!...* Como las malsonantes *¡joder!, ¡cojones!, ¡coño!, ¡carajo!* (curiosamente, en la relación de órganos sexuales a nadie se le ha ocurrido hasta ahora exclamar *¡tetas!* ni *¡pene!...* Ya vendrán).

Las exclamaciones han cambiado con los años. Fueron desapareciendo del léxico habitual y general expresiones como *rediós, cáspita, leñe, válgame Dios, ¡Virgen Santa!...,* muchas de ellas presentes sólo en ámbitos rurales. Y siempre aparecen otras para sustituirlas, antes desconocidas: *¡guay!, ¡mola!* (eso en España; porque *¡guay!* aparecía ya como uso americano —para significar una sorpresa irrisoria— en la gramática de Andrés Bello, página 53—, y está emparentada con la interjección *gua* usada en Canarias).

Los granos también aparecen y desaparecen, igual que nuestras euforias y nuestros enfados.

LAS CONJUNCIONES

Si en el taller de objetos gramaticales que hemos montado se personan dos oraciones que pretenden establecer una relación, y necesitan algo apropiado, tendremos su anillo al alcance de la mano. Lo que necesitan es una conjunción. Las hay que relacionan a los pretendientes de igual a igual, las hay que subordinan a uno en relación con el otro, las hay que los oponen, las hay que los congenian... Las que más éxito tienen en estos casos son las copulativas.

Hasta ahora hemos estudiado palabras que sirven para unir palabras, o para relacionarlas. A partir de aquí veremos una serie de palabras que no sólo relacionan palabras sino que también engarzan oraciones. Estamos en la puerta de la sintaxis.

Las conjunciones se llaman así porque conjuntan, unen. Todas sirven para enlazar oraciones (enseguida veremos lo que es una oración; pero básicamente se trata de la expresión de una idea con al menos un verbo), y otras sirven para unir oraciones o palabras que se hallan dentro de la oración.

> Así pues, las conjunciones son palabras invariables que unen oraciones y que también pueden unir elementos análogos de una misma oración.

Por ejemplo:

Mi amigo **y** *yo nos caímos del árbol* (la conjunción *y* une los dos elementos del sujeto).
Acabamos la noche muy tarde **y** *hoy tenemos resaca* (la conjunción *y* une dos oraciones).

En realidad, el primer ejemplo equivale a dos oraciones. En *Mi amigo y yo nos caímos del árbol* estamos diciendo *Mi amigo se cayó del árbol y yo me caí del árbol;* pero el genio del idioma tiende a la economía y las ha simplificado de modo que dos nombres formen un solo sujeto y concuerden con un solo verbo, lo cual convierte dos oraciones en una.

Las conjunciones pueden unir las oraciones de distinta manera, y por eso las dividimos en coordinantes y subordinantes.

> Las conjunciones coordinantes engarzan elementos que se miran de igual a igual.

Ninguno tiene un rango gramatical superior al otro. *Me di mucha prisa. Llegué tarde.* Después llega la conjunción y las une *(Me di mucha prisa* **pero** *llegué tarde),* sin que se establezca una relación de superioridad entre los dos grupos de vagones. En este caso, pues, cada convoy cuenta con su locomotora.

> Las conjunciones subordinantes hacen que una oración dependa de otra.

En ese caso, la locomotora principal arrastra los vagones anejos. Las conjunciones subordinantes hacen que la oración introducida por ellas se convierta en un complemento de la oración principal, a la cual sirven.

Veamos primero las conjunciones coordinantes.

Conjunciones coordinantes

➤ **Copulativas:** *Y, e, ni, que.*
Representan suma o acumulación.

Ni tú tienes casa ni yo soy arquitecto.

Ya hemos explicado que «cópula» significa «unión», y de ahí nace este adjetivo: «copulativa» (que une). No sólo une, sino que iguala. Los nombres o adjetivos que la rodeen quedarán situados en el mismo plano gramatical, lo mismo que las oraciones que engarce. Y tanto las iguala, que las oraciones o elementos enlazados por esta conjunción —si es genuinamente copulativa— suelen ser o todos afirmativos o todos negativos: *Ni la miel ni las abejas me gustan mucho* (pero no «la miel *ni* las abejas me gustan mucho»). *Nerea es muy lista y sabe trabajar bien.*

(También es posible teóricamente «Nerea es muy lista *y* no sabe trabajar bien», pero en este caso la conjunción *y* debe sustituirse por una adversativa: *Nerea es muy lista pero no sabe trabajar bien.* Así lo suele exigir el ánimo del hablante).

(El ánimo del hablante, tan crucial en todas las decisiones gramaticales).

● Y

La conjunción copulativa *y* cumple muy bien su función cuando encadena oraciones, y sobre todo cuando remata una serie de ellas que muestran una secuencia lógica. En ese momento, *y* vuelca sobre nuestras mentes toda la potencia acumulada por cada uno de esos verbos. Otorga así un sentido de consecuencia lógica a la última oración coordinada respecto de las anteriores:

Sigue hablando mal de tu coche, ponle un precio caro **y** *a ver cómo lo vendes.*

Se movió con soltura, cantó con naturalidad, miró fijamente a la cámara **y** *triunfó.*

La conjunción copulativa *y* tiene (como le ocurre al presente de indicativo) algunos valores ajenos a su función principal. Por ejemplo, se puede usar igualmente con valor concesivo o con intención condicional.

Hemos venido, y llueve (aunque llueve).

Sobre todo por su capacidad de uso como recurso estilístico para evitar la obviedad de otras conjunciones, y también la reiteración.

Sí, lo pasé mal **pero** *no me sorprendió: el día había salido espléndido,* **pero** *de repente subió el calor de forma increíble (… y de repente subió el calor).*

La conjunción *y* sólo se escribe o se pronuncia al final de una relación, uniendo los dos últimos elementos. Sin embargo, su reiteración puede causar un efecto estilístico interesante si se emplea con motivo justificado. Por ejemplo, para dar idea precisamente de reiteración. *Me invitó a navegar en su yate,* **y** *a comer en su restaurante,* **y** *a que fuera a su casa,* **y** *a que usara su pijama,* **y** *yo no sabía qué decirle ya.*

Esta conjunción puede tener un valor enfático, que se usa con frecuencia en Argentina. *Y bueno, no tuve otro remedio.* Pero también en otros ámbitos: *Y a mí qué me cuentas.*

- E

El gusto del genio del idioma por el buen sonido ha llegado a proteger una conjunción alternativa a *y,* más antigua incluso que ésta, de forma que pueda utilizarse ante palabras cuyo primer fonema coincida con el de la conjunción (por tanto, las grafías *i, hi*). Así, la conjunción *e* equivale a *y.*

*Me mandó a casa **e** hice lo que me dijo.*

Pero no se debe emplear ante el diptongo *hie: polvo, sudor y hierro* (Manuel Machado); porque en este caso la fonética de estas letras se convierte casi en /ye/ y no precisa la alteración; como tampoco es necesaria ante palabras de otras lenguas en que existe la hache aspirada: *Bill y Hillary.*

No obstante, conviene evitar la alternativa *e* siempre que se pueda, por su sonido y pronunciación incómodas. Para ello, muchas veces basta con cambiar de orden los elementos: *Tonto **e** idiota* siempre será peor que *idiota **y** tonto.*

- Ni

Esta conjunción copulativa significa «y no», y tiene una misión similar a *y* pero está reservada a oraciones negativas como resulta natural. Puede aparecer duplicada o simple:

*—No has sido amable conmigo **ni** me has halagado nada esta tarde, Lorenza.*
*—Es que **ni** yo me llamo Lorenza **ni** tú eres mi novio.*

Aparece en su forma simple si está precedida del adverbio *no* y a continuación de este adverbio se profiere una oración, como acabamos de ver. Y es obligatoria su duplicación si los elementos coordinados ejercen el papel de sujeto, estén por delante o por detrás del verbo: *Ni tú ni yo conocemos a ese tipo. A ese tipo no lo conocemos ni tú ni yo* (la gramática no aceptaría «tú ni yo»). En este segundo caso hacen falta tres elementos de negación.

Como su pariente *y*, la conjunción *ni* se puede usar enfáticamente:

Ni *que te crees tú eso.*
No eres tú pillo **ni** *nada.*

- Que

Algunas gramáticas suprimen la conjunción *que* en la relación de copulativas. Aquí la incluimos por entender así su valor: une elementos iguales y cumple la misma función que *y*.

Fue Hernández, **que** *no Fernández, quien me pidió permiso (Fue Hernández,* **y** *no Fernández, quien me pidió permiso).*

También tiene valor copulativo en locuciones como *erre que erre, canta que cantarás, arre que arre, ladra que ladra…* (a veces se añade a esta lista de ejemplos *quieras que no,* pero esta oración nos parece más disyuntiva que copulativa: *quieras* **o** *no).* En todos estos casos tiene sobre todo un valor intensificador.

➤ **Disyuntivas:** *O, u.*
Representan elección, opción o exclusión.

O *vienes ya de Islandia* **o** *voy yo a buscarte.*

Las conjunciones disyuntivas unen palabras y oraciones en las que se da una oposición que conduce a optar: a elegir o a excluir (en cualquier caso, incluir es excluir). A veces aparecen en forma simple *(Yo me quedo con la casa* **o** *con el coche)* y en otras ocasiones en forma duplicada *(**O** me das las llaves de la casa* **o** *me das las del coche),* estos últimos casos con un cierto sentido de conminación y de uso frecuente en los divorcios.

La conjunción disyuntiva constituye un caso espectacular de uso de la lógica con una sola letra. Sus usos diversos y sin embargo inequívocos debieran parecernos una maravilla de la naturaleza. Estamos aquí ante un huesecillo del esqueleto gramatical cuya importancia sólo se notaría cuando nos faltase, igual que ese músculo en el que no habíamos reparado nunca y que echamos de menos con cada movimiento una vez que se nos ha dañado.

Los elementos unidos por la disyuntiva *o* pueden excluirse entre sí hasta el punto de que o bien se realiza uno o bien se realiza el otro, pero no los dos a la vez:

O me hago rico con esta obra, o me arruino.
O vienes aquí, o te traigo.

Esto se llama «disyunción exclusiva», señores.

Pero los elementos unidos por la disyuntiva *o* también pueden plantearse de modo que las dos opciones resulten compatibles.

Solía tomar cada tarde un helado de fresa o de café.

Y estamos diciendo entonces que tomaba helados de esos dos sabores, de forma que en el sentido último de lo que se dice tomaba helados de fresa *y* helados de café. Esto se llama «disyunción inclusiva», señoras.

Esta simple letra nos puede trasladar también la opción de que nosotros, que estamos escuchando a quien habla, elijamos mentalmente entre las dos opciones que nos ofrece.

Ese árbol es más fuerte que una torre de hormigón, o que una roca de dos metros.

Esto se llama «disyuntiva de equivalencia», señoras y señores.

¿Aún hay más? Claro: la simple *o* cumple un papel explicativo indudable:

En este libro hemos intentado evitar la incómoda expresión sintagma verbal, o palabras que van ligadas al verbo; lo mismo que sintagma nominal, o palabras que van ligadas al nombre.

Evidentemente, en estos casos ha de llamarse «disyuntiva de explicación».

La disyuntiva *u* sustituye a *o* cuando la siguiente palabra empieza con ese fonema *(o-, ho-)*. Son aplicables aquí las mismas recomendaciones que en *y/e*: *¿Qué cerilla u hoguera habrá causado este tremendo incendio? (qué hoguera o cerilla).*

➤ **Adversativas:** *Pero, sino, mas, sin embargo* (omitimos *aunque*).

Representan contraposición o contraste.

Mi primo es guardia pero no tiene porra.

Las conjunciones adversativas se usan cuando necesitamos relacionar una idea positiva y otra negativa, y en general cuando estamos ante una contradicción, una paradoja o un contraste. En ellas, la oración subordinada representa una *adversidad* en relación con lo que cuenta la oración principal.

Hemos jugado como nunca pero hemos perdido como siempre.
Lo malo no es perder, sino la cara que se te queda.
Soy capaz de resistirme al primer cigarrillo del día pero no al segundo.
He comprado unas pastillas para curar mi mala memoria pero no recuerdo dónde las he dejado.

• Pero/sino

La conjunción *pero* indica una oposición leve entre las dos oraciones que une. Y no tiene que relacionarse necesariamente una acción con otra. En la frase *Te invité a venir pero no aceptaste,* se da una oposición entre las acciones reflejadas. Lo que no sucede en *Mi amiga es guapa pero no tiene ni un dólar,* donde simplemente se oponen un aspecto que el hablante considera positivo y otro que entiende negativo, sin que éste influya en que se dé o no aquél.

Con *pero,* las oraciones afirmativa y negativa pueden alternarse o reiterarse: *No vienes, pero no cobras; no vienes, pero co-*

bras; no cobras, pero vienes. En cambio, la conjunción *sino* necesita que la primera idea sea negativa: *No me interesa el deporte sino por televisión.*

- Mas

La conjunción *mas* tiene actualmente un uso ceñido a la escritura, y debe en gran parte la supervivencia a que evita la cacofonía (mal sonido) que se produce al situar a continuación de *pero* la preposición *para*:

Yo la avisé del peligro, **pero para** *Beatriz cuanto más riesgo hay, más interesante es un hombre (...* **mas para** *Beatriz).*

Esta conjunción es átona (nunca recae sobre ella un acento de grupo, y además no lleva tilde), a diferencia del adverbio de cantidad *más*.

- Sin embargo

La expresión *sin embargo* figura en algunas gramáticas como conjunción adversativa; y en otras como locución adversativa (pues consta de dos palabras). En cualquier caso, expresión adversativa es.

Yo la avisé del peligro; sin embargo, para Beatriz cuanto más riesgo hay, más interesante es un hombre.

Esta locución suele obligar a una puntuación diferente respecto de la que usaríamos con *pero:*

Yo la avisé del peligro, pero para Beatriz cuanto más riesgo hay...

- ¿Aunque?

Muchos gramáticos añaden *aunque* a este grupo. Su uso cada vez más extendido como conjunción adversativa —sobre todo en la prensa española— está desplazando a *pero* de su papel y propicia la confusión con el significado concesivo de *aunque* (en el que la acción se cumple pese a que aparece dificultada por la idea que esta conjunción introduce). Andrés Bello citaba ya en su gramática ciertos ejemplos escogidos de nuestra literatura clásica, pero hoy en día resulta fácil encontrar en los diarios cientos de oraciones donde *aunque* ocupa un lugar en el que *pero* podría aparecer con mejor rendimiento.

Veamos la oración siguiente:

*La policía detuvo al vecino que se dedicaba a romper los huevos que ponían las gallinas, **aunque** lo dejó en libertad (**pero** lo dejó en libertad).*

El hecho de que la policía detuviese al ladrón no fue dificultado por el hecho de que lo pusiera luego en libertad, entre otras razones porque éste es posterior (véase «concesivas»). El Diccionario de la Academia clasifica actualmente *aunque* como conjunción concesiva y como adversativa, pero en todos sus ejemplos cita una acción que dificulta o suele dificultar que se cumpla la otra. Aquí entendemos, por el contrario, que en la mayoría de los casos no pueden ser equivalentes *pero* y *aunque* porque la oposición entre las oraciones enlazadas por *pero* es menor que la requerida por *aunque*. Así, *Mi amiga es guapa, aunque no tiene ni un dólar* puede hacer pensar que el hecho de no tener ni un dólar guarda alguna relación con el de ser guapa: es decir, que dificulta ser guapa. Por tanto, *aunque* con valor adversativo no puede sustituir siempre a *pero,* porque puede suponerse su valor concesivo.

Si decimos *Mi amiga es guapa, **pero** no tiene ni un dólar,* la conjunción adversativa *pero* se limita a expresar un contraste.

En los ejemplos anteriores podemos ver cómo *aunque* no puede ocupar indiscriminadamente el lugar de *pero: No vienes, pero no cobras* (es imposible «No vienes, *aunque* no cobras»); *No vienes, pero cobras* (es posible «No vienes, *aunque* cobras», pero en este caso por su valor concesivo, no por el adversativo); *No cobras, pero vienes* (parece más discutible aquí la validez de *No cobras, aunque vienes,* que dependerá en cualquier caso del ánimo del hablante).

En la serie que exponemos a continuación pueden observarse la falta de equivalencia entre *aunque* y *pero,* y la confusión que su uso alterno puede ocasionar:

Tengo que salir aunque llueva (concesiva: dificulta la acción de salir).

Tengo que salir aunque llueve (concesiva: dificulta la acción de salir).

Llueve, pero tengo que salir (adversativa: oposición entre las oraciones).

Llueve, aunque tengo que salir (confusa; no parece que el hecho de salir dificulte el que llueva; mejor la sustitución por *pero).*

El autor de la gramática que tiene usted en la mano es partidario de recuperar el uso de *pero* en la batalla contra su invasor *aunque,* porque *aunque* ya tiene su sitio reservado entre las oraciones concesivas. De cualquier forma, esta opinión —carente de toda autoridad— no pretende ir a ningún sitio, sobre todo si llueve, sino sólo a promover la gimnasia de las neuronas idiomáticas.

➤ **Distributivas:** *Ora, bien, ya...*
Representan alternancia.

Ora *me daba una patada,* **ora** *me daba un manotazo.*

Las conjunciones distributivas sirven para referirse alternativamente a las palabras afectadas por ellas.

Ya me diga una cosa, ya me diga la otra, no pienso creerle.
Hará una gran carrera de 100 metros, bien sea el primero bien sea el segundo.

En este caso no se aprecia una oposición entre una parte y otra, sino alternancia y equilibrio.

A veces otras palabras cumplen la función distributiva y toman el valor de conjunción:

Sea por que viene, sea por que no viene, siempre te parecerá mal si viene o no viene.

Conjunciones subordinantes

En las conjunciones subordinantes incluimos ejemplos de una sola palabra y también grupos de dos o más (es decir, locuciones).

➤ **Completivas:** *Que, si.*
Sirven para conectar una oración principal con otra que hace las funciones propias de un sustantivo (sujeto, complemento directo...).

Le pregunté si iría al cine (complemento directo).
Me gustaría que viniera al cine (sujeto).

➤ **Causales:** *Porque, dado que, que, puesto que, ya que, pues...*
Enlazan una oración principal que ha sucedido por causa de lo que se cuenta en la oración subordinada.

Fui a ver esa película porque me dijiste que salía Brad Pitt, mentiroso.
Dime algo, que te quiero oír.

➤ **Finales:** *Para que, a fin de que, con objeto de que, a que, que...*
Expresan una finalidad de la oración principal, que se concreta en la subordinada.

Fui a ver esa película para que por fin me gustase Brad Pitt, y resulta que no aparece.

Introducen siempre oraciones formadas por un infinitivo o por un verbo en subjuntivo.

➤ **Comparativas:** *Como, más que, menos que, tanto como...*
Expresan un cotejo o una confrontación.

Me engañó como quiso.
Este actor canta mejor que actúa.

➤ **Consecutivas:** *Luego que, tal que, conque, así que, de manera que, por consiguiente...*
Enlazan una oración principal que tiene un efecto cuya concreción se expresa en la oración subordinada.

Me has mentido, luego ya no te creeré nunca.

➤ **Concesivas:** *Aunque, a pesar de que, por más que, si bien, aun cuando, aun...*
Una dificultad que se expresa en la oración secundaria no impide que se realice lo que cuenta la oración principal. Se *concede* que así ocurra, para lo cual usamos la conjunción concesiva.

No te he mentido, aunque tenía ganas de hacerlo.

➤ **Condicionales:** *Si, siempre que, en caso de que, en el supuesto de que, siempre y cuando, a no ser que, de no, mientras...*
La idea principal necesita la idea secundaria para convertirse en real. Y necesita la conjunción condicional también, claro.

Te perdonaré si me invitas a la actuación de los Rolling.

➤ **Ilativas:** *Pues, conque, ahora bien, es decir...*

Las que anuncian una ilación, explicación o consecuencia en relación con lo que anteriormente se ha manifestado.

Yo te invitaré a la actuación de los Rolling. Conque deja de estar enfadada.
Y quiero que sonrías. Pues ya has conseguido lo que querías.
Ahora bien, prepárate a soportar el volumen.
Es decir, no te quejes si hay mucho follón.

Algunas de ellas pueden tener también un valor de interjección:

¡Conque todavía estás enfadada!
¡Pues sí que estamos bien!

➤ **Temporales:** *Cuando, tan pronto como, desde, para cuando, luego de que, mientras...*
Establecen entre las oraciones una relación de tiempo.

No sé si seguiremos siendo novios para cuando actúen aquí los Rolling.
Desde que te has hecho mitómana no hay quien te aguante.

➤ **De lugar:** *Desde, donde, a donde...*
Establecen entre las oraciones una relación de lugar.

No esperaremos a que vengan los Rolling, cariño, iremos a verles a donde estén actuando.

➤ **De modo:** *Como...*
Se expresa una circunstancia referida a la oración principal para explicar de qué manera sucede algo.

Pues no sé si podrá ser como tú dices.

Locuciones conjuntivas

Algunas de ellas las hemos incluido en los apartados anteriores pero aquí mencionamos otras: *ahora bien, es decir...* (ilativas), *después (de) que, antes (de) que, mientras que...* (de tiempo), *ya que* (causal), *siempre que* (condicional), *sin embargo* (adversativa)...

Ciertas locuciones conjuntivas han originado interesantes polémicas entre gramáticos, principalmente sobre el hecho de si son adverbios unidos a preposiciones o si forman realmente una conjunción.

En cualquier caso, eso no nos importa tanto como la función que desempeñan las palabras en la oración, pues de eso trata la sintaxis.

TERCERA PARTE

EL PENSAMIENTO ENCADENADO

Capítulo 10
Los eslabones

Hemos hablado de un tren que tiene una locomotora (el verbo), un maquinista (el sujeto) y unos vagones (los complementos), engarzados por tornillos y juntas (artículos y preposiciones). Todos ellos forman oraciones de clase preferente, primera clase, clase turista y paquetería. Las conjunciones tienen el papel de enganchar estas oraciones entre sí como los vagones de primera se unen a los de segunda. Eso no suele hacer prescindible la locomotora, que se convierte en verbo principal y arrastra también las categorías subordinadas.

La relación entre todos esos elementos es la sintaxis.

La sintaxis se parece a la mecánica. De nada sirve una manivela si no está conectada con un sistema que aproveche su energía para transformarla en una fuerza más precisa, ya sea con el objetivo de levantar un toldo o con el de arrancar el motor de una cortadora de césped. La mecánica hace avanzar un auto, y también que se muevan nuestras piernas. Unas potencias llevan a otras, las conectan y en ese momento las activan.

El cerebro humano ha ido creando durante siglos los engranajes que mueven las oraciones, y éstos han de hallarse bien engrasados para que a su vez expresen el pensamiento sin que se rompa un engarce. Los vagones del tren necesitan de firmeza en la unión y de flexibilidad para tomar las curvas, lo mismo que las oraciones subordinadas. La sintaxis está llena de junturas estables, enganches resistentes y grasa para las holguras. Estos papeles los representan los tipos de palabras que hemos revisado hasta llegar aquí en esta gramática.

El prefijo griego *sin-* significa, paradójicamente, «con». Por eso hemos formado palabras como *sin-cronizados* («con el mismo tiempo», «con el mismo ritmo»), *sín-odo* («con-cilio de obispos»), *sin-óptico* («visión con-junta»)... y unas cuantas decenas más *(sinfonía, sincretismo, sinergia...)* que debemos explicarnos en castellano mediante la preposición que implica la relación de unas cosas y otras (unas cosas *con* otras).

Sin-taxis no tiene que ver, pues, con los problemas del transporte público sino con la «co-ordinación» de las oraciones entre sí.

La sintaxis reúne todas las piezas que se acoplan en nuestra mente para encadenar los pensamientos.

Hasta aquí hemos hablado de la morfología principalmente: de las formas que tienen las palabras y de las funciones que cumplen individualmente. Es decir, hemos dejado a las palabras en su casa, arreglándose para salir, todavía no hemos asistido a su comportamiento en sociedad (aunque sí hayamos husmeado en sus armarios para saber qué ropa suelen usar). Unas tienen ropa de deporte, otras lucen lentejuelas, las de más allá se han puesto telas que pueden servir lo mismo para una cena íntima que para ir a la playa (es que éstas son polivalentes), y algunas portan en la mano todo tipo de herramientas para arreglar cualquier problema que se encuentren, sea de aseo personal, de fontanería o de decoración (se trata de los artículos y las preposiciones, mayormente), dispuestas a soldar lo que haga falta o quizás a aligerar el entorno.

Aquí, en la plaza de la Sintaxis, las palabras salen en grupo y se relacionan, para formar oraciones que se vinculan con otras oraciones. Y claro, hace falta un cierto orden. El idioma ha impuesto sus reglas durante siglos y siglos, creadas conjuntamente por los pueblos; y plasmadas —y a menudo mejoradas sin contradecirlas— por sus escritores. No todas las palabras se relacionan de igual modo, porque no se han puesto la misma ropa. Si uno va en pijama no puede cumplir la misma función que si se ha vestido de camarero. El pijama limita mucho las relaciones (no por ello menos excitantes), mientras que los trajes vistosos suelen ocasionar más contactos, bien es verdad que de otra índole.

Ya sabemos qué ropa puede vestir cada palabra. Veamos ahora con qué intenciones y con qué resultado.

EL PRINCIPIO GENERAL DE LA SINTAXIS

Esas relaciones principales entre las palabras se producen mediante vestimentas muy nítidas: los sujetos, los verbos, los complementos... Puede parecer complicado, y lo entenderemos mejor si partimos de este principio general de la sintaxis, que representa todas las funciones posibles en una oración y supone el marco en el que se puede encuadrar ordenadamente cada vocablo:

> Alguien hace algo a alguien en alguna circunstancia.

En esta frase tenemos la base de todo.

Alguien (o algo)...

Es el sujeto, el maquinista del sistema; el protagonista general de la oración. Desempeñan este papel (porque tienen las ropas adecuadas) los pronombres y los nombres, a menudo acompañados por adjetivos, adverbios y otros aditamentos que los visten mejor, y que forman el paquete nominal (también llamado *sintagma nominal*). Asimismo, puede ser sujeto una oración entera, que concordará siempre con su nuevo verbo en tercera persona: *Lo que hiciste* no sirve de nada.

En los vagones y en el puesto del maquinista puede viajar más de un individuo, claro, porque un sujeto o un predicado se forman con una o varias palabras en unidad de acción (o *sintagma*).

... hace...

Es el verbo. No hay oraciones, ni sintaxis, ni nada si no tenemos verbo. El verbo constituye la fuerza, la acción. Es la locomotora del idioma. Por sí mismo puede crear una oración, sin necesidad de ningún otro elemento, pero generalmente sus acciones tienen un efecto (véase el apartado siguiente).

... algo...

El complemento directo. Y éste es el efecto. Llamamos así a la parte de la oración que complementa al verbo directamente y en la que recae su acción directa. Estamos hablando de la acción gramatical, de la potencia eléctrica que se traslada. En *El boxeador dio un puñetazo al árbitro sin querer,* quien recibe la acción semántica (de significado) es el árbitro, pobrecillo; sin embargo, la acción sintáctica del verbo *dar,* su fuerza eléctrica gramatical, recae en *un puñetazo,* impulso que este complemento traslada a su vez *al árbitro,* pero indirectamente. El complemento directo son los vagones arrastrados por la locomotora, que reciben su acción directa; el indirecto, los viajeros que van dentro. Suelen desempeñar la función de complemento directo los nombres, pero también puede ejercer tal papel una oración entera (introducida por *que* o por *si): Yo quiero **que entiendas todo esto.**

... a alguien (o a algo)...

El complemento indirecto. Aquí tenemos el efecto secundario. La acción le acaba llegando al árbitro, como consecuencia de la fuerza sobrante que ha acumulado el complemento directo: el maquinista-sujeto *(el boxeador)* maneja la locomotora-verbo *(dio)*, que transmite su fuerza al vagón-complemento directo *(un puñetazo)* que a su vez se la transmite a cada pasajero del tren *(al árbitro)*. Los viajeros reciben el movimiento, y el árbitro recibe el puñetazo. A este complemento se apuntan también los nombres, los pronombres y sus vestimentas.

... en alguna circunstancia.

El complemento circunstancial. Porque todo cuanto sucede tiene que ocurrir en algún entorno: de tiempo, de lugar, de modo... Son las vías del tren, porque por algún sitio debe circular, pero también el reloj de la estación, y la velocidad que lleva... O el cuadrilátero donde se desarrollaba el combate, o el modo en que el árbitro recibió los golpes *(... sin querer)*. Suelen formar parte de este paquete complementario los adverbios, las preposiciones y las conjunciones, y a su vez pueden servir de engarce con otra oración a la que sitúan en funciones de complemento circunstancial.

> Y en alguna circunstancia alguien es algo.

La oración *Alguien hace algo a alguien en alguna circunstancia* resume toda la sintaxis de las oraciones transitivas. Pero nos faltan las oraciones copulativas (las que se forman sobre los verbos *ser, estar, resultar* y *parecer* (y su sinónimo *semejar)*, que reúnen unas características diferentes. En ellas no hay complementos directo ni indirecto, sino atributo; porque el verbo no refleja una acción sino que se limita a servir de enlace (de cópula) entre el sujeto y lo que se dice de él (y lo que se dice de él es el atributo, pues le atribuye alguna cualidad o condición).

En alguna circunstancia...

El complemento circunstancial es el único complemento verbal que comparten las oraciones predicativas y las copulativas. El verbo, como hemos dicho, se limita a conectar el sujeto con lo que se dice de él (con el atributo), pero eso siempre ocurre en algún contexto o de algún modo. Por ejemplo, en estas oraciones:

Esta leche estará mala dentro de dos meses.
Enrique es lento siempre.
Federico parece perverso en su trabajo.

... alguien...

El sujeto de las oraciones copulativas sí es equiparable al de las transitivas, salvo por el hecho de que se conecta con el atributo a través del verbo. Sigue siendo el maquinista de la oración —pues la gobierna— y el que obliga al verbo en la concordancia de número y persona.

... es...

Los verbos copulativos son, como hemos dicho, *ser, estar, resultar* y *parecer* (y *semejar*). No reflejan una acción, sino que se limitan a ejercer como conexión entre el sujeto y el atributo.

María Teresa es vicepresidenta.

... algo.

El complemento complementa y el atributo atribuye. Esto es una tautología, pero sirve para apreciar la diferencia entre estos elementos de la oración. El complemento recibe la acción del verbo en las oraciones predicativas, y por eso complementa lo que el verbo está contando. En las oraciones copulativas el atributo no recibe acción alguna, y se relaciona no tanto con el verbo como con el sujeto. Por eso no debemos confundirlos. «Algo» es aquí el atributo: *La gramática es complicada* (la gramática es «algo»: complicada). Suelen desempeñar el papel de atributo los adjetivos, pero también se emplean los sustantivos y hasta una oración completa:

Mi novio es maravilloso.
Mi novio es piloto.
Mi novio es lo que más me importa en esta vida.

El vocativo o «llamativo»

La oración puede ir acompañada por lo que en gramática se denomina «vocativo» y que aquí ofrecemos como «llamativo» para entendernos mejor. Véase el ejemplo: *Alguien hace algo a alguien en alguna circunstancia,* **queridos lectores.** Aquí la expresión *queridos lectores* sirve como apelación (o llamada) a quienes nos leen, y vive independiente de las conexiones sintácticas, situada en aposición (una palabra «apuesta» no es necesariamente un término elegante, sino un vocablo que se pone junto a otros sin ligarse a ellos mediante una conexión sintáctica; en yuxtaposición). Si se coloca en el medio de una oración, necesita ir precedida y sucedida por comas: *Alguien hace algo a alguien,* **queridos lectores,** *en alguna circunstancia.* Pero también puede ir al principio, en este caso sucedida por una coma o por el signo de dos puntos: **Queridos amigos,** *alguien hace algo a alguien en alguna circunstancia.*

* * *

En los párrafos precedentes está resumida toda la sintaxis. Basta escoger cualquier oración y colocar cada uno de sus elementos en los cajones que acabamos de describir. El cajón del sujeto, el del verbo, el del complemento (directo, indirecto, circunstancial, preposicional, el del atributo...). A partir de ahí sólo queda ver cómo se relaciona esa oración con otra, pero ya tenemos algo avanzado porque nos hemos ocupado de eso al analizar las conjunciones.

No obstante, en el ejemplo *Alguien hace algo a alguien en alguna circunstancia* se ha usado un complemento directo de género neutro, lo que excluye a las personas físicas. Hacemos esta advertencia porque ese «algo» puede despistar, y dar a entender que la acción sólo recae en cosas. ¿Qué haríamos entonces con un verbo tan importante como *amar,* el más usado como ejemplo en la historia de la gramática? En efecto, en oraciones como *Amo a María José* o *Amo a mi hijo* (personas ambas), el complemento directo son *María José* y *mi hijo* respectivamente. Y no existe complemento indirecto porque toda la acción se concentra en ellos. No todos los verbos pueden tener complemento indirecto, como no todos pueden tenerlo directo. (Nos hemos referido a eso al estudiar los verbos intransitivos y transitivos).

Podemos construir oraciones con sólo complemento directo: *Comí una carne exquisita.* O con sólo complemento indirecto: *A mi primo no le gustó.* O con sólo complemento circunstancial: *Crecí en un pueblo muy pequeño.* (Lo explicaremos mejor más adelante).

¿Para qué sirve la sintaxis?

Sintaxis... qué palabra tan extraña. La inventaron los griegos, y la tomaron los romanos. Su origen está en el verbo helénico *sintásso,* que significaba «coordinar», «colocar en orden».

> La sintaxis engloba los estudios dedicados a saber cómo se coordinan las palabras para que podamos entenderlas; cómo se construye una idea con palabras. Y el «análisis sintáctico» consiste en identificar las funciones de cada una de ellas.

No sabía mucha gramática castellana —pero sí vasca— aquel vizcaíno que Cervantes dejó tan magistralmente que se describiera solo. Decía el vizcaíno:

Anda, caballero que mal andes; por el Dios que criome, que, si no dejas coche, así te matas como estás ahí vizcaíno. ... ¿Yo no caballero? Juro a Dios tan mientes como cristiano. Si lanza arrojas y espada sacas, ¡el agua cuán presto verás que al gato llevas! Vizcaíno por tierra, hidalgo por mar, hidalgo por el diablo, y mientes que mira si otra dices cosa.

Resulta imposible *pensar* la mayoría de esas oraciones para quien hable castellano y desconozca el euskera o vascuence. La estructura de esas frases responde a otra lógica gramatical (a otra costumbre), y Cervantes la retrató con buen oído.

La «traducción» de la parrafada que se soltó el vizcaíno a nuestra sintaxis castellana puede ser la siguiente:

Vete, caballero, en mala hora, que, por el Dios que me creó, si no dejas el coche, tan cierto es que este vizcaíno te matará como que tú estás ahí. ... ¿Que yo no soy caballero? Juro a Dios, como cristiano, que mientes. Si arrojas la lanza y sacas la espada, verás cuán presto me llevo el gato al agua. El vizcaíno es hidalgo por tierra, por mar y por el diablo, y mira que mientes si dices otra cosa.

¿Y para qué sirve la sintaxis? Para lo mismo que puede servir un crucigrama o un *sudoku*. Fundamentalmente, para pensar. Analizar el idioma es hacer gimnasia mental para utilizarlo mejor, para escribir mejor, para expresarse mejor, para comprender mejor... O sea, para mejorar.

Eso nos ayudará en algo mucho más importante: ser capaces de convencer a los demás cuando lo necesitemos.

LA PRE-ORACIÓN

La oración refleja un pensamiento elaborado; pero también disponemos los seres humanos de pensamientos simples, sobre todo los hombres.

Estos pensamientos se expresan en disparos lingüísticos como ¡cuidado!, ¡silencio!, ¡antes! (esto último lo suelen decir los delanteros de fútbol, y equivale a *¡haberme pasado antes el balón!)*, *hasta mañana, ¡pero bueno!*... y otras expresiones que ya citamos en el apartado de las interjecciones y que no es preciso reproducir aquí, por su carácter ineducado.

Algunos gramáticos llaman «frase» a estos pensamientos simples que preferimos denominar **pre-oración,** y que, por inventar y darle tono profesoral, hasta podríamos llamar en algún caso «expresión coherente unipalabraria». Pero el término *frase* puede inducir a confusión, puesto que en la vida común se llama *frase* a lo comprendido entre dos puntos ortográficos; y algunos lingüistas entienden por *frase* un conjunto de oraciones con sentido coherente (precisamente las que suelen ir entre dos puntos ortográficos).

LA ORACIÓN

Oración, oral, oratoria, orador... los cromosomas de estas palabras proceden de un gen común: el latín *oratio:* «facultad de hablar». Que a su vez heredó el ADN de *os, oris,* «boca» *(Esse in ore omnium: Estar en boca de todos;* ya existía ese dicho en latín). Y de aquel *os* de los romanos nació la ramificación genética *ósculo* («beso», que en latín era literalmente «boca pequeña»). Palabras que a su vez derivaron del término indoeuropeo *os* («boca» también)... No hemos podido llegar más lejos en el túnel del tiempo para conocer qué mecanismo creó en la mente humana el embrión de lo que ahora llamamos **oración.** Si lo hiciéramos, sabríamos mucho también acerca de los movimientos migratorios que se produjeron en la prehistoria.

Las asociaciones de ideas que se han ido registrando en la mente humana durante siglos han conducido a la evolución del idioma, lo cual le ha permitido crecer a partir de sí mismo. Y la mejor muestra de ese crecimiento son las oraciones y su forma de relacionarse: el pensamiento más enriquecido.

Los gramáticos han alumbrado muchas definiciones de lo que es una oración, un concepto muy elaborado ya pero que no pierde de vista el origen etimológico de su raíz. Unas más precisas, otras más completas… intentaremos reescribir una definición que, sin ser mejor que las otras, sirva a los propósitos de este libro.

> Oración es la expresión coherente de un pensamiento, en la que figura un verbo y sólo uno. Para ser una oración principal, el verbo ha de estar conjugado (es decir, debe ser una forma personal).

Puede entenderse que algunas oraciones de relativo tienen dos verbos y sin embargo forman una sola oración *(El principiante que **vino** hoy a trabajar no **sabe** ni hacer la o con un canuto)*. Pero en ese caso estamos ante dos oraciones: *El principiante no sabe ni hacer la o con un canuto* (principal) y *que empezó hoy a trabajar* (subordinada de relativo). Así al menos lo consideraremos aquí, aunque pueda analizarse también desde otro punto de vista.

No se trata de tener razón, sino de hacer ejercicio. La gramática entrena la mente para pensar.

ELEMENTOS DE LA ORACIÓN

Como ya hemos explicado, la oración está formada por al menos un sujeto y un verbo, en el caso de las oraciones predicativas; y por un sujeto, un verbo copulativo y un atributo en el de las copulativas. (En el momento en que tenemos un verbo conjugado tenemos también un sujeto, representado por la persona gramatical de ese mismo verbo, salvo en las oraciones impersonales). Además, ambas pueden incluir complementos circunstanciales; y si son predicativas, complemento directo, indirecto, «complemento de régimen» o «complemento preposicional», del que también hablaremos.

Los sintagmas

Sintagma es una palabra antipática. El léxico especializado de la lingüística está muy dominado por la herencia griega, cuyos términos nos suenan siempre fríos (a diferencia del calor que percibimos en los árabes). Y eso pasa con sintagma, vocablo técnico que hemos vadeado aquí hasta este momento. Pero no podíamos prescindir de él totalmente, por miedo a que un estudiante a quien se le pudiera plantear una pregunta que incluyera la voz sintagma no supiese qué responder aun habiendo leído este libro (o precisamente por haberlo leído).

Expliquemos, pues, breve y claramente, lo que es un sintagma. Con el propósito de no usar nuevamente esta expresión.

Los elementos de la oración pueden estar constituidos por una sola palabra o por varias. Sea de un modo o de otro —un vocablo o varios—, las unidades de función y de sentido que forman las palabras se llaman **sintagmas.**

Un sintagma (sustantivo que deriva del griego *sintásso,* «coordinar», «colocar en orden») es, pues, una agrupación de palabras con un sentido y una función común.

Y unos sintagmas pueden estar dentro de otros: el sintagma más grande es la oración, que se subdivide en nuevos sintagmas (sintagma nominal, sintagma verbal, sintagma adjetival, sintagma adverbial, sintagma preposicional —el que va precedido de una preposición—). ¿Cómo podemos distinguir esas pequeñas unidades? Muy fácil: haciendo el corte por donde cambian los significados conjuntos. Si queremos alterar el orden de una oración, la «bolsa» o sintagma no puede dejarse fuera —en ese traslado— ninguno de sus elementos. Y si alguno puede caerse de la bolsa, eso significa que no forma parte del sintagma.

Vemos los diferentes sintagmas en estos ejemplos:

Los barcos de vela / compiten / con mucha dificultad / contra los barcos que tienen motor.

Contra los barcos que tienen motor / compiten / los barcos de vela / con mucha dificultad.

Con mucha dificultad / compiten / contra los barcos que tienen motor / los barcos de vela.

Los grupos de palabras que «viajan» unidas son sintagmas. En una oración como las anteriores, no tendría sentido un grupo —o subdivisión— como «los barcos de», o «vela compiten», ni «mucha dificultad contra los», porque se percibirían incompletos. Si cambiaran de sitio esos grupos o bolsas con palabras, esas que hemos seleccionado no podrían viajar juntas. Pasaría esto:

«Los barcos de con mucha dificultad contra vela compiten los que tienen motor barcos».

Los sintagmas cumplen misiones concretas, pero de modo que todas las palabras de ese grupo contribuyen a alcanzar el objetivo común. Los vocablos que se hallan en una misma bolsa o sintagma son necesarios para que todo el conjunto cumpla su función sintáctica.

Los sintagmas vienen a ser, pues, como grupos de turistas en viajes organizados, incluidos sus medios de transporte, si se trata de complementos del verbo (o *sintagma verbal*). Y como la tripulación —el maquinista y sus ayudantes— si se trata de un sujeto *(sintagma nominal).*

Y esto es todo lo que tenemos que decir acerca de la palabra *sintagma*.

El sujeto

Se llama así porque en latín se denominaba *subiectus* y significaba lo mismo. De aquella raíz procede *subjetivo*. Ambas expresiones —*sujeto* y *subjetivo*— se refieren a la persona y a su punto de vista, si bien la persona gramatical —ya lo sabemos— no es necesariamente una persona física. Digamos que, en lo que se refiere a esa obligación, y paradójicamente, «el sujeto no está sujeto».

Tal difuminación del significado ha permitido construir una ingeniosa frase, que todos podemos usar si se nos acusa de parcialidad en alguna materia: *Si fuera un objeto sería objetivo, pero como soy un sujeto soy subjetivo.*

El sujeto define a la persona, animal o cosa de los que se dice algo en la oración, o que desencadenan la acción representada en ella. Concuerda con el verbo en persona y número.

El sujeto, como tantas otras cuestiones en la gramática, es una abstracción. Se plasma en casos concretos, sí, pero sólo con una idea general e inconcreta podemos concebirlo. Su concreción se puede dar mediante un procedimiento léxico, gramatical o elíptico.

➤ Sujeto gramatical

Es el que no está expreso en la oración y que se sobreentiende por la persona gramatical del verbo: *Escribiste un libro malísimo, querido amigo* (el sujeto es *tú*).

➤ Sujeto léxico

Es el que reside en una palabra. Por eso se llama «léxico», término que entronca con el griego *léxis,* palabra. Por tanto, el sujeto léxico es el sujeto de palabra. *Tú escribiste un libro malísimo, querido amigo* (el sujeto sigue siendo *tú,* pero ahora lo vemos con nuestros propios ojos).

➤ Sujeto elíptico

Se parece mucho al gramatical, si bien en este caso el verbo carece de sujeto propio y lo toma prestado de otro con el que se halla coordinado. *Mariano escribió un libro muy malo, querido amigo, aunque no lo sepa.* El sujeto de *sepa* es *Mariano,* que se ha adjudicado a otro verbo. En gramática, las palabras «elipsis», «elisión», «elidido» o «elíptico» son de la misma familia, y se refieren a elementos que no están expresos pero que se sobreentienden.

Estos sujetos —gramatical, léxico o elíptico— pueden desencadenar la acción o pueden recibirla, lo cual nos da otra posibilidad de clasificarlos. En este caso, como sujeto agente y sujeto paciente.

➤ Sujeto agente

Es el de las oraciones con complemento directo (llamadas «transitivas»). *Agens,* en latín, es «el que hace». De ahí viene la palabra «agente» y su unión con «sujeto» *(sujeto agente:* «el que hace»). *Paola presenta un programa de televisión.* En este caso, el sujeto agente es *Paola. Manuel es un policía muy activo* (y aquí *Manuel* es dos veces agente).

➤ Sujeto paciente

Es el sujeto de las oraciones pasivas. *Paciens,* en latín, es «el que recibe o padece algo». Por eso, *sujeto paciente* es «el que recibe la acción». *Un programa de televisión es presentado por Paola.* En este caso, el sujeto es el sintagma o grupo *un programa de televisión. Manuel fue operado por el médico* (y nuevamente Manuel cumple dos veces su papel).

Generalmente, el sujeto ocupa el lugar primero en la oración, por delante del verbo, pero el idioma español admite también su posposición: *El árbol se ha caído encima de mi coche precisamente / Encima de mi coche precisamente se ha caído el árbol.* Cuando se produce esta alteración se obtiene algún valor enfático (en el ejemplo anterior, se resalta que el árbol cayó encima del coche precisamente, por encima del hecho de que se haya caído un árbol).

El sujeto puede estar constituido por una palabra (por ejemplo, *yo*) o por un grupo de ellas o sintagma (***Los compañeros más pequeños de mi clase en el colegio** se lo pasan mejor que nosotros, **Los altos directivos de mi empresa de electrodomésticos** ganan mucho dinero*). Cuando se forma con varias palabras, todas se agrupan en torno a un núcleo: *compañeros, directivos.*

El núcleo siempre está ocupado por un pronombre tónico *(yo, tú, él, vos…)*, o por un sustantivo o por una palabra que cumple el papel de sustantivo (por ejemplo, un verbo en infinitivo). Digamos que el *sustantivo* es la *sustancia* del sujeto. En los ejemplos anteriores, los núcleos son, en efecto, *compañeros* y *directivos*. En torno a ellos se agrupan artículos *(los, el)*, preposiciones *(de, en)*, adjetivos *(mi, pequeños, altos)*, adverbios *(más)* y otros sustantivos *(clase, colegio, empresa, electrodomésticos)*.

A su vez, esas palabras se agrupan entre sí de manera inseparable: *los compañeros, más pequeños / de mi clase / en el colegio; los altos directivos / de mi empresa / de electrodomésticos*. Forman unidades dentro de la unidad y se llaman también sintagmas, como ya hemos visto.

El núcleo del sujeto puede ir precedido de un artículo o no. Nunca de una preposición (salvo que tenga valor adverbial, como hemos apreciado en *hasta*, por ejemplo).

Los núcleos

Los complementos de una oración, así como el sujeto, pueden estar constituidos entonces por una sola palabra pero también por un paquete de ellas que desempeñan una función conjunta, y que han de agruparse en torno a un núcleo.

Los artículos y preposiciones son *determinantes* de un núcleo (es decir, determinan su extensión, más exactamente la extensión de su significado), mientras que los adjetivos calificativos y los adverbios son *modificadores* (alteran el significado de la palabra a la que complementan).

Los complementos directos, indirectos y circunstanciales se pueden formar con grupos de sustantivos, adverbios, adjetivos y determinantes.

Hagamos el análisis sintáctico de la siguiente oración.

Los	músicos	que	empezaron	pronto
Determinante	Núcleo	Relativo y sujeto	Verbo subordinado	Modificador

Sujeto

tocan	mejor	el	piano.
Verbo principal	Modificador	Determinante	Núcleo

Predicado verbal

El grupo de palabras que forman el sujeto se denomina *sintagma nominal* (paquete del nombre). El grupo de palabras que forman el verbo y los complementos se llama *sintagma verbal* (paquete del verbo principal). El relativo «que» es aquí el sujeto de la oración subordinada.

El predicado

Predicar no equivale solamente a impartir doctrina religiosa, cuestión que suele ser diferente de la que consiste en dar trigo. «Predicar» se define en primer lugar como «hacer patente y claro algo». Y así se entiende también en la terminología gramatical.

> El predicado es «todo lo que se dice acerca del sujeto». En las oraciones predicativas está constituido al menos por un verbo y, en el caso de las oraciones copulativas, por un verbo copulativo y un atributo.

➤ Predicado verbal

Tradicionalmente, se dividía la oración en *sujeto, verbo y predicado*. El predicado comprendía las distintas posibilidades de complementos (directo, indirecto, circunstancial). Pero la gramática actual incluye al verbo en lo que denomina ya *predicado verbal*, y divide la oración predicativa en dos partes: *sujeto* y *predicado verbal*.

➤ Predicado nominal

La expresión *predicado nominal* se reserva para las oraciones copulativas (recuérdese: las que se forman con el verbo *ser, estar* y similares, como *resultar* o *parecer*), en las cuales el sujeto o nombre va unido por el verbo copulativo a un atributo: *Esta película es un petardo, Esta sopa está rica, Este camino parece tortuoso*. Los predicados nominales en esas oraciones son *es un petardo, está rica* y *parece tortuoso*.

El atributo

La vida real y la gramática se acercan más aquí, pues los atributos guardan mucha relación con la cópula. El atributo y el verbo copulativo forman en las oraciones copulativas el llamado predicado nominal, que se corresponde con el predicado verbal de las oraciones predicativas y que, como éste, es de presencia obligada para que exista una oración.

Xurxo es magnífico.
Carmina parece buena.

En estas oraciones, los atributos son *magnífico* y *buena*. Ese papel lo desempeñan generalmente los adjetivos y las oraciones adjetivas, pero puede recaer también en un sustantivo:

Mi primo es el portero del equipo.
Mi hermana es la entrenadora.
La rodilla parece lesionada.
Los datos no resultaron buenos.

El sujeto y el atributo se hallan íntimamente ligados, o copulados, por el propio verbo. Y de ahí que se llamen «atributos», pues atribuyen una cualidad o condición al sujeto. (*Atributo* significa «cada una de las cualidades o propiedades de un ser»).

SECCIÓN DE COMPLEMENTOS

Todo traje necesita ciertos complementos para redondear su elegancia. Una pulsera o unos gemelos, un broche o una corbata, una pamela o un sombrero; un cinturón, tal vez una flor... Los complementos nos amplían la percepción que tenemos del traje, y nos añaden información sobre la persona que lo lleva puesto.

Entramos así en la planta de complementos, destinada a mostrarnos esos elementos adicionales que completan un conjunto y que se agrupan en torno a un tronco o eje.

> Los complementos son palabras o grupos de palabras que acompañan a un eje gramatical para ampliarnos la información sobre él.

Alrededor de ese eje se sitúan, pues, una o varias palabras que lo amplían en su significado o lo restringen; o que lo adornan.

Los ejes pueden ser una oración completa, una parte de ella, un núcleo verbal o un núcleo no verbal. Todos estos ejes pueden ser complementados por otras palabras, que ejercen de corbata, calcetines, broche o sortija.

Los complementos gramaticales

➤ **Complementos no verbales**
- Complemento del nombre
- Complemento del adjetivo
- Complemento del adverbio

➤ **Complementos de oración**

➤ **Complementos verbales**
- Complemento directo
- Complemento indirecto
- Complemento circunstancial
- Complemento preposicional (o de régimen)
- Complemento agente

➤ **Complementos predicativos**
- Del sujeto
- Del complemento directo

LOS COMPLEMENTOS NO VERBALES

Complemento del nombre

Cumplen esta función los adjetivos cuando se enchufan directamente al nombre-eje (o núcleo); y también otros grupos de palabras conectados con el nombre mediante una preposición.

*El balón **deshinchado.***
*El balón **de reglamento.***
*El vecino **de arriba.***
*El vecino **latoso.***

Los complementos del nombre pueden ser uno solo o varios:

El balón deshinchado de reglamento del vecino latoso de arriba.

En este último ejemplo tenemos dos ejes (o trajes): *balón* y *vecino*. Las restantes palabras constituyen complementos o adornos del nombre.

También un nombre puede complementar a otro:

El presidente Bush, el entrenador Menotti.

Complemento del adjetivo

El complemento del adjetivo debe formarse con un grupo de palabras, y no sólo con una. Para cumplir esta función hace falta que el broche o la corbata estén conectados al adjetivo mediante una preposición.

*Roto **por la tristeza.***
*Hundido **por los goles.***
*Unidos **con el equipo.***
*Seguros **de la remontada.***

Complemento del adverbio

El complemento del adverbio precisa igualmente de una preposición, mediante la cual se conecta con el eje o núcleo.

*Pronto **de verdad.***
*Cerca **de tus amigos.***
*Encima **de los tejados.***
*Allá **en el rancho grande.***

Los complementos de la oración

Un tipo especial de complementos adornan a toda la frase, y no sólo a alguna de sus partes. Por eso se llaman «complementos de oración». Por lo general, se trata de adverbios o locuciones adverbiales que se sitúan al principio de una frase:

Increíblemente, *Eustasio —que estaba solo— salió desnudo un momentito a dejar la basura en el canasto de la escalera y se le cerró la puerta de casa por la corriente.*

El adverbio *increíblemente* cobija a las dos oraciones que le siguen. Si se alterase su posición, complementaría a otros verbos o adjetivos: *Eustasio, que increíblemente estaba solo...*
En oraciones más cortas, estos complementos pueden situarse en cualquier otro lugar de la oración, pero deben rodearse de comas para mantener esa función de complemento global, de modo que su influencia no se ligue a una palabra en concreto sino a todas.

Claramente, *Enrique no es un hombre seguro.*
*Enrique no es, **claramente**, un hombre seguro.*

Véase la diferencia si se suprimen las comas:

Enrique no es claramente un hombre seguro.

En este último ejemplo, *claramente* no cobija toda la oración, sino que sólo complementa o modifica a *es*. Y eso implica que tal vez sea un hombre seguro, aunque no claramente.

LOS COMPLEMENTOS VERBALES

Consideramos complementos verbales aquellos que modifican o explican lo que nos cuenta el verbo.

Complemento directo

El flujo sanguíneo que expele el corazón verbal llega en primer término al complemento directo, arteria principal de la oración. El complemento directo (también llamado objeto directo) es, por tanto, la parte del predicado verbal que recibe en primer lugar la acción del verbo.

*Miro **esa pistola** sobre la mesa.*

Esa pistola recibe la acción de mirar.

El complemento directo siempre está formado por un nombre, un nombre de persona precedido de la preposición *a* o un pronombre personal átono *(me, te, se, le, la, nos, os, los, las, les)*.

Si la oración se observa en el espejo, el complemento directo se refleja como sujeto paciente.

***Esa pistola** es mirada por mí sobre la mesa.*

Así pues, para descubrir el complemento directo en casos de duda podemos poner la oración en voz pasiva.

Complemento indirecto

El complemento indirecto (también llamado «objeto indirecto») es el elemento de la oración que recibe la acción del verbo una vez que ésta ha pasado por el complemento directo. En las oraciones de complemento indirecto en las que no existe complemento directo —que encontraremos escasas veces, pues cuando aparece el primero casi siempre lo hace acompañando al segundo—, el indirecto es el destinatario de la acción nombrada por el verbo, pero la oración no se puede volver por pasiva. (Se dice «volver por pasiva», pero es verdad que suena raro: sería mejor «volver a pasiva» o «convertir en pasiva»).

Veamos ejemplos de oraciones con complemento indirecto:

*Lleva la pistola **al comisario,** que se la olvidó aquí* (*la pistola* es el complemento directo; *al comisario,* el indirecto).

*La devolución de la pistola agradó mucho **al comisario*** (*la devolución de la pistola* es el sujeto; *al comisario,* el complemento indirecto; en este caso no hay complemento directo).

El complemento indirecto se confunde a menudo con el directo, y hay motivos. Ambos pueden ser introducidos por una preposición *a,* y ambos se forman con un sustantivo como base. Algunos de los pronombres átonos utilizables también coinciden, pero en el caso del indirecto nunca se pueden usar *lo, la, los* y *las.*

Ahora bien, atención, a diferencia del directo:

• El complemento indirecto no puede carecer de una preposición: *Él llevó la pistola **al comisario.***

• Nunca varía de posición ni cometido si la oración se convierte en pasiva: *La pistola fue llevada por él **al comisario.***

• Y, también, a diferencia del directo, permite duplicarse con un pronombre átono sin alterar el orden de los elementos: *Él **le** llevó la pistola **al comisario.** La devolución de la pistola **le** agradó mucho **al comisario.***

(El complemento directo también admite duplicación, pero sólo si se cambia el orden: *La pistola la olvidó el comisario*).

Otra forma de reconocer el complemento indirecto consiste en preguntar al verbo: *¿A quién...?* o *¿a qué?: ¿A quién llevó la pistola?: al comisario.*

El complemento indirecto puede formarse también con la preposición *para*, si bien hay quien considera complementos circunstanciales los grupos introducidos por esa partícula. Pero otros gramáticos sostienen que *para* introduce un complemento indirecto —y no circunstancial de finalidad— en oraciones como *Traje un regalo **para ella*** (equivalente a ***Le** traje un regalo*) o *Construí un juguete **para el niño** (**Le** construí un juguete)*.

Quedan para la discusión de los teóricos frases como ***Le** compró una casa **a Ismael*** y su alternativa ***Le** compró una casa **para Ismael***. En el primer ejemplo, Ismael puede ser el vendedor, aunque también podría ser el beneficiario; en el segundo, sólo el beneficiario. En el primer caso es complemento indirecto, pero ¿en el segundo? Aparentemente, complemento circunstancial de finalidad, porque ese ***le** (**Le** compró una casa para Ismael)* sigue siendo el complemento indirecto, en este caso no duplicado sino simple: ya no se refiere a la persona beneficiaria de la compra sino a la beneficiaria de la venta.

He ahí un punto de partida para el debate.

Complemento circunstancial

El verbo es el verbo y su circunstancia, como cada uno de nosotros. Todo lo que sucede con él ocurre en algún entorno, lo sepamos o no, nos interese mucho o nos resulte indiferente.

En esta parte de la oración, el complemento circunstancial, se expresan los avatares que rodean a la acción, ya sean de tiempo, modo, lugar, cantidad… Es decir, se cuentan las circunstancias en las que se produce algo.

Por ejemplo:

*Laia firmó el contrato **en su casa*** (lugar).
*Laia firmó el contrato **muy pronto*** (tiempo).
*Laia firmó el contrato **con muchos nervios*** (modo).
*Laia firmó el contrato **tres veces*** (cantidad).

Una manera de descubrir qué tipo de complemento circunstancial estamos analizando consiste en preguntarle al verbo: *¿dónde?, ¿cómo?, ¿cuándo?, ¿cuánto?...*

Introducir el complemento circunstancial en una oración es un papel que se reservan las preposiciones (que dan entrada a un sintagma, o grupo de palabras, denominado *sintagma preposicional*) y los adverbios. Enseguida veremos el complemento preposicional (o complemento de régimen), que puede parecerse al circunstancial por ese enganche que ofrecen las preposiciones (pero el complemento circunstancial se diferencia de aquél en que su preposición no viene exigida por el verbo y su poder de atracción sintáctico, sino por el propio significado de la preposición y su fuerte poder de distribuidor de sentidos).

Complemento preposicional (o complemento de régimen)

El complemento preposicional es el que viene introducido por una preposición inevitable una vez que se ha empleado determinado verbo. Todo lo que se sitúa tras esa preposición (incluida ésta) constituye el complemento preposicional. Por ejemplo, si usamos el verbo *consistir* no habrá más remedio que añadirle un complemento preposicional introducido por *en.*

El complemento preposicional se podría englobar entre los complementos circunstanciales, aunque tiene algunas características comunes también con los atributos; pero sus demás singularidades inducen a considerarlo aparte.

Podemos identificarlo fácilmente pues está introducido por una preposición que impone el propio verbo. Es decir, aparece cuando utilizamos un verbo de régimen preposicional (generalmente, con las preposiciones *de, con, a* o *en).*

*Alí **confió en** ti pero le fallaste.*
*Ella **se alegró de** tu éxito.*

El complemento preposicional puede estar desempeña-do también por una oración entera:

*Alí confió **en que tú no le fallarías nunca.***

Complemento agente

Es el sujeto de una oración transitiva (es decir, de una ora-ción que tiene complemento directo) que en el espejo de la voz pasiva se convierte en lo que desencadena la acción o com-plemento agente.

***Guadalupe** compró unos guantes de papel (Guadalupe* es suje-to agente).
*Los guantes de papel fueron comprados **por Guadalupe** (por Guadalupe* es complemento agente).

LOS COMPLEMENTOS PREDICATIVOS

Los complementos predicativos adornan a la vez al sustanti-vo y al verbo, como una corbata adorna a la camisa pero tam-bién a la chaqueta *(saco* en algunos países de América). Pue-den ser del sujeto y del verbo, por un lado; y del complemento directo y del verbo, por otro.

Estos complementos nos dicen algo del sujeto o del com-plemento directo, generalmente nos hablan de una cuali-dad o de un estado. Y enlazan un verbo predicativo (es decir, no copulativo; por tanto, no *ser, estar, parecer* o *resultar)* con un nombre referido a una cualidad o un estado del sujeto o del complemento directo.

Los complementos predicativos se parecen algo al atributo de una oración copulativa. Por ejemplo, concuerdan en gé-nero y número con el sustantivo al que complementan (lo que ocurre también con los adjetivos en función de atributo, que concuerdan con el sujeto). Sin embargo, hay una diferencia muy útil para comprender sus dos mundos: los atributos no pueden omitirse sin que ello origine una frase agramatical. Los predicativos, sí.

Sara era muy aplicada (atributo) *en su trabajo periodístico.* (No tendría sentido la oración «Sara era en su trabajo periodístico»).

Los invitados vinieron arreglados (predicativo del sujeto) *a la fiesta.* (Sí es posible *Los invitados vinieron a la fiesta*).

Otra norma completa la anterior: el atributo se puede sustituir por *lo;* y el predicativo no. *Sara lo era* (muy aplicada). «Los invitados lo vinieron» (arreglados). El segundo ejemplo es imposible.

Predicativo del sujeto

Este complemento predicativo resulta muy trabajador, porque no se conforma con una labor simple: nos cuenta algo del sujeto pero también del verbo. Ejerce dos funciones con un solo impulso.

*Los ciclistas llegaron **agotados** a la meta.*

En este ejemplo vemos que *agotados* —es decir, el complemento predicativo— nos dice algo de los ciclistas pero también de la manera en que se realiza el verbo (la manera en que llegaron). Por tanto, complementa al verbo y al sujeto.

Otros ejemplos:

*Los lectores se quejaron **enfadados** por las faltas de ortografía que tenía ayer el periódico.*
*Mi prima continúa **contenta** sus estudios.*
*El policía comenzó **león** y terminó **cordero**.*

Predicativo del complemento directo

Este complemento predicativo, tan trabajador como el anterior, adorna al complemento directo y al verbo de la oración.

*Proclamaron a Fernando Alonso **campeón del mundo.***

El complemento predicativo es *campeón del mundo,* pues adorna tanto a *proclamaron,* el verbo de la oración, como a *Fernando Alonso,* su complemento directo.

Otros ejemplos:

*Lo dejé **enfermo** en casa.*
*Vendí la casa **baratísima.***

ANÁLISIS DE LA ORACIÓN

El análisis de la oración consiste en despedazar sus elementos y clasificarlos conforme a las enseñanzas expuestas hasta aquí.

Los elementos que podemos identificar son los siguientes:
➢ **El sujeto completo** (y dentro de él se hallan el núcleo y sus compañeros: determinantes o modificadores).
➢ **El verbo** (y junto a él, los pronombres que lleve ligados si es un verbo pronominal).
➢ **El atributo** (sólo en los casos de los verbos *ser, estar, resultar* o *parecer;* está constituido por nombres, adjetivos o por palabras que ejercen esas funciones).
➢ **El complemento directo** (y dentro de él, su núcleo y sus compañeros: determinantes o modificadores).
➢ **El complemento indirecto** (y dentro de él, su núcleo y sus compañeros: determinantes o modificadores).
➢ **El complemento circunstancial** (y dentro de él, su núcleo y sus compañeros: determinantes o modificadores).

➤ **El complemento preposicional** (y dentro de él, su núcleo y sus compañeros: determinantes o modificadores).

➤ **El complemento predicativo** (y dentro de él, su núcleo y sus compañeros: nombres, adjetivos, gerundios o participios).

➤ **El complemento agente** (y dentro de él, su núcleo y sus compañeros: determinantes o modificadores).

Ejemplos:

Las	emisoras	de	radio	se	oyen	peor	en	mi	ciudad.
Det.	Núcleo	Prep.	Núcleo	Pron.	Verbo	Modif.	Prep.	Modif.	Núcleo

C. del nombre

| Sujeto | | | Verbo | C. c. modo | C. c. lugar |

Predicado verbal

Nosotros	llevamos	la	radio	a	la	tienda	del	barrio	ayer.
Núcleo	Verbo	Det.	Núcleo	Prep.	Det.	Núcleo	Det.	Núcleo	Modif.

C. del nombre

| Sujeto | Verbo | C. directo | C. circunst. lugar | C. c. tiempo |

Predicado verbal

También se pueden analizar los elementos en sí mismos, al margen de la relación que tengan con otras palabras. Pero ya no es un análisis sintáctico.

Nosotros	llevamos	la	radio	a	la	tienda	del	barrio	ayer.
Pronombre	Verbo	Art.	Nombre	Prep.	Art.	Nombre	Art. contr.	Nombre	Adv.

ALTERACIONES SINTÁCTICAS

La sintaxis puede presentar experiencias irregulares, puesto que no parecen encajar en la norma general. Sin embargo, se admiten sin problemas en el caso de que se empleen bien.

Elipsis

Elipsis procede de *elidir*, verbo que significa «ocultar» o «suprimir». No siempre es necesario que todos los elementos que se piensan en una oración aparezcan expresos en ella. La gramática permite suprimir algunos cuando el sentido general nos da la posibilidad de sobreentenderlos. Así, por ejemplo, en la segunda de estas oraciones: *Niño, vete a casa ya. Niño, a casa ya.* Y en la segunda de estas otras dos: *Yo soy de Madrid; y tú, de Lima.*

Cuando se elide el verbo, es necesaria una coma entre el sujeto y el complemento: *El Club Real Victoria, derrotado sin remedio.* Pero se puede prescindir de la sobrepuntuación en elisiones simples y claras, cuando el verbo ya ha sido expresado en la primera oración: *Yo soy de Madrid, y tú de Lima.*

Hipérbaton

El hipérbaton —que en griego significa «trasposición»— consiste en cambiar de su sitio natural los elementos de la oración. Es decir, alterar la sucesión sujeto-verbo-complementos. El hipérbaton es muy habitual en español, y a veces ni siquiera lo percibimos. *Detrás de su grueso bigote está Mauricio* (en vez de *Mauricio está detrás de su grueso bigote*).

Los poetas han acudido a él para mejorar su ritmo y sus rimas: *En las largas noches / del helado invierno / cuando las maderas / crujir hace el viento / y azota los vidrios / el fuerte aguacero, / de la pobre niña / a solas me acuerdo* (Bécquer).

Pleonasmo

O redundancia de significado. Es el fenómeno contrario a la elipsis: se añade un término innecesario. Es correcto si aporta un valor expresivo: *Recogió la leña con sus propias manos (Recogió la leña con sus manos).* Y también en las duplicaciones de complemento indirecto, donde asimismo se produce un énfasis:

Le *di el paraguas* **al vigilante.**
La cabeza **me** *duele* **a mí** o **A mí me** *duele la cabeza.*

Pero denota mal estilo si no añade nada (pues el lenguaje tiende a la economía, y el genio del idioma considera que todo cuanto se expresa ha de cumplir una misión, para facilitar así el entendimiento). Si dijésemos *El estadio estaba completamente repleto,* daríamos a entender que desconocemos el significado de *repleto,* o que podría encontrarse repleto aun no estándolo al completo (y por eso necesitaríamos aclararlo con el adverbio).

Capítulo 11
Oraciones simples y complejas
(con breve paso por las subordinadas)

Oraciones simples

➢ **Impersonales**

➢ **Personales**
- Copulativas (o atributivas)
- Predicativas

	Transitivas	No pronominales	
—Activas		Pronominales	Reflexivas
	Intransitivas		Recíprocas
			Pseudorreflejas

—Pasivas
—Pasivas reflejas

Oraciones complejas

➢ **Adjetiva de relativo**

➢ **Completiva de infinitivo**

Oraciones conectadas

➤ **Independientes**
- (Aisladas)
- Principales

➤ **Dependientes (subordinadas)**
- Sustantivas

  –De sujeto
  –De complemento directo
  –De complemento indirecto
  –De complemento circunstancial
  –De complemento preposicional
  –De complemento agente
  –Atributivas
  –Que modifican un verbo
  –Que modifican un adjetivo
  –Que modifican un adverbio

- Adjetivas

  –Explicativas
  –Especificativas

- Adverbiales

–Propias	De tiempo
	De modo
	De lugar
–Impropias	Condicionales
	Concesivas
	(Adversativas)
	Causales
	Comparativas
	Consecutivas
	Finales

➤ **Coordinadas**
- Copulativas (o atributivas)
- Disyuntivas
- Adversativas
- Consecutivas
- Explicativas

➤ **Yuxtapuestas**

Los hablantes que han empleado el idioma español durante los últimos siglos se han proveído de oraciones muy variadas para expresar sus pensamientos. La manera en que se manifiestan todas ellas muestra una clara relación con lo que se pretende decir, y sobre todo con el significado de los verbos que las sustentan. Juntas, forman un almacén de recursos que nos basta para construir las más complejas ideas.

Vamos a ofrecer a continuación tres clasificaciones distintas de las oraciones posibles en el idioma español. La primera atiende al verbo con el que se forman (oraciones simples); la segunda, a la estrecha conexión entre dos oraciones que se presentan como una sola (oración compleja); y la tercera, a las relaciones de las oraciones entre sí (oraciones conectadas).

**

Una oración simple es una oración que analizamos sola (bien porque lo esté o bien porque nosotros la aislemos). Eso nos permite observarla en su misma mismidad, sin atender a otros elementos que la puedan rodear, estudiándola sólo según el verbo en el que se basa.

La mayoría de los conceptos que manejaremos ahora nos resultarán conocidos, porque ya los hemos tratado en el capítulo relativo al verbo.

En atención al verbo de la frase, las oraciones simples pueden ser personales o impersonales.

ORACIONES IMPERSONALES (O UNIPERSONALES)

No todo lo que ocurre se lo achacamos a alguien; a veces porque no queremos y en ocasiones porque nadie podría asumir la responsabilidad. Nuestra mente necesita sujetos para muchas oraciones, pero prescinde de ellos cuando la realidad que se desea representar tampoco los encuentra.

En esa realidad, no todo lo que sucede se debe a la acción de una persona, un animal o una cosa. Por eso necesitábamos las oraciones impersonales.

Llamamos oraciones impersonales a las que no admiten ningún sujeto léxico. Se conjugan siempre en tercera persona del singular, lo que nos permite denominarlas «unipersonales» también.

Normalmente, reflejan los fenómenos de la naturaleza: *llueve, nieva, graniza...* Es decir, hechos de los que no se puede culpar a ningún sujeto, como ya vimos en el apartado de los verbos impersonales.

También son oraciones impersonales las que se forman con el verbo *haber* —siempre en singular— en las pocas ocasiones en que ejerce su propio significado y no se vuelca en auxiliar a otros verbos:

Hay poca agua en este lago.
Había pocas posibilidades de nadar.

Y las que se forman con el pronombre *se* y la tercera persona del singular:

En Galicia se come muy bien.

Otro tipo de oración impersonal se construye con la tercera persona del plural cuando se desconoce al autor de una acción, incluso aunque se presuponga que fue una sola persona:

Me han robado la cartera.
Esa noche lo mataron.

ORACIONES PERSONALES

Las oraciones personales pueden ser copulativas o predicativas.

Oraciones copulativas (o atributivas)

Se llama oraciones copulativas (o atributivas) a aquellas en las que el sujeto se acompaña de un predicado nominal.

El predicado nominal se compone de un verbo copulativo y un atributo. Este último es el que dice algo acerca del sujeto en este tipo de oraciones, mientras que el verbo copulativo se limita a unir ambos.

El lector que haya llegado hasta aquí ya sabe que la función de *cópula* en una oración corresponde expresamente a los verbos *ser, estar, parecer* y *resultar,* mientras que la de cópula entre dos oraciones corresponde a una conjunción, precisamente a una conjunción copulativa.

El atributo, por su parte, puede estar formado por un adjetivo (la mayor parte de las veces), o por cualquier palabra o grupo de palabras en función de adjetivo.

Esta cuesta resulta **agotadora en verano.** *El ciclista parece* **cansado después de subirla.**

El partido ha sido **una fiesta.** *El portero es* **quien lo ha decidido** y *los aficionados están* **satisfechos con el resultado.**

Los verbos *ser* y *estar* no son copulativos cuando ocupan el puesto que en legitimidad correspondería a un verbo predicativo: *La función será a las cuatro (comenzará), La casa está a dos leguas (se halla);* tampoco lo es *parecer* cuando se emplea como pronominal: *Tu hermano se parece al hijo del lechero (parecerse,* que es distinto de *parecer).* Es decir, no son copulativos cuando en la oración no tenemos atributo y por tanto el verbo no cumple con su papel de cópula.

Oraciones predicativas

Podríamos simplificar la definición de *oraciones predicativas* diciendo que en ese apartado se engloban todas las que no son copulativas. En ese caso también definiríamos las copulativas como aquellas oraciones que no se consideran predicativas, con lo cual no avanzaríamos mucho. Pero eso, de entrada, es lo que sucede: una oración personal sólo puede ser predicativa o copulativa, si atendemos al verbo que la forma.

> Las oraciones predicativas se llaman así porque en ellas lo que se afirma del sujeto es un predicado, es decir, un verbo, y no un atributo como ocurre en las copulativas.

La oración *El público está expectante* es una oración personal copulativa, en la que el verbo sirve de unión entre un sujeto y un atributo y en la cual el atributo no se puede suprimir. La oración *El público aplaudió a los actores* es predicativa porque en ella el verbo nos predica (nos proclama) algo sobre el sujeto y los complementos, y no se limita a enlazarlos mediante un verbo copulativo. Y además el complemento se puede suprimir.

Las oraciones predicativas pueden ser activas, pasivas o pasivas reflejas.

➤ Oraciones activas

La acción del verbo tiene su agente en el sujeto, y su paciente (que no es imprescindible) en el complemento directo.

Sólo pueden transformarse en pasivas las oraciones activas de complemento directo.

➤ Oraciones pasivas

La potencia gramatical circula en el sentido contrario, de modo que el sujeto recibe la acción desencadenada por el complemento, como ya hemos estudiado en el capítulo referente al verbo.

Todas las oraciones pasivas pueden transformarse en activas, aunque no tengan un complemento agente léxico (es decir, expresado en la frase). Para hacerlo en ese caso, caben dos posibilidades. Por ejemplo, con la oración *Las puertas fueron abiertas,* en la que no se expresa complemento alguno, se puede construir una oración impersonal: *Abrieron las puertas;* o una oración en pasiva refleja: *Se abrieron las puertas.*

➤ Oraciones de pasiva refleja

Ya hemos visto cómo el *espejo* —con su función gramatical de reflejar— lo usan los verbos pronominales para que el peine arregle el cabello del sujeto que lo empuña, y que también lo emplean las oraciones transitivas para convertirse en pasivas, o los modos del indicativo para mutarse en subjuntivos... Y ahora nos encontramos de nuevo con el uso del cristal para que la acción expresada en la voz activa termine por complementar también al sujeto de la oración (o sea, que dé una vuelta: cuando parecía dirigirse hacia un complemento, regresa y afecta al propio sujeto).

Pasivas reflejas se llaman, precisamente porque también en ellas se da un reflejo formal de la acción, que sale del sujeto y vuelve a él, transformándolo en sujeto paciente. Por ejemplo:

Las computadoras baratas se venden muy bien (equivalente a la pasiva *Las computadoras baratas son vendidas muy bien*).

Por tanto, el sujeto *las computadoras baratas* termina absorbiendo la acción *(se venden).*

La diferencia entre éstas y las oraciones reflexivas radica en que en aquéllas el sujeto agente está explícito *(Carmen se peina,* luego *Carmen es peinada por Carmen);* mientras que aquí no se conoce quiénes venden las computadoras baratas (para comprárselas enseguida), sólo sabemos que son vendidas. Se puede usar agente en las oraciones como *Se venden computadoras por los fabricantes,* pero se trata de una opción un tanto forzada.

Oraciones activas transitivas

Las oraciones activas pueden ser transitivas o intransitivas.
En la oración transitiva, la acción del verbo transita directamente hacia un complemento. Las oraciones **transitivas** tienen un complemento directo, como poco. También aceptan complementos indirecto y circunstancial. Para ello, lógicamente, necesitan un verbo transitivo: es decir, los que pueden depositar el resultado inmediato de la acción que nace del sujeto en algo ajeno a él. *Leer, amar, llamar, detener...* Pero estos verbos aceptan también no llevar complemento: se puede decir solamente *tú lees* (y no se añade que estás leyendo esta gramática).

Oraciones activas intransitivas

Las oraciones **intransitivas** no tienen complemento directo.
Como acabamos de ver, algunos verbos transitivos pueden formar tanto oraciones transitivas como intransitivas (en este caso, basta con que no se exprese el complemento directo). En cambio, los verbos intransitivos no pueden formar oraciones transitivas. Por ejemplo, verbos como *existir, nacer, crecer, estallar...* difícilmente conseguirán un complemento directo (y en el caso de *existir* y otros similares, ni siquiera indirecto).

La oración *Alejandro trabaja* es una intransitiva formada con un verbo transitivo, pues podríamos redondearla con un complemento directo: *Alejandro trabaja la madera.* Pero *Alejandro estalló de alegría* es una intransitiva pura, porque no podemos añadirle el complemento directo.

Cabe la posibilidad, sí, de formar oraciones intransitivas puras mediante verbos como *gustar, germinar, peregrinar,* o *saber* (en el sentido de *sabor),* o *viajar,* o *caer, yacer, tañer, doler, desaparecer...: A mi pareja siempre le duele la cabeza en el momento más inoportuno* (el sujeto es *la cabeza;* el verbo, *duele;* y el complemento indirecto, *a mi pareja,* duplicado con el pronombre átono *le;* esta duplicación es correcta y no se considera redundante; forma parte del cierto grado de redundancia que admite todo idioma). Los demás elementos son complementos circunstanciales de tiempo *(siempre* y *en el momento más inoportuno)*, organizados en dos paquetes. Es decir, no existe complemento directo ni podría añadirse.

Otros ejemplos de intransitivas puras (no se puede añadir complemento directo):

La olla a presión estalló en la cocina (no puede haber complemento directo).

La comida me supo a quemado (también una intransitiva pura).

La actitud del público dolió mucho a los actores (no se puede volver por pasiva: «Los actores fueron dolidos...». No hay manera).

Las ovejas balaban a nuestro paso (pero nosotros no «fuimos balados»).

El caldo me supo a pócima curativa (el complemento indirecto es *me,* y el directo no existe).

La transparencia de los directivos gustó a los sindicalistas (el complemento indirecto es *a los sindicalistas,* y tampoco cabe la posibilidad de complemento directo).

Ramona desapareció el día de la boda (no hay posibilidad de que la acción gramatical del verbo recaiga sobre nada; en la vida real, la acción sí recae sobre el novio).

Oraciones transitivas con verbo pronominal

Las oraciones transitivas pueden ser de verbo pronominal o de verbo no pronominal. Analizaremos aquí las de verbo pronominal, pues el resto no ofrece mayor complejidad.

Estas oraciones son las que se conjugan con un pronombre personal átono *(me, te, se)*.

Algunos verbos pronominales están obligados siempre a conjugarse así *(atrever, apropiar, adueñar, quejar...* que sólo podemos concebir como *atreverse, apropiarse, adueñarse, quejarse...);* es decir, no pueden ser otra cosa que pronominales.

Pero otros toman esta forma hoy sí pero mañana no: *inclinar, menear, mover...*

Las oraciones pronominales son de tres tipos:

➤ Reflexivas

La acción se refleja sobre el sujeto, a pesar de que la emprende el sujeto mismo, como sucede en la pasiva refleja (lo hemos visto hace pocas páginas).

Recordemos la diferencia principal entre una reflexiva y una pasiva refleja: aquí, en la reflexiva, hay sujeto agente: *Me he cortado las uñas y no las encuentro* (donde el sujeto es *yo).* A veces se recurre en estas oraciones a un reforzador como *mismo (a mí mismo, a ti mismo, a nosotros mismos...)* para enfatizar el resultado de la acción: *Me había dicho a mí mismo: córtate las uñas.*

En las pasivas reflejas, por el contrario, existe sujeto paciente pero no sujeto agente:

Se tomaron decisiones difíciles (sí, pero ¿quién?: no lo sabemos).

➤ Recíprocas

Son una suerte de pronominales, aunque la acción en ellas resulta desencadenada y recibida mutuamente por dos sujetos.

Mis cuñados se comen a besos.

Se trata de una opción gramatical y sintáctica de posibilidades muy eróticas —y eso que no es copulativa—, porque atrae irremisiblemente a verbos como *besarse, mirarse, abrazarse, cartearse* o *casarse* (este último lo dejamos pasar).

Bueno, y todo tiene su lado malo: también son recíprocas oraciones como *Se golpearon* o *Se insultaron*.

En estas oraciones, el sujeto siempre es múltiple o plural, y el verbo también. Aunque no hacen falta, suelen adjuntarse expresiones como *el uno al otro, entre sí, recíprocamente, mutuamente...*

➤ Pseudorreflejas

Las pseudorreflejas representan la impostura gramatical: se hacen pasar por reflexivas sin serlo, por el procedimiento de reforzar al sujeto con un redundante pronombre átono. Es decir, la acción no recae en el sujeto, sino en el complemento. Pueden ser intransitivas, a diferencia de las suplantadas.

***Me** he comido un jabalí, estaba muy hambriento.*
*Por mucho que **me** lo pienso, no entiendo por qué dice que estaba hambriento el jabalí.*

Se descubren muy bien en su impostura por la facilidad con que podemos suprimirles ese pronombre redundante: *He comido un jabalí... Por mucho que lo pienso.*

LAS ORACIONES CONECTADAS

La lengua nos proporciona una regla general curiosa: todos los elementos del idioma tienden a relacionarse. Incluso las respuestas con monosílabos están vinculadas a algo: una pregunta, una propuesta, una idea... Sólo las interjecciones propias (las que no pueden ser más que interjecciones) se aíslan, pero no tanto como para no guardar alguna conexión con las palabras que las rodean (si éstas existen).

Y esa relación que establecen los vocablos cumple unos patrones estables. Así pues, insistimos de nuevo en que, más que clasificar palabras, la gramática clasifica sus funciones.

Vamos a adentrarnos ahora en el modo de relacionarse que tienen las oraciones. Nos introducimos en un nuevo terreno de la sintaxis, en el que todo nos resultará familiar porque hemos llegado hasta aquí bien armados de conocimientos. Se trata ahora de observar solamente cómo funcionan las palabras que se han venido diseccionando en este libro, cómo vinculan a las oraciones entre sí y cómo hacen que se definan de una manera o de otra.

Las oraciones se agrupan en tres apartados, por su manera de existir: independientes, dependientes (o subordinadas) y coordinadas.

Independientes

Viven solas en la casa y van a su aire. Pueden leerse solas. No se relacionan con otras sino muy tenuemente; y si lo hacen, pueden divorciarse en un santiamén sin necesidad de que la oración de la cual se separan tenga que cederles una sola propiedad. Su final se marca con un punto, o con una pausa si se está hablando.

Estas oraciones independientes se subdividen en dos tipos de comportamiento:

➤ **Independientes aisladas**
Se terminan en sí mismas, la acción o el significado que representan no continúa en ninguna otra palabra ni oración. Por ejemplo, *Qué sola me siento*.

➤ **Independientes principales**
Éstas dejan que dependa de ellas una oración subordinada, a la que no necesitan para existir, y de la que pueden separarse sin necesidad de abogado. Por ejemplo, *Qué sola me siento si no vienes a verme*.

En el caso de que les suprimamos la oración subordinada —*Si no vienes a verme*— pueden seguir pronunciándose sin merma. Les importa un comino quedarse solas, aunque no vayan a verlas. Siguen siendo independientes.

Dependientes (o subordinadas)

Dependen de una oración independiente principal («oración principal» para los amigos). En el ejemplo anterior, oración dependiente es ... *si no vienes a verme.* Porque dicha así, no puede sobrevivir, carece de alimento. Necesita la sangre transfundida de una oración principal. Y si no le llega, deberá acudir a la fórmula de la pre-oración y gritar *¡Socorrooooo!* Entonces, la oración principal suele venir y las completa, les da sentido:

Si no vienes a verme, me muero.

Coordinadas

Son las que se miran entre sí de igual a igual. No manda ni una ni otra, y sin embargo van juntas. Esto es posible gracias a las buenas artes de las conjunciones coordinantes copulativas, distributivas, adversativas, consecutivas y disyuntivas (a las que se pueden añadir las explicativas). Para separarlas y ver si son capaces de nadar solas, tenemos que retirar la conjunción que las enlaza y que no es de una ni de otra, momento en el cual las dos oraciones se nos presentan como independientes.

Por ejemplo:

Iré a verte y tú me darás un paquete (copulativa).
Iré a verte pero tú me darás un paquete (adversativa).
Iré a verte, luego tú me darás un paquete (consecutiva).
O iré a verte o tú me darás un paquete (disyuntiva).
Iré a verte, esto es, tendrás que darme el paquete (explicativa: se forman con *o sea, esto es, es decir*).

Al separarlas y prescindir de los nexos, tendremos las oraciones independientes *Iré a verte* y *Tú me darás un paquete*. Cada una puede vivir sin necesidad de la otra.

Yuxtapuestas

También la ausencia de conjunciones permite calificar a las oraciones como independientes. Se trata de oraciones que viven en apartamentos contiguos pero que nunca se han pedido un poco de sal ni un poco de aceite. En este caso se llaman oraciones yuxtapuestas:

Iré a verte, me darás el paquete, abriré el regalo, no sabes qué ganas tengo.

Todas sobrevivirán también si se quedan solas, pero están acostumbradas a la vecindad y forman con ella una comunidad de propietarios, generalmente con una cierta relación por vía de significado. Pero cada uno en su casa, desde luego.

La palabra *yuxtapuesta* procede del latín, donde *iuxta* significa «cerca de» o «junto a», y se unió al verbo *ponere* para crear esta palabra que quiere decir, por tanto, «poner una cosa al lado» de otra. Se ponen al lado, en efecto, las oraciones yuxtapuestas; y sin embargo no se relacionan. Eso las hace necesariamente muy independientes.

No obstante, la yuxtaposición sí puede lograr una conexión entre esas oraciones. No por vía gramatical, sino por la intención o el significado:

Vino Joaquín, tocó el acordeón, me puse contento.

La oración compleja

Entramos ya en el mundo de lo más complejo, puesto que empezamos a ver las dependencias de unas oraciones respecto de otras, incluso de algunos elementos de las otras (y no sólo de la oración en su conjunto). Llegamos así al apartado de las oraciones complejas. Y son tan complejas, que las analizaremos dos veces: la primera, aquí; y la segunda, donde les corresponde: entre las adjetivas y las completivas, respectivamente.

Nos podemos plantear antes, como cuestión previa, si la oración «compleja» no es en realidad el dúo que forman una oración principal y una subordinada; un dúo que funciona sin embargo como oración simple. Y si funciona como oración simple eso se debe a que la subordinada depende de uno de los elementos de la oración principal, no de la oración principal en su conjunto. La podríamos considerar también una oración compuesta, pues tiene dos verbos en su interior; o bien podemos defender que estamos ante dos oraciones vinculadas (como expusimos más arriba al hablar de los relativos).

No vale la pena discutir mucho por eso, puesto que, al fin y al cabo, debatimos sobre la diferencia entre nombrar a alguien como «doble campeón» o como «campeón dos veces». Es decir, «oración compleja», «oración compuesta» o «dos oraciones simples, una de las cuales se inserta en la otra» (una de las cuales se subordina a uno de los elementos de la otra).

Definitivamente, parece más corta la primera denominación.

La oración compleja puede ser una oración adjetiva de relativo o una oración completiva de infinitivo.

Oraciones adjetivas de relativo

La oración adjetiva de relativo ya nos suena: está introducida por un adjetivo de relativo (o pronombre, que seguimos sin tener esto claro) y cuenta con un antecedente fuera de ella. En efecto, el antecedente está en la otra oración de este doblete: dentro de la oración principal; no es el antecedente la oración principal (insistimos).

*He ido **al monte que se incendió el pasado año** para observar a las hormigas.*

La oración principal es *He ido al monte para observar a las hormigas;* y la subordinada adjetiva de relativo, *que se incendió el pasado año.* Ahora bien, el sujeto de la oración subordinada no tiene como antecedente la oración entera, sino que se funde con el complemento circunstancial de lugar *(al monte)* de la oración principal (de modo que la adjetiva de relativo equivale a un adjetivo: el monte *incendiado*):

*He ido al monte **incendiado** el pasado año para observar a las hormigas.*

Las oraciones de relativo sin antecedente expreso no son adjetivas en sentido estricto, sino sustantivas. Las analizaremos luego.

Oraciones completivas de infinitivo

Algunas gramáticas consideran también una oración compleja la que emplea un infinitivo como complemento directo:

Quiero vender enseguida el barco.

Lo hacen así porque igualmente en este caso se puede considerar que una oración se halla dentro de otra: el infinitivo es el complemento directo de la oración principal, y tiene valor de sustantivo *(Quiero la venta inmediata del barco),* pero a su vez se hace acompañar de otros complementos propios de un verbo *(enseguida,* un adverbio que cumple el papel de complemento circunstancial de tiempo).

Por tanto, tenemos dos tipos de oraciones complejas: las adjetivas de relativo y las de complemento directo formadas con infinitivo. Que también pueden ser ambas, al depender una de otra, oraciones compuestas. Todo depende de cómo las miremos.

CAPÍTULO 12
LAS ORACIONES SUBORDINADAS

Y aquí están por fin las oraciones subordinadas en estado puro.

Hemos repasado las oraciones complejas, que llamábamos también oraciones dobles. Y antes habíamos estudiado las oraciones independientes. Nos proponemos ahora examinar las oraciones subordinadas, que se diferencian de estas últimas en que establecen con ellas una relación de dependencia. No sólo la dependencia respecto de un elemento concreto de la oración principal (como pasa en las adjetivas de relativo que hemos visto antes), sino que también pueden supeditarse a la oración entera para convertirse en un complemento de ella.

> Las oraciones subordinadas se denominan así porque se ordenan por debajo («sub-ordenadas»). Siempre andan buscando una oración principal para ponerse a su sombra y tener posibilidad de existir.

Tanto se procuran un cobijo, y así lo han venido haciendo durante siglos, que han adquirido la habilidad de suplantar a un adjetivo, un sustantivo o un adverbio de la oración independiente; para que no las sienta extrañas; y que incluso las necesite. Y para no romper el esquema *Alguien hace algo a alguien en alguna circunstancia.* Por eso la oración dependiente o subordinada puede convertirse en sustantiva, adjetiva o adverbial, a tenor de que la función que desarrolla respecto a la oración principal se identifique con un sustantivo, un adjetivo o un adverbio. Por tanto, las oraciones subordinadas se arrogan el papel de los elementos simples de la oración; para colgarse de ellos y reproducir su función pero ampliando su significado. Pueden ejercer de sujeto, complemento directo, indirecto o circunstancial...

Son oraciones subordinadas, pues, las que cumplen un papel secundario respecto de la oración principal, para complementarla.

Recordemos que las palabras y los conjuntos de palabras se mueven por el sistema lingüístico con patrones determinados. El idioma está dotado de unas cajas grandísimas a las que van a parar los vocablos según el cometido que les imponemos. Así, un sustantivo puede ir al cajón de los adjetivos, y un adjetivo al de los sustantivos, donde se puede encontrar con un adverbio sustantivado y hasta con un infinitivo, lo mismo que un pronombre puede colarse en el cajón de los adjetivos, y así sucesivamente. Por lo común, los adjetivos ejercen como tales, y los sustantivos cumplen con su papel de nombres, y los adverbios desempeñan también el cometido que les resulta propio y genuino; y por eso podemos clasificarlos de ese modo, pues muestran un comportamiento general de cierta constancia. Ahora bien, en ocasiones se alteran y cambian de función; y en ese caso nos encontramos, para analizarlos bien, con la necesidad de clasificar funciones: de entender las palabras por la labor que tienen, más que por lo que parecen ser.

Valía la pena este preámbulo al hablar de las subordinadas sustantivas, cosa que haremos a continuación. Las *subordinadas sustantivas* se llaman así porque los gramáticos han entendido que unas oraciones enteras se han colado en los cajones creados para almacenar sustantivos. Y en los cajones de los adjetivos nos encontraremos también oraciones, que cumplirán así el papel que a los adjetivos habría correspondido; y que se llamarán por eso *subordinadas adjetivas*. Lo mismo sucederá con las *subordinadas adverbiales,* que suplantan a los adverbios.

Todas las funciones que desempeñan las oraciones subordinadas se corresponden, pues, con las que deberían desempeñar un sustantivo, un adjetivo o un adverbio de la oración principal. Por eso las dividimos en subordinadas sustantivas, adjetivas o adverbiales.

SUBORDINADAS SUSTANTIVAS

Llegados a este punto, hemos de reconocer que las palabras disfrutan de una movilidad funcional extraordinaria; pero en esa tienda de herramientas que hemos creado con la lengua creemos fundamental resolver los problemas, y si una pieza destinada a una misión puede servir para otra, bienvenida sea su polivalencia. No es raro que logremos abrir con un destornillador una caja hecha sin tornillos; ni que en un momento dado coloquemos un clavo golpeándolo con un zapato. Eso ocurre también en la lengua.

> Las subordinadas sustantivas funcionan en la oración como si fueran un sustantivo. Por tanto, pueden cumplir respecto a la oración principal cualquier papel de los que corresponden a los sustantivos en la oración simple. Y también pueden complementar a un adjetivo, a un adverbio o a otro nombre.

Las subordinadas sustantivas están introducidas por la conjunción completiva *que,* o por la conjunción completiva *si,* o por los relativos *que* o *quien* sin antecedente expreso, o por un pronombre o adjetivo interrogativo o exclamativo. Es importante que no tengan antecedente expreso, pues de otro modo serían adjetivas y no sustantivas (adjetivarían a ese antecedente).

Quien prefiera cerveza sin alcohol debe decirlo ya (sujeto).

*Le daré esta botella al **que la prefiera*** (complemento indirecto).

*Yo quiero **que me la des sin alcohol*** (complemento directo).

*Pues yo me conformo con **que haya cerveza de cualquier tipo*** (complemento preposicional).

*Y yo estoy entre los **que no beben cerveza*** (complemento circunstancial).

Como acabamos de ver, se forman así oraciones que pueden cumplir el papel del sujeto o de los complementos.

Las subordinadas sustantivas de relativo son las que forman gran parte de las oraciones sustantivas, tanto las de sujeto como las de complementos (que ahora se verán). Insistimos en que se diferencian de las adjetivas de relativo en que éstas —las sustantivas— no tienen antecedente explícito.

Con esa combinación de partículas introductorias (*que* —con valor de relativo—, *si, que* —aquí con valor de conjunción—, *cuánto, dónde, cuándo, cómo* y *quien*), las subordinadas sustantivas pueden originar los siguientes tipos de oraciones por su función en la oración principal.

De sujeto

La oración subordinada sustantiva se disfraza aquí de sujeto (y lo hace muy bien). Sigue siendo subordinada, por supuesto, pues no podría vivir por sí misma.

Que no me lo hayas dicho me ha supuesto un gran problema.
*No te importó **que eso me perjudicara**.*
Quien me lo haya hecho me alegró el día.

Para verificar que cumple el papel de sujeto se puede cambiar de número la frase sustantiva, y corroborar que entonces cambia también el número del verbo: *Esas cosas que no me has dicho me han supuesto un gran problema.* Ojo, no hay que cambiar de número el verbo que figura en la subordinada (y escribir aquí *que no me lo hayan dicho),* sino el conjunto entero. Para ello se puede usar siempre *esas cosas (Esas cosas que no me has dicho).*

En el caso de las subordinadas sustantivas de relativo se aprecia con mayor facilidad:

Quien me lo haya hecho me alegró el día / Quienes me lo hayan dicho me hicieron un favor.

De complemento directo

La oración subordinada se disfraza de complemento directo (función que corresponde a los sustantivos o nombres), para que recaiga en ella la acción principal. Pero detrás de ese disfraz podemos imaginarnos un sustantivo.

*Te recomiendo **que peles el plátano antes de comerlo.***

También se pueden componer sin *que* y con un *infinitivo* (el cual, como sabemos, cumple un papel de sustantivo):

*Te recomiendo **pelar el plátano antes de comerlo.***

En ocasiones se suprime el *que* con verbos de opinión o sentimiento: *Ruego perdonéis mi ausencia, debida a causas ajenas a mi voluntad; me quedé dormido.*

Y otras veces se duplican los recursos, en preguntas de estilo indirecto: *Le pregunté que cuándo vendría.* Pero se forma mejor la oración si se suprime la conjunción *que: Le pregunté cuándo vendría.*

Las oraciones interrogativas indirectas se constituyen casi sin querer en complemento directo, ligadas por un elemento interrogativo; se convierten así en oraciones interrogativas sustantivadas:

*Quería ver **cómo construían esta casa** (quería ver **la construcción de esta casa**).*

*Me preguntaba **cuántos ladrillos harían falta** (me preguntaba **la cantidad de ladrillos**).*

Las oraciones de estilo directo también forman un complemento directo, en este caso mediante una yuxtaposición (es decir, no se pueden considerar subordinadas porque sobrevivirían por sí mismas):

Me gritó: ¡Apártate de mis pasteles! (¡Apártate de mis pasteles! es el complemento directo: ¡Apártate de mis pasteles! me fue gritado por él).

Esta yuxtaposición desaparece cuando se trata de citas muy breves, escritas en un estilo ágil, en las cuales la cita entrecomillada se mantiene como complemento directo:

El general dijo «vámonos a la playa» y a todos los soldados nos pareció una broma.

En las sustantivas de relativo en función de complemento directo, la oración subordinada viene introducida por un relativo sin antecedente, y todo el conjunto cumple un papel sustantivo:

*Me encontré **a quien me habías prometido** (me encontré **a esa persona**).*

De complemento indirecto

Como corresponde a un complemento indirecto, están precedidas de las preposiciones *a* (en la mayoría de los casos) o *para*.

*Se lo pediré **a quien sepa hacerlo.***
*Se lo dijo **a los que escuchaban,** y bien clarito.*
***A quien os moleste** le podéis hacer bromas.*
*Lo traje **para quienes más me ayudan.***

Vemos ahí cómo una oración entera ocupa el lugar que en la oración simple corresponde al sustantivo en funciones de complemento indirecto.

De complemento circunstancial

La oración subordinada sustantiva enlaza aquí con la oración principal mediante una preposición, que va seguida del relativo *quien* o del relativo *que* más el artículo:

*Sale **con quien** le apetece.*
*Se marchó **entre los que** primero abandonaron la sala.*
*Se salva **por lo que** cuenta como disculpa.*

Si deseamos sustituir el grupo, podemos acudir a nombres o pronombres: *Se salva por eso.*

De complemento preposicional

Nuevamente nos aparece aquí el régimen de los grupos verbales: esas preposiciones que van ligadas a ellos sin posibilidad de evadir tan férreo control:

*Confío **en que llegue antes de la cena.***

En esos casos, el complemento preposicional renuncia a la condición de complemento directo que podría esperarse de él (por ejemplo, en *Creo que llegará antes de la cena*), pues aquí resulta imposible porque el régimen del verbo corta la circulación gramatical de las oraciones transitivas. La acción del verbo no pasa directamente a un complemento (al complemento directo) porque la preposición obligada establece un desvío.

Así, *Confío **en que llegue antes de la cena*** (al contrario de lo que sucede con *Creo que llegará antes de la cena)*, no se puede volver por pasiva: «Que llegue antes de la cena es confiado por mí»… horroroso. Pero sí *Que llegue antes de la cena es creído por mí*. (No es una frase muy estilosa, ni muy del gusto del genio del idioma, pero sí resulta gramatical).

Por tanto, estas oraciones no pueden ser de complemento directo o indirecto… sino sólo de «complemento preposicional». Es una manera de resolver el asunto.

De complemento agente

En ellas, el sujeto de la oración transitiva se ha convertido en el complemento agente de la oración pasiva o de la pasiva refleja:

> *Los hechos fueron contados **por quien menos sabía de ellos.***
> *Se tomaron las decisiones **por quien no las tenía que tomar.***

Por tanto, no hay más cuestión que el reverso de la oración activa.

Atributivas

Volvemos a recordar las oraciones copulativas *(ser, estar, parecer, resultar…)*, que se forman con un sujeto y un atributo unidos por uno de esos verbos y que concuerdan entre sí. En esta ocasión, el atributo se transmuta en oración, y lo hace mediante un relativo:

> *María es **la que ha resultado seleccionada.***
> *La moda de los lunares grandes es **lo que le gusta a la gente aquí.***

Sustantivas que modifican a un nombre

Complementan a un nombre de la oración principal de la misma manera que lo hace un complemento del nombre:

*Me gusta **la opinión del periodista*** (nombre complemento de otro nombre).

*Me gusta **la opinión del que ha escrito este artículo*** (subordinada sustantiva complemento de un nombre).

*Me tomaría **una tónica con ginebra*** (nombre complemento de otro nombre).

*Me tomaría **una tónica con lo que tú ya sabes*** (subordinada sustantiva complemento de un nombre).

Hay que tener cuidado con el choque de preposiciones. Y sobre todo de que no desaparezca una después de producirse éste. Lo explicamos.

Se dan frecuentemente dudas sintácticas cuando la preposición que introduce el complemento del nombre choca a su vez con la preposición impuesta por el complemento directo de persona. Y ambas terminan formando un grupo refeo.

Por ejemplo:

*Veo la cara **de a** quien llevan a la cárcel.*

Pero esa formación es legítima, ya que la preposición *de* viene impuesta por la función de complemento del nombre, y *a* abre necesariamente el grupo *a quien llevan a la cárcel.*

La solución para evitar lo que puede considerarse una cacofonía consiste en crear un antecedente para el relativo:

*Veo la cara **de aquel a** quien llevan a la cárcel.*

El parapeto del pronombre evita la colisión.

Sustantivas que modifican a un adjetivo

Son oraciones que complementan a un adjetivo de la oración principal de la misma manera que lo haría un sustantivo.

*Estoy harto **de tu rechazo*** (nombre complemento de un adjetivo).

*Estoy harto **de que me rechaces*** (subordinada sustantiva complemento de un adjetivo).

*Soy partidaria **de una dieta sana*** (nombre complemento de un adjetivo).

*Soy partidaria **de que la gente lleve una dieta sana*** (subordinada sustantiva complemento de un adjetivo).

Sustantivas que modifican a un adverbio

Complementan a un adverbio de la oración principal de la misma manera que lo puede hacer un nombre.

*Se coló en el concierto cerca **de la primera fila*** (nombre complemento de un adverbio).

*Se coló en el concierto cerca **de los que estaban en primera fila*** (subordinada sustantiva complemento de un adverbio).

SUBORDINADAS ADJETIVAS

Hemos revisado las subordinadas sustantivas, que ocupan el lugar de un sustantivo en la oración principal. Ahora veremos las adjetivas, que, lógicamente, funcionan como un adjetivo.

> Las oraciones subordinadas adjetivas modifican a un sustantivo de la oración principal. Van engarzadas a ella por un relativo *(que, cual, quien, cuyo, cuanto, cuando, como, donde)*, que depende de un antecedente explícito.

Por ejemplo:

*He ido **al hotel que me recomendaste.***

Pero el significado de estas oraciones depende a veces de un hilo muy tenue, tan fino como una coma.

No es lo mismo *Los directivos de mi empresa, que hablan bien, tienen mucho éxito* que *Los directivos de mi empresa que hablan bien tienen mucho éxito.*

Ya hemos abordado este problema en el capítulo referente a los relativos; aquí lo hacemos más detalladamente.

Para explicarnos bien esta cuestión, debemos dividir las subordinadas adjetivas en dos grupos.

Adjetivas explicativas

Las subordinadas adjetivas explicativas (o *incidentales)* designan una cualidad del sustantivo al que acompañan, y se refieren a él en su totalidad. Es decir, no limitan su extensión. Y suelen ir entre comas.

Los directivos de mi empresa, **que hablan bien,** *tienen mucho éxito.*

Se llaman *incidentales* también porque crean un «inciso» en la oración (se interrumpe el discurso con la aposición entre comas). Esa aposición implica que lo contenido en ella equivale *en su conjunto* al sujeto *en su conjunto* (la redundancia es intencionada). Es un caso similar al de los nombres acompañados de función o cargo: *El ministro de Cultura, Anastasio López, hizo ayer unas declaraciones.* La aposición *(Anastasio López)* equivale al nombre al que acompaña *(ministro de Cultura).* En cambio, no se puede establecer la misma aposición si se trata de un ex ministro, ya que hay más de uno: *El ex ministro de Cultura Anastasio López hizo ayer unas declaraciones* (pobre Anastasio, lo hemos destituido en cuestión de cuatro líneas).

Así pues, la interrupción del discurso por la oración entre comas (suprimible sin que el conjunto cambie el sentido) nos muestra que los elementos sobrevivientes están unidos por un fuerte lazo que vuela sobre la oración subordinada. Ésta, por tanto, no altera el significado implícito *Todos los directivos de mi empresa*.

Adjetivas especificativas

En este segundo caso, la oración de relativo sí determina la extensión del sustantivo (porque ya no se refiere a *todos* los directivos), y además se pronuncia con entonación encadenada (puesto que no se produce aposición, o interrupción de comas). Se llaman por eso también «determinativas». Hemos visto anteriormente que ésta es una forma de denominar a las palabras que tienen por función poner un límite al significado de otra.

Por regla general, las oraciones situadas entre comas se pueden suprimir sin que eso afecte a la oración principal, y ya hemos visto que eso sucede en el primer caso; pero no ocurre lo mismo con el segundo *(Los directivos de mi empresa **que hablan bien** tienen mucho éxito)*, puesto que si suprimiéramos la oración de relativo estaríamos modificando lo que se desea decir: que no todos los directivos tienen éxito, sino sólo los que hablan bien. Por eso habíamos utilizado una oración equivalente a un adjetivo determinativo (es decir, «delimitativo»).

De este modo, cambia el sentido implícito de *todos* (todos los directivos tienen éxito, y todos hablan bien) por *sólo* (sólo algunos hablan bien, y ésos tienen éxito).

Diferencias entre explicativas y especificativas

➢ **Las subordinadas especificativas** nunca se pueden aplicar a un nombre propio. Sólo las explicativas pueden hacerlo. Ello se debe a que el sujeto no se puede entender en este caso parcialmente:

Sigfrida, que es conocida en el barrio, no faltará a la fiesta.

Ahora bien, si el nombre propio va precedido de un artículo sí es posible esa construcción (precisamente porque en ese momento deja de ser nombre propio, individual de una persona y se convierte en común, pues está referido a varias personas):

La Sigfrida que es conocida en el barrio no faltará a la fiesta (eso quiere decir que hay otras Sigfridas que no asistirán).

En cambio, con los pronombres personales no hay caso: sólo admiten explicativas: *Nosotros, que nos queremos tanto, debemos separarnos.* (Y no *Nosotros quienes nos queremos tanto debemos separarnos*).

➢ **Las oraciones adjetivas especificativas** nunca pueden tener como sujeto *quien* o *quienes*, ni *el cual* o *los cuales*, al contrario de las explicativas. Lo vemos aquí con claridad: *Los directivos de mi empresa, los cuales hablan bien, tienen éxito*, pero no «Los directivos de mi empresa los cuales hablan bien tienen éxito».

➢ **Las oraciones con** *cuyo* pueden ser tanto explicativas como especificativas; pero también con cambio de significado como sucede con las demás oraciones de este tipo.

Los policías cuyo jefe era tan bestia están avergonzados.
Los policías, cuyo jefe era tan bestia, están avergonzados.

(Participio y adjetivo)

Una de las construcciones posibles en las oraciones relativas permite usar un verbo compuesto tras el relativo, de modo que —si se desea economizar palabras o reducir un texto— se puede suprimir el verbo auxiliar para dejar sólo el participio.

*El programa de televisión **que había sido criticado** se retiró de la pantalla / El programa de televisión **criticado** se retiró de la pantalla.*

*El camino **que había recorrido** no estaba en buenas condiciones / El camino **recorrido** no estaba en buenas condiciones.*

Esta posibilidad da fe del valor adjetivo de tal construcción.

SUBORDINADAS ADVERBIALES

Hemos visto hasta aquí las oraciones subordinadas que cumplen una función de sustantivo o de adjetivo respecto de la oración principal, las oraciones que se han apropiado del papel que en la oración simple corresponde a esas categorías gramaticales. Repasaremos ahora las oraciones subordinadas que desempeñan el papel de un adverbio o locución adverbial. Es decir, las subordinadas adverbiales que desempeñan el cometido del complemento circunstancial.

En la oración simple, los adverbios complementan al verbo. Y ese mismo papel asumen las oraciones subordinadas adverbiales, que modifican a la oración principal en el mismo sentido.

> Las oraciones subordinadas adverbiales son las que expresan las circunstancias que rodean a lo que expresa la oración principal o dominante.

Se dividen en propias e impropias. Algo así como auténticas o arrimadas. Las propias indican tiempo, lugar y modo. Las impropias señalan condición, obstáculo, causa, finalidad, comparación y consecuencia.

SUBORDINADAS ADVERBIALES PROPIAS

Son las que tienen una función que encaja milimétricamente con la de un adverbio que modifica a un verbo, en este caso al verbo de la oración principal (puesto que estamos hablando de oraciones subordinadas).

Las dividimos por su significado, según la circunstancia que reflejan.

Adverbiales de tiempo (o temporales)

Esta oración subordinada enmarca en el tiempo lo que cuenta la oración principal. Como es lógico, suelen enlazarse con el verbo principal mediante adverbios de tiempo o equivalentes: *cuando* (sin acento), *desde, mientras, apenas, antes de que, después de que, en cuanto, al* (más infinitivo), *luego de que...* Si realmente son subordinadas adverbiales de tiempo, se podrán sustituir por *entonces*.

*Le enganchó el toro **cuando le acariciaba un cuerno.***
*Le enganchó el toro **en cuanto le acarició un cuerno.***
*Le enganchó el toro **mientras le acariciaba un cuerno.***
*Le enganchó el toro **después de que le acariciara un cuerno.***
*Le enganchó el toro **antes de que le acariciara un cuerno**, y ya no se lo acarició.*

Todas ellas se podrían sustituir por *Le enganchó el toro **entonces**.*

Es incorrecta la fórmula «a la que» como sustitución de *en cuanto:* «A la que se sentaba, intimidaba al comensal que tenía enfrente». La utilizan en España periodistas de origen catalán, ya que es una forma dialectal del castellano en Cataluña.

Adverbiales de modo (o modales)

La oración subordinada expresa de qué manera ocurre la oración principal. Suelen ir encabezadas por un gerundio; y también las pueden abrir conjunciones de modo como *según, conforme* y *como* (sin acento). Si realmente son subordinadas adverbiales de modo, se podrán sustituir por *así.*

*El torero hizo las cosas **según le dijo el empresario.***
*El torero hizo las cosas **conforme le dijo el empresario.***
*El torero hizo las cosas **como le dijo el empresario.***
*El torero hizo las cosas **siguiendo las instrucciones del empresario.***

Todas ellas se podrían sustituir por *El torero hizo las cosas **así.***
Se llaman también *modales* porque eso es lo que muestran, los modales. Y porque son «de modo», claro.

Adverbiales de lugar (o locativas)

Estas oraciones subordinadas expresan en qué sitio o entorno físico se produce la acción que narra la oración principal. Van introducidas por *donde* y sus variedades: *a donde, por donde, de donde...* Si realmente son subordinadas adverbiales de lugar, se podrán sustituir por *ahí.*

*El torero saltó **por donde pudo.***
*El torero saltó **a donde pudo.***
*El torero salió **de donde el toro le podía cornear.***

Todas ellas se podrían sustituir por *El torero saltó* **ahí** (o *Salió* **de ahí** en el último caso).

Se llaman *locativas* también, pero eso no tiene nada que ver con su estado mental. En este caso la palabra se relaciona con *locus,* que en latín significaba «lugar».

SUBORDINADAS ADVERBIALES IMPROPIAS

Evidentemente, las subordinadas adverbiales impropias son lo contrario de las subordinadas adverbiales propias. Por tanto, indican circunstancias que no se pueden expresar con un adverbio a secas *(entonces, así, ahí).* Suelen estar introducidas por una conjunción.

También atenderemos a su significado para clasificarlas.

Adverbiales condicionales

La subordinada condicional le pone condiciones a la oración principal. Si ésta las cumple, la acción será efectiva. Si no las cumple... esto no lo dicen ellas pero lo podemos adivinar. Sólo tenemos claro lo que ocurre de no cumplirse la condición cuando se usa un verbo perfectivo (es decir, que da la acción por acabada): *Si hubiera, habría.* Luego no hay.

El enlace más empleado para estas subordinadas es la conjunción *si;* pero también usamos otros: *siempre que, a menos que, a condición de que, con tal de que, en el supuesto de que, siempre y cuando, a no ser que...*

El público te admirará como trapecista, **siempre y cuando te subas al trapecio.**

Si no te hubieras subido al trapecio, *no te habrían considerado nunca trapecista.*

Como trapecista, triunfarás **siempre y cuando no te caigas mucho del trapecio.**

Y caerse será peligroso, **a menos que lo hagas con red** y **con tal de que ésta no tenga los agujeros muy grandes.**

NOTA.- Se está introduciendo en los medios de comunicación actuales un uso del condicional ajeno a la lengua española, que puede inducir a confusión. Quienes lo emplean así suelen intentar que recibamos la idea de probabilidad o posibilidad: «En el accidente de la camioneta habrían muerto 17 personas». Sin embargo, esa frase en español correcto no significa posibilidad, sino todo lo contrario: imposibilidad. Es decir *Habrían muerto 17 personas si hubieran ido en la camioneta,* por ejemplo; lo cual implica que no murieron 17 personas. Ojalá…

Cuando decimos *Me habría gustado ir a tu fiesta* estamos diciendo que no fuimos.

También se incurre en el mismo error con el condicional simple: *Según estas fuentes, el Gobierno estaría estudiando esta medida para aprobarla el viernes.* En este caso, el verbo necesita completarse con una segunda oración de verbo en subjuntivo: *Estaría estudiando esta medida si lo considerase pertinente.*

Para dar idea de posibilidad o probabilidad, el idioma español dispone de adverbios o locuciones como *tal vez, quizás, puede que, al parecer, probablemente…* y de la locución *deber de* más un infinitivo *(Debió de ser como tú dices).*

Adverbiales concesivas

La oración concesiva *concede* que la principal tenga éxito, a pesar de que se lo pone difícil. En el caso anterior (las subordinadas condicionales), la condición se hacía inesquivable. En éste no lo es.

La oración subordinada concesiva pone, pues, un obstáculo que dificulta —pero no impide— que se ejecute la acción dominante. Estas subordinadas tienen su estrella en *aunque,* pero también van introducidas por *a pesar de que, por más que, si bien, aun cuando…*

*Ya casi estás terminando de leer este libro, **aunque creías que no te iba a interesar.***

*Sí me ha interesado, **a pesar de que está muy mal escrito.***

*Lo has terminado, es cierto, **por más que pareciera increíble.***

*La gramática nunca me atrajo, **si bien ahora empieza a gustarme.***

***Aun cuando nadie te lo diga,** el esfuerzo te valdrá la pena.*

(Adverbiales adversativas)

Ponemos entre paréntesis este epígrafe porque las adversativas se consideran coordinadas y no subordinadas (véase pág. 381). Pero si algún lector las busca aquí, las encontrará también; y por eso este enclave.

En las adversativas, las dos oraciones coordinadas muestran una oposición, más leve que en las concesivas. Las concesivas expresan que una oración se realiza a pesar de la otra; las adversativas sólo muestran un contraste entre ambas o una limitación en la extensión del significado principal.

*Has terminado viniendo, **aunque no querías*** (concesiva).

*Has terminado viniendo, **pero llegaste tarde*** (adversativa).

Las subordinadas adverbiales adversativas están introducidas, lógicamente, por las conjunciones de esta clase: *mas, pero* y *sino,* en ocasiones, también *aun,* sin acento.

Las concesivas pueden alterar el orden: ***Aunque no querías,** has terminado viniendo / Has terminado viniendo, **aunque no querías.*** Las adversativas más habituales, no: la fórmula *Has terminado viniendo, **pero llegaste tarde*** no se puede sustituir por «Pero llegaste tarde, has terminado viniendo».

Adverbiales causales

Aquí la oración subordinada nos cuenta por qué se da la acción del verbo de la oración principal, cuál es el origen que ha puesto en marcha la oración. La conjunción estrella en estas composiciones es *porque*, pero se emplean también para ello las conjunciones causales *dado que, que, puesto que, ya que, como, debido a que, a causa de que...*

No he hecho la comida **porque estoy harta de que no me ayudes.**
Puesto que no has hecho la comida, no comeremos.
Podías hacerla tú, **ya que estás ahí sentado como un gandul.**
Como siempre que intento ayudarte me dices que lo hago mal, no te ayudo nunca.
Lo haces mal **debido a que no te preocupas por aprender.**
A causa de que quise aprender me quemé con la sartén.

La conjunción *que,* tan polivalente, aparece también por aquí. Suele inducir a confusión, si bien nos muestra claramente un valor causal en frases de imperativo como *No me grites,* **que no te veo,** *Trae más leña,* **que se ha acabado,** o *Lee libros,* **que pensarás mejor.** Y también en otras: *Venía colorado,* **que había comido bien** (algo así se dice en el *Mío Cid* sobre la llegada de Ansur González: *Vermejo viene, ca era almorzado*).

Adverbiales comparativas

La oración subordinada representa aquí el segundo término de una comparación que inicia la oración principal. En este caso los enlaces dan un saltito, porque no van seguidos: *mejor... que, mayor... que, peor... que, igual... que,* y todos los que puedan sugerirnos los adjetivos comparativos que examinamos más arriba. A los que hay que sumar, claro está, conjunciones como *más... que, menos... que, tanto... como.*

Subí **más** deprisa las escaleras cuando iba de frente **que** cuando lo intenté de espaldas.

Echar agua con el vaso al revés derrama **más** líquido **que** echarla con la abertura hacia arriba.

(El gramático español Emilio Alarcos estimaba que estas oraciones no se pueden considerar subordinadas, pues no dependen del núcleo de la oración principal (es decir, el verbo) sino del adverbio o el adjetivo *(más, mayor, peor…)* que se usa en la primera cláusula de la comparación. En la oración *Miente más que habla,* la subordinada *que habla* depende del adverbio *más,* y el conjunto que forman ambos depende a su vez de *miente,* al que sirven como complemento circunstancial de cantidad. Por tanto, son análogas a las relativas; si bien en este caso el papel de antecedente lo cumple un adverbio. No le falta razón. Y lo mismo opina de las subordinadas adverbiales consecutivas. Pero también se pueden considerar subordinadas).

Adverbiales consecutivas

Se entendería mejor si se llamaran «consecuentivas», o quizás —esto le gustará a algún gramático— «consecuencionales», porque expresan una consecuencia que se deriva de la acción principal.

Se construyen con *luego, conque, así que…* Y también con enlaces saltarines como *tan… que, tal… que* o *tanto… que.*

Te has probado un pantalón tres tallas menor, **así que** no te cierra la cremallera.

Estoy **tan** sorprendido **que** no puedo comprarme ya nada.

Adverbiales finales

Unas subordinadas anteriores —las causales— nos ofrecían el origen de la acción. Y éstas, las finales, nos cuentan su destino. Casi todo se hace para algo, aunque no siempre nos enteremos. Aquí, sí; gracias a las subordinadas finales.

Estas oraciones vienen introducidas por conjunciones como *que, para que, a fin de que, con objeto de que, al objeto de que, a que...* a las que sigue un verbo en subjuntivo.

*Estoy contando las baldosas de la casa **para que sepas cuántas tengo**.*

*Pues habrá que llevarte al manicomio **a que te observen**.*

*Es importante saber cuántas baldosas hay, **a fin de que pueda sustituirlas por la cantidad adecuada**.*

*Cuéntalas bien, **que no te vendan ni una de más**.*

*Lo estaba haciendo así **con objeto de que no me cuesten mucho dinero**.*

***

Y con las finales, se termina esta gramática (no se podrá decir que no tiene lógica eso).

Con todo cuanto hemos repasado aquí, los elementos esenciales del lenguaje se hallan sobre la mesa. Respetando estas reglas se puede componer la más bella sinfonía. Si las vulneramos, la más bella sinfonía puede estar desafinada.

Cuidado entonces con los suspensos... o los tomates.

Apéndice I
Dudas, trucos y consejos

Detallamos a continuación algunas dudas gramaticales que se suelen plantear en la vida cotidiana a la hora de redactar un texto.

Las concordancias de número

Cuándo pueden no concordar sujeto y verbo

El verbo y el sujeto deben concordar en número; y en género cuando entra en juego un participio en la voz pasiva. Pero en algunos casos se puede pasar por alto esta norma:

➤ **En los porcentajes**
Es correcto decir *Al 15 por ciento de los habitantes no **les** gusta el arroz.* Y también *El 10 por ciento de las mujeres están **embarazadas*** (y no «El 10 por ciento de las mujeres está embarazado»).

➤ **Con la expresión** *la mayoría*
Sobre todo si este sustantivo está determinado por otros: *A la mayoría de los habitantes no **les** gusta el arroz.*

➤ **En sujetos colectivos**
No es muy recomendable, pero los gramáticos lo dan por bueno si se consideran los integrantes de ese colectivo no

como algo organizado sino tomados individualmente. *La gente de los pueblos de alrededor no tuvieron sitio para dormir.*

Atención al artículo

Es incorrecto decir «La insensatez e irresponsabilidad de su actuación le llevaron a perder las gafas». Porque el sujeto de dos elementos está introducido por el artículo *la,* cuya expresión en singular pide un verbo en singular al considerar el sujeto como un todo. Ahora bien, si usamos dos artículos ya resulta posible, puesto que se entienden dos sujetos: *La insensatez y la irresponsabilidad le llevaron a perder las gafas.*

El sujeto posterior

Aunque tolerado por los gramáticos para el habla coloquial, no parece de muy buen estilo que el verbo se use en singular cuando el sujeto que le sucede está expresado en plural: «Tras la frontera está su hogar, su mundo y su ciudad». Sería de mejor estilo *Tras la frontera están su hogar, su mundo y su ciudad.* Es un caso frecuente cuando se coloca el verbo por delante del sujeto. Si se invierten los términos se ve clara la discordancia: «Su hogar, su mundo y su ciudad *está* tras la frontera».

El sujeto «junto con»

También toleran algunos gramáticos la concordancia, influida por el catalán, *El presidente, junto con varios ministros, asistieron al acto.* Sin embargo, no suena bien al buen oído gramatical, puesto que el sujeto está expresado en singular: *el presidente;* y *junto con varios ministros* no es sino un complemento circunstancial. Se ve también con mayor claridad si se ordena la oración de otra forma: «El presidente *asistieron* al acto junto con varios ministros».

La frase enredada

Conviene no perder el hilo al escribir una frase larga llena de subordinadas. Siempre ha de quedar claro cuál es la oración principal, pues sin ella será difícil que nos hagamos entender. «Al caer la tarde, mucho antes de que cerraran los comercios, y sin que nadie pudiera esperarlo, mis amigos y él, que no esperaba nada especial para ese día, y que sin duda se iba a llevar una sorpresa, terminó por cansarse y se fue a casa».

En ese caso, la oración principal que hemos construido es «mis amigos y él terminó», lo que carece de concordancia y quita todo sentido al conjunto de oraciones.

CONCORDANCIAS VERBALES

Concordancias de tiempo

• Los tiempos condicionales simples y compuestos son fuente de muchas dudas. En lo que se refiere a los compuestos, tenemos estas tres posibilidades:

Si hubiera, hubiera.
Si hubiera, hubiese.
Si hubiera, habría.

Para la Real Academia, las tres combinaciones son correctas. Sin embargo, una escritura cuidada debe optar por la tercera. La primera produce redundancia (*Si hubiera venido, le hubiera invitado a comer*); la segunda evita ese riesgo, pero da la misma forma a dos funciones verbales diferentes (*Si hubiera venido, le hubiese invitado a comer*), y pierde en eficacia y claridad respecto a la tercera opción *(Si hubiera venido, le habría invitado a comer).*

El tiempo simple (en el que no se producen estas dudas) puede servirnos como guía:

Si estuviera invitado, estaría comiendo con él.
Si me hubiera invitado, estaría comiendo con él.
Luego *Si me hubiera invitado, habría comido con él.*

• Los tiempos deben concordar con otros tiempos, como se ha explicado aquí en el capítulo correspondiente; pero también con los adverbios. No se pueden unir (aunque ocurra frecuentemente en los pies de foto de la prensa) el presente y *ayer* o *anoche,* o *la semana pasada...* Por ejemplo en este caso típico de pie de foto en los periódicos: «Robinho *golpea ayer* el balón».

• Los tiempos que expresan futuro no se pueden proyectar al pasado, y viceversa. En español no tiene sentido la frase «Te voy a contar cómo *sería* la vida con teléfonos celulares en 1986». El verbo *sería* se proyecta hacia el futuro, luego no puede contar nada del pasado. La forma adecuada es *cómo habría sido.*

• Una cuestión psicológica: *iría o iré.*
El uso de determinados tiempos verbales tiene mucho que ver con la psicología (con razón decíamos que la gramática nos ayuda a ver el alma de quien habla).
Por ejemplo, podemos escribir:

Si vienes esta noche te invito a cenar.
Si vienes esta noche te invitaré a cenar.
Si vinieras esta noche te invitaría a cenar.

En los tres casos quien vaya esa noche cenará gratis, pero la persona que habla no expresa las mismas sensaciones en cada una de esas posibilidades.

—En la primera *(Si vienes esta noche te invito a cenar)*, la posibilidad de que eso suceda se muestra muy cercana, hasta el punto de que se usa el tiempo presente en ambos verbos.

—La segunda *(Si vienes esta noche te invitaré a cenar)* se encuadra asimismo en el ámbito de la probabilidad razonable, puesto que aún continuamos en el modo indicativo.

—La tercera *(Si vinieras esta noche te invitaría a cenar)* muestra en cambio cierta desconfianza ante la posibilidad de que el interlocutor vaya esa noche, puesto que se adentra en el subjuntivo y sabemos que es éste el modo de lo inseguro.

He ahí una riqueza de nuestra gramática.

Por eso conviene no mezclar las posibilidades de concordancia entre tiempos verbales que nos ofrece el idioma. La combinación «si vinieras, te invito», por ejemplo, arruina precisamente esa precisión de significado, lo cual redunda en que pensemos peor. Y además es incorrecta.

El juego de los condicionales

Para completar los apartados anteriores, examinemos en su conjunto el juego de concordancias y significados sutiles que nos proporcionan los verbos condicionales, simples o compuestos.

Las oraciones condicionales se dividen en tres grupos [*].

(Los paréntesis que se intercalan en los ejemplos explican lo que el hablante o escribiente da a entender con el verbo elegido).

➢ Posibilidad abierta

En la posibilidad abierta, queda sin resolver la hipótesis planteada por la oración condicional: no sabemos si se cumplió o no.

---

[*] Ralph Penny.

En tiempo pasado:

Si vino a 140 por hora (y yo no lo sé), *fue un imprudente.*

El hablante deja abierta la pregunta de si vino a 140 por hora o no.
En tiempo no pasado:

Si puede venir a 140 por hora (y yo no lo sé), *lo hará.*
Si puede venir a 140 por hora (y yo no lo sé), *lo hace.*

Las oraciones condicionales abiertas pueden emplearse con cualquier forma verbal del pasado en indicativo, como el pretérito (*Si vino a 140 por hora fue un imprudente*), el imperfecto (*Si podía venir a 140 por hora, lo hacía*), el perfecto (*Si ha podido venir a 140 por hora, lo ha hecho*)... Cuando la primera oración se expresa en presente *(si puede...)* la segunda cuenta con la posibilidad de tomar tanto la forma del presente *(... lo hace)* como la del futuro *(... lo hará)*.

➤ **Posibilidad improbable**
El hablante apunta que no es probable que se cumpla en el futuro la acción planteada, pero sin carácter de seguridad absoluta.

Si pudiese ir a 140 por hora (y no creo que pueda), *lo haría.*

➤ **Posibilidad imposible** (valga la paradoja)
En este caso, el hablante deja claro que la oración condicional o potencial no se cumplió.

Si hubiera podido venir a 140 por hora (y yo sé que no pudo), *lo habría hecho* (pero no lo hizo; ¡y además habría sido un imprudente!).

Las condicionales abiertas se expresan siempre en modo indicativo, mientras que las condicionales improbables y las imposibles precisan del subjuntivo tanto en la subordinada *(si hubiera)* como en la principal *(habría)*.

También por un factor psicológico (como se explicó más arriba) podemos alterar la prótasis y la apódosis (por darle más importancia a lo que se cuenta en la oración colocada en primer lugar). Pero eso no debe ocasionar que perdamos el sentido de la concordancia: *Habría venido a 140 kilómetros por hora si hubiera podido.*

EL TRUCO: Para saber en qué parte hemos de usar *habría*, convirtamos la oración a condicional simple: *Iría a 140 kilómetros por hora si pudiera (iría* se corresponde con *habría*; y *si pudiera*, con *si hubiera).*

El latín tardío no diferenciaba entre condicionales improbables e imposibles, ni entre las que apuntaban al pasado o al futuro. Tampoco en todo el periodo medieval existió esa diferencia, como recuerda el historiador de la gramática Ralph Penny. Se trata, pues, de una evolución magnífica en el idioma castellano, y debemos cuidarla para que no se nos pierda entre las confusiones actuales, principalmente las periodísticas.

DUDAS CON LOS VERBOS

Debiera o debería

Muchas personas creen erróneo alguno de estos dos usos, que son correctos. *Debiera* tiene un aire más arcaico, y a la vez más culto. Otros dos verbos disponen de estas dos posibilidades, igualmente válidas: *quisiera* y *querría*, *pudiera* y *podría*. Ahora bien, no se puede extender esta duplicidad a otros verbos: «Si perdiese el partido temiera por el campeonato».

El impersonal en plural

Es incorrecto emplear el verbo *haber* como impersonal en plural: «*Habían* muchos libros de cocina en la biblioteca». Este uso está muy arraigado en las zonas catalanohablantes, en Canarias y en casi toda América en el habla descuidada, pero es condenado sin paliativos por los gramáticos y apenas aparece en el español escrito. No obstante, se debe comprender su utilización en conversaciones familiares y coloquiales. Para recordar que este uso es incorrecto, piénsese que los impersonales se expresan siempre en singular: nunca se dice «hayn» muchos libros.

«Cantastes», «hablastes»

La segunda persona del pretérito simple o pretérito indefinido es la única de todo el sistema verbal español de segundas personas que no termina en *s* (además del imperativo, con el que a veces se comete el mismo error: «*ves* a hacer eso»). Por analogía con los demás pretéritos de segunda persona, muchos hablantes olvidan esta excepción y dicen «hicistes» o «llevastes» en vez de los correctos *hiciste* o *llevaste*. Es posible que en el futuro la fuerza analógica del genio del idioma acabe imponiendo esta forma, pero actualmente no se considera culta.

DUDAS AL USAR LAS PREPOSICIONES CON LOS VERBOS

Las preposiciones de régimen

No se trata de las preposiciones que comen poco, sino de las que vienen impuestas por el verbo que las manda: *apropiarse de, confiar en, combinar con...*

Se trata de normas relacionadas con el uso tradicional en la lengua, y la lista de verbos y preposiciones sería larguísima (por tanto, difícil de memorizar). Sólo la lectura y la costumbre nos dicen que hay que emplear *fiarse de* y *confiar en*. De cualquier forma, casi siempre se puede acudir al truco de preguntarle al verbo: *¿De quién se fía?, ¿en quién confía?* A menudo eso nos dará la solución. Pero tenemos algún truco más.

Trucos

• Poner la oración en pasiva, en el caso de que tenga complemento directo (expreso o implícito), para verificar si entonces también suprimimos la preposición:

*La compañía telefónica avisó al público **de** que las acciones bajarán. El público fue avisado **de** que las acciones bajarán.*

*La compañía telefónica advirtió al público **de** que sus acciones bajarán. El público fue advertido **de** que sus acciones bajarán.*

En cambio: «La compañía telefónica comunicó al público (de) que las acciones bajarán». ***Que** las acciones bajarán fue comunicado al público.* En este ejemplo, pues, el uso de la preposición es incorrecto.

• Sustituir la oración completiva por el pronombre *eso*.

*La compañía telefónica advirtió al público **de** eso.*
*La compañía avisó **de** eso.*
Pero *La compañía comunicó eso* (por tanto, no «comunicó de eso»).

• Hacer la pregunta al verbo:

¿De qué avisó la compañía telefónica?
¿De qué advirtió la compañía telefónica?
Pero *¿Qué comunicó la compañía telefónica?*

Advertir que, advertir de que

Equivocadamente, muchos creen incorrecta la forma *advertir de que* cuando equivale a *avisar. El observatorio advierte de que se acerca un tifón* nos ofrece un significado diferente del que deduciríamos en la oración *El observatorio advierte que se acerca un tifón.* En el primer caso, el observatorio avisa; en el segundo, solamente lo percibe.

Puede entenderse, no obstante, que es correcta la forma *advierte que* como sinónimo de *avisar,* y de hecho muchos filólogos así lo explican. Se puede debatir sobre eso. En cualquier caso, nadie censurará como incorrecta la composición *advierte de que.* Y como ésta tiene un sentido diferente, facilita la comunicación al especializar su significado y resulta por ello preferible, sobre todo en textos periodísticos.

Los usos correctos de *advertir* son tres:

• Cuando equivale a *notar:* notar algo, notar que pasa algo; advertir algo, advertir que pasa algo.

Mi madre advirtió el peligro.
Mi madre advirtió que venía el tren.

Es un uso en el que *advertir* lleva complemento directo o una subordinada sustantiva de complemento directo *(El peligro fue advertido por mi madre. Que venía el tren fue advertido por mi madre).*

• Cuando equivale a *hacer notar, avisar:* avisar de algo, avisar de que pasa algo. Advertir de algo, advertir de que pasa algo.

Mi madre advirtió de que venía el tren.

Esta opción transforma el complemento directo en un complemento preposicional, de modo que cabe entonces un nuevo complemento directo:

Mi madre advirtió a mis hermanos (complemento directo) **de que** *venía el tren* (complemento preposicional).

Si construyéramos la oración «Mi madre advirtió a mis hermanos **que** venía el tren» tendríamos dos complementos directos, y una difícil transformación en pasiva en la que uno de ellos no podría convertirse en sujeto («Mis hermanos fueron advertidos por mi madre que venía el tren»; «Que venía el tren fue advertido por mi madre a mis hermanos», donde *mis hermanos* pasaría a ser complemento indirecto).

Es un argumento más para preferir la forma *de que.* La conversión más razonable en pasiva mantiene precisamente el grupo *de que:*

Mis hermanos fueron advertidos por mi madre de que venía el tren.

• Cuando equivale a *ordenar,* y constituye una admonición: te ordeno, te advierto.

Mi madre **le** *advirtió* **que viniera** *en tren.*

En este caso, necesita siempre un verbo en subjuntivo en la oración completiva, tanto en presente como en pasado y en futuro.

Te advierto que no me chilles.
Te advirtió que no le chillaras.
Te advertirá que no le chilles.

(También puede usarse con tono conminatorio sin que dependa de él un verbo en subjuntivo —*Le advirtió (de) que deberá ir*—, pero en ese caso adquiere la condición de cualquier otro verbo usado con esa intención y pasa a englobarse en el apartado segundo.

EL TRUCO: Puede observarse que en las oraciones con complementos de régimen preposicional se puede sustituir éste por el pronombre *ello* acompañado de la preposición correspondiente:

Estoy seguro de que vendrá (estoy seguro de ello).
Se empeñó en hacerlo deprisa (se empeñó en ello).

En cambio, con el verbo *advertir* sólo cabe esta fórmula cuando equivale a *avisar,* pero no si se usa con el sentido de *notar* o *percibir,* lo que añade un argumento para diferenciar sus dos usos gramaticales: *Advirtió de que venía el tren (advirtió de ello);* pero no *Advirtió que venía el tren* («advirtió ello»).

Debe, debe de

También una preposición puede alterar el significado de otro verbo: *deber.* Si escribimos *debe de ser así,* estamos planteando una suposición. Si decimos *debe ser así,* hablamos de una obligación. Es cierto que en el lenguaje oral apenas se hace esta diferencia, pero conviene mantenerla al menos en el escrito.

Mi hijo debe de estar en casa (probabilidad).
Mi hijo debe estar en casa (obligación).

(Pero es tan improbable que esté en casa tanto en el primer ejemplo como en el segundo).

Dos verbos con distinta preposición

A veces deseamos escribir juntos, y coordinados (es decir, enlazados por una conjunción coordinativa), dos verbos que llevan pegadas preposiciones distintas, o que tal vez muestran la ausencia de ella en uno de los dos casos. Por ejemplo, *referirse a* y *estudiar:* «El profesor se refirió y estudió aquellos textos». En ese ejemplo se ha perdido la preposición *a,* necesaria con el verbo *referirse;* y tampoco lo arreglamos escribiendo «Se refirió a y estudió aquellos textos».

En casos así, sólo los pronombres nos sacan del atolladero:

*Se refirió a aquellos textos y **los** estudió.*

Otros casos: «Trabajé muchos años con y aprendí mucho de mi compañero»:

*Trabajé muchos años con mi compañero y aprendí mucho **de él.***

DUDAS CON LAS PREPOSICIONES

A por

Suele discutirse si es correcto el uso español *a por* en vez del simple *por* empleado en América. La respuesta es sí. En primer lugar, porque nada impide la unión de dos preposiciones:

Lo saqué de entre las piedras.
Corrimos por entre las flores.
Hay que enterarse de por dónde van las cosas…

Y en segundo término, porque añade valor: *Fui a por el dinero* (a recogerlo) adquiere un significado propio frente a *Fui por el dinero* (porque me pagaban). Por supuesto, también es correcta la forma americana *(Fui por un libro).*

«A» más infinitivo

Se considera un uso galicista la unión de la preposición *a* con un infinitivo de valor adjetivo (no así si tiene su propio valor verbal: *voy a terminar).* Pero más que un uso galicista es casi siempre un uso superfluo. En un alto porcentaje de casos se puede suprimir sin merma alguna en el significado de la oración:

Hay que planificar las tareas («a cumplir»).
Debemos tener claro el camino («a seguir»).
Es muy elevado el precio («a pagar»).
Estudiaremos las decisiones («a tomar»).

Cuando no se pueda suprimir, cabe la sustitución por *que hay que:*

«Estudiaremos las primas a pagar en caso de que se obtengan beneficios».
Estudiaremos las primas **que hay que** *pagar en caso de que se obtengan beneficios.*

El día que, el día en que

Este problema ha dado lugar también a algunos desacuerdos entre gramáticos, y a debates públicos como el suscitado por la novela de Francisco Umbral titulada *El día que llegué al café Gijón.* A nuestro entender, no debe suprimirse la preposición (como no se suprimiría en caso de usar *el cual:* «El día el cual llegué…» / *el día en el cual llegué…).*

La preposición que acompaña a un relativo no pierde su presencia en casos similares:

El amigo **al que** *llevé un regalo.*
El cuchillo **con el que** *me corté…*

Y además, en algunos casos se pueden producir diferencias de significado. No es lo mismo *el día que elijas* que *el día en que elijas.*

Pero insistimos en que no se puede condenar ese uso, sino sólo discutirlo.

NUEVAS PALABRAS DE GÉNERO FEMENINO

• El sistema del idioma permite crear palabras de género femenino para personas del sexo femenino cuando aquéllas terminan en -o:

Médico/médica, ministro/ministra, ingeniero/ingeniera.

Durante un tiempo se hizo extraño decir *la ministra,* pero los hablantes asimilaron enseguida la palabra porque es acorde con el genio del idioma.

• También permite el sistema convertir en voces femeninas los sustantivos del género masculino que terminan en -*ente,* si se pretende designar a una persona del sexo femenino:

Sirviente/sirvienta, cliente/clienta, presidente/presidenta.

Todas esas palabras han forzado en algún momento la costumbre (especialmente *presidenta),* pero son viables en español. Por tanto, pueden considerarse correctos nuevos femeninos como *gerenta.*

A veces la posibilidad de femenino en los participios presentes depende de la concepción general: puede tomarse como lo que son, un participio presente en el que predomina la raíz verbal *(la cantante, la que canta)* o un adjetivo o sustantivo lexicalizado como tal: *la dependienta* (donde ya no se percibe *la que depende).*

• Entendemos que se fuerza el idioma, en cambio, al añadir una -*a* en sustantivos del género común como *juez, fiscal, edil, canciller, concejal* o *cónsul:* «la jueza», «la fiscala», «la edila», «la cancillera», «la concejala», la «cónsula»… El artículo basta en ese caso para establecer el género, puesto que las palabras de referencia no son «juezo», «fiscalo», «edilo», «cancillero», «concejalo» o «cónsulo».

Dudas en la acentuación

Acentuación de los pronombres

La Academia ha retirado su norma anterior según la cual se han de acentuar siempre los pronombres demostrativos *este, ese* y *aquel,* con sus plurales, y nunca los adjetivos demostrativos:

Quiero aquel cuadro. No éste, sino aquél.

Ahora es posible, pues, no acentuar esos pronombres, siempre que ello no induzca a confusión. Sin embargo, la mayoría de los diarios y revistas impresos en español mantienen la norma anterior, y gran parte de las editoriales de libros también.

Nuestro criterio coincide con ése. Se acaba antes acentuando estos pronombres que deteniéndose a pensar cada vez que se usan si no acentuarlos puede inducir o no a error. Por otro lado, la norma anterior eliminaba la posibilidad de error entre el mensaje emitido y el que se recibe. Esta nueva norma puede provocar que el emisor no vea posibilidad de confusión y sin embargo sí la perciba el receptor.

Sólo, solo

Solo puede ejercer como adjetivo o como adverbio. Tradicionalmente, se acentuaba si tenía función adverbial *(Sólo estaba yo)* pero no si cumplía con el trabajo del adjetivo *(Estaba yo solo).*

La Academia admite ahora que no se acentúe el adverbio, salvo que haya lugar a confusión (criterio que no mantiene con palabras homólogas, como *té* y *te,* y otras de imposible confusión entre sí en la mayoría de los casos). El criterio de la Academia depende de la percepción que quien escribe tenga de las posibilidades de confusión, que quizás no sean las mismas de quien lee. En cualquier caso, está claro que no se puede acentuar *solo* cuando es adjetivo.

EL TRUCO: *Sólo* se puede acentuar cuando equivale a *únicamente,* que también lleva acento.

Aún, aun

Aún es un adverbio de tiempo. *Aun* es una conjunción concesiva. El primero lo tenemos en esta oración:

La lotería no me ha tocado aún.

Y el segundo, en este otro:

Aun siendo afortunado generalmente, no me ha tocado la lotería.

El primero siempre va acentuado; el segundo, nunca.

EL TRUCO: *Aún* se acentúa cuando equivale a *todavía* (que también lleva acento). Y *aun* no se acentúa cuando equivale a *incluso* (que no lo lleva tampoco).

Porque, por qué, por que, el porqué

Se producen muchos errores con este grupo de elementos similares. Vamos a repasar las posibilidades que ofrecen:

➤ Porque

Se escribe todo junto cuando es una conjunción causal y puede sustituirse por *a causa de* o *por la razón de que*.

*Lo voy a explicar **porque** me parece que mucha gente tiene dudas* (subordinada adverbial causal).

Esta forma es siempre átona. Véase la diferencia de entonación entre «porquemeparéce», de la oración anterior, y «porquémeparece» de *Os voy a explicar por qué me parece que mucha gente tiene dudas* (donde *por qué* es un adverbio interrogativo).

➤ Por qué

Se escribe separado y con acento en *qué* cuando es un adverbio interrogativo:

*¿**Por qué** explicas tanto todo esto?*
*No sé **por qué** explicas tanto todo esto.*

En este caso, la palabra *qué* es siempre tónica (se lleva el acento de frase frente a la palabra que la siga).

➤ Por que

Se escribe separado cuando la forma *que* es sustituible por *el hecho de que*.

*No me voy a ir a su equipo **por que** me pague más* (por el hecho de que me pague más).

Frecuentemente se usa con un verbo subordinado en subjuntivo. Véase la diferencia con el indicativo: *No lo hice porque me pagará / no lo hice por que me pague.*

➤ El porqué

Si va precedida de un artículo, esta forma se convierte en un sustantivo y se escribe en una sola palabra y acentuada.

*El **porqué** de lo que hizo no lo sabe nadie.*

Equivale a *la razón, el motivo, la causa...*

Dónde, donde, adónde, adonde, a donde

Todas estas formas son correctas... si se usan en el lugar adecuado. Veámoslas:

➢ **Dónde**
Se escribe así cuando recae en esta palabra la fuerza interrogativa, tanto si va entre interrogaciones o exclamaciones como si no, **y siempre que implique un lugar estático.**

¿Dónde viste un dinosaurio que corría? No recuerdo dónde lo vi.

➢ **Donde**
Se escribe sin acento cuando es adverbio relativo (a veces tiene un antecedente y a veces no) **y siempre que implique un lugar estático.**

Viajé a mi ciudad en clase turista, donde te dan peor de comer. Pues era donde tú querías ir.

➢ **Adónde**
Se escribe así cuando recae en esta palabra la fuerza interrogativa, tanto si va entre interrogaciones o exclamaciones como si no, **y siempre que implique una idea de dirección.**

¿Adónde llevaron el dinosaurio? No sé adónde lo llevaron, no lo vi.

➢ **Adonde**
Se escribe así en las oraciones que implican dirección **si el antecedente está expreso.**

Yo fui a Oaxaca, adonde tú me dijiste.

➤ A donde

Se escribe así en las oraciones o frases que implican dirección, *siempre que el antecedente no esté expreso.*

Yo fui a donde me dijeron. A donde fui no lo sé.

Esta fórmula no se altera si toda la oración se construye como interrogativa: *¿Iré a donde me has dicho? Puede ser.*

La Academia se ha mostrado tolerante, sin embargo, con los errores concernientes a estas dos últimas posibilidades.

TRUCOS

• Para diferenciar entre *dónde* y *donde*

Dónde lleva acento si se puede sustituir por *en qué lugar* (*¿Dónde has comido?*)

Donde no lleva acento si se puede sustituir por *el lugar en el que* (*He comido donde me recomendaste*).

• Para diferenciar entre *donde* y *a donde*

Donde se puede sustituir por *el lugar en el que* (*Fui donde me dijo la azafata*) y *a donde* por *el lugar al que* (*Fui a donde me dijo la azafata*).

• Para diferenciar entre *adónde* y *adonde*

Adónde lleva acento si se puede sustituir por *a qué lugar* (*¿Adónde has ido de vacaciones?*).

Adonde no lleva acento si se puede sustituir por *al lugar al que* (*He ido a Oaxaca, adonde me dijiste*).

• Para diferenciar entre *adonde* y *a donde*

Si decimos *Fui a Oaxaca, adonde me dijiste,* estamos contando que fuimos a la ciudad mexicana que nos dijeron (lo usamos junto, y eso significa que tiene antecedente y que sólo puede ser *Oaxaca* el lugar adonde nos dijeron que debíamos ir).

Si decimos *Fui a Oaxaca, a donde me dijiste,* estamos contando que fuimos al lugar concreto de la ciudad de Oaxaca que nos habían indicado (porque al ir separado significa que no hay antecedente, y por tanto no puede ser *Oaxaca* el lugar que nos dijeron sino otro).

- Para diferenciar entre *adónde* y *dónde*

Si nos preguntan ¿*Adónde vas*?, podemos responder *a Bolivia, a Colombia, a Bilbao.*

Si nos preguntan ¿*Dónde vas*? podemos contestar *en primera clase, en la parte de atrás del coche...*

Dentro, adentro, fuera, afuera

Se aplica el mismo criterio que establece las diferencias entre *donde* y *a donde:* depende de la idea de lugar estático o de dirección. Las formas *adentro* y *afuera* no prescinden de la *a* si van acompañadas por preposiciones como *para, hacia* o *por.* La palabra *adentro* está fosilizada en las expresiones *mar adentro,* o *tierra adentro* (la idea de dirección permanece implícita).

Apenas si

La duda con esta expresión radica en si debe acentuarse la palabra *si.* La mayoría de los gramáticos considera ese término una conjunción condicional (aunque un tanto fosilizada). En la expresión *Apenas si llovió ayer,* entienden que se estaría diciendo *Si llovió ayer fue apenas* (aunque para defender ese razonamiento se deba forzar el orden de las dos palabras, pues *si* aparece por delante en esa frase).

Andrés Bello considera que esta fórmula procede del francés, y cree que la elipsis que se produce es natural. Sin embargo, vemos usada esta expresión a menudo con un adverbio de negación: *Apenas no llovió,* que se opondría a *Apenas sí llovió* y no a *Apenas si llovió.*

En cualquier caso, si quien esté abocado a escribir esta forma prefiere no complicarse la vida, suprima el *si* y el *no* y deje la oración con sólo *apenas;* no sufrirá merma alguna: *Apenas llovió.*

Juzgole, depreciole, sentole...

Hasta el año 2000, los verbos con tilde en su terminación no la perdían por el hecho de añadírseles un pronombre átono (o enclítico), aunque vulnerasen así la norma de las palabras llanas. Pero esta regla fue modificada en la *Nueva Ortografía,* y ahora tales vocablos se escriben siguiendo el criterio general de acentuación: *juzgóle* pasa a ser *juzgole; depreció*le se convierte en *depreciole; sentóla* se cambia por *sentola...* y así sucesivamente. Con ello, estas palabras participan de la regla general y se suprimen como excepciones.

Errores habituales de acentuación

Tres casos de errores comunes; los dos primeros, debidos principalmente a los cambios de criterio de la Academia:

- *Concluido* no se acentúa.
Ni *incluido,* ni *construido, destruido...* ni *jesuita.* No se acentúa ningún diptongo *ui* que se encuentre en una palabra llana (sí lleva acento si ha de cumplir alguna otra norma de la acentuación, por ejemplo *casuística;* pero nunca será una palabra llana). Se considera que *ui* es una sola sílaba.

- *Dio* no se acentúa.
El diptongo *io* se toma también como una sola sílaba, y por tanto estamos ante una palabra monosilábica. Lo mismo ocurre con *vio.*

El problema principal se plantea con los verbos cuyo infinitivo incluye la letra *i*. En ese caso, sus tiempos de pretérito indefinido se perciben en el español de España como pseudobisilábicos: *lió, rió, fió, guió...* Sin embargo, el acento en la *o* es redundante, porque igualmente esa letra obtiene la victoria tónica —al ser fuerte— frente a la débil *i* en el caso de suprimirse la tilde. (Para pronunciar otra palabra —con otro significado, al cambiar el tiempo verbal— deberíamos situar el acento gráfico sobre la *i: río, lío, fío...*).

Un caso similar se da con el vocablo *guion*, percibido con un solo golpe de voz en el español de América.

La Academia acepta actualmente las dos grafías de estos monosílabos percibidos en España como pseudobisilábicos: con acento y sin él.

- *Prohíbe* se acentúa.

Igual que *vahído, búho, rehúsa, ahíto...* La hache intercalada no influye en la norma de acentuación de hiatos.

ERRORES SINTÁCTICOS

Leísmo, laísmo, loísmo

Llamamos así al uso incorrecto de los pronombres átonos *le, la* y *lo,* respectivamente. La dificultad estriba en que estas partes de la oración no concuerdan necesariamente en género y número con el nombre al que sustituyen, sino que se aplican según su función. Las unidades *le* y *les* —como sucede con *se*— viven indiferentes a las distinciones de género. *La* y *lo* sí pueden verse influidas por ellas (también *le* en una zona muy reducida del ámbito hispanohablante: Castilla).

➢ **Leísmo**
Para indicar el complemento indirecto se deben emplear siempre *le* o *les,* ya se trate de masculinos o femeninos. Estos

dos pronombres se pueden usar también como complemento directo si sustituyen a un masculino de persona (lo que ocurre en Castilla).

Se cae en leísmo, por tanto, cuando se usa indebidamente *le* o *les* como complemento directo en los casos en que sustituye como pronombre a un femenino, a un neutro o a un masculino de animal o cosa en la función de complemento directo. «Arranqué el coche y *le* llevé al taller» (incorrecto: debe decirse *lo).* «Llamé a mi amiga y *le* llevé a casa» (incorrecto: debe decirse *la).*

Ejemplos de uso correcto de *le* o *les* como complemento directo (masculino de persona):

Fui a casa de mi padre y le abracé (también puede decirse *lo abracé,* y así se hace en la mayor parte del ámbito hispano).

Les llevé en mi coche (mayoritariamente, *Los llevé en mi coche,* si bien en este caso puede tratarse de personas o animales o cosas; *les* sólo se aplicaría a personas; y así se hace en Castilla).

Ejemplos de uso correcto de *le* o *les* como complemento indirecto:

Le arreglé todo (a *él* o a *ella).*
Les dije que muchas gracias (a *ellos* o a *ellas).*

Ejemplos de uso correcto de *le* como complemento indirecto femenino:

Le expliqué a toda la comunidad que había que arreglar el ascensor.
Le dije a mi madre que me acompañara (en el País Vasco y en el norte de Castilla se cae en el laísmo *«la* dije a mi madre»).

Ejemplos de uso incorrecto de *le* (y por tanto, de leísmo) como complemento directo representativo de animal o cosa:

«A mi gato *le* llevé en el coche» (debió decirse *lo llevé,* por tratarse de un animal).

«Agarré el libro y *le* llevé a fotocopiar» (por tratarse de un objeto, debió decirse *lo llevé).*

➤ Laísmo

Se llama así al uso incorrecto de *la* o *las* por *le* o *les.* Se comete frecuentemente en algunas zonas de España, especialmente en el norte de Castilla y en el País Vasco. Incurrimos en laísmo al utilizar *la* o *las* como pronombre representativo de un complemento indirecto femenino. *«La* entregué un regalo» (incorrecto: debe decirse *Le entregué un regalo).* «Se quiere *rendirlas* un homenaje» (incorrecto: debe decirse *Se quiere rendirles un homenaje (a ellas).*

Ejemplos de uso correcto de *la* cuando este pronombre representa a un complemento directo femenino:

La entregué a la policía (la ejerce función de complemento directo: *Ella fue entregada a la policía por mí).*

➤ Loísmo

El más inhabitual de estos errores. Se produce al utilizar *lo* en lugar de *le* como pronombre representativo del complemento indirecto masculino. Ejemplo: *«Lo* llevé un disco» *(a él).* Debe decirse *Le llevé un disco.*

Ejemplo de uso correcto de *lo* cuando representa al complemento directo masculino:

A mi amigo lo hice feliz (también es válido *le hice feliz,* fórmula habitual en Castilla y amplias zonas del norte de España).

Mezcla de estilo indirecto y directo

En la prensa —y muy poco en la literatura— se da a menudo este error sintáctico que consiste en mezclar el estilo indirecto y el directo al reproducir lo que ha dicho una persona o al hacer una cita textual.

Estilo directo: *El vecino dijo: «Yo no he sido».*
Estilo directo: *«Yo no he sido», dijo el vecino.*
Estilo indirecto: *El vecino dijo que él no ha sido.*
Estilo indirecto: *El vecino dijo que él no había sido.*
Mezcla incorrecta: *El vecino dijo que «yo no he sido».*

Las comillas no rompen la relación sintáctica de las palabras, y en la última frase se produce una alteración incorrecta del sujeto, de modo que ese *yo* parece corresponder a quien habla, no al vecino. Una buena forma de descubrir el error consiste en leer la oración en voz alta.

Sí es correcto entrecomillar una composición de estilo indirecto cuando ello no produce un cambio de sujeto:

El vecino dijo que él no había sido el que rompió «esa idiotez de jarrón».

Si no, sino

La conjunción adversativa *sino* se diferencia de la construcción condicional negativa *si no* en que aquélla es átona y ésta tónica. Es decir, en una competición por llevarse el acento de la zona, siempre pierde *sino*.

EL TRUCO: *Sino* va junto cuando resulta imposible suprimir *no. Si no* va separado cuando se puede suprimir *no* y la oración sigue teniendo sentido gramatical (y éste es el contrario del que se deseaba expresar):

Lo que me molesta no es que haya muchos coches en esta ciudad, sino la cantidad de zanjas que uno se encuentra.

Me molestan las zanjas si no las cierran pronto.

El orden importa

Un adjetivo delante de un sustantivo cambia su significado o, al menos, lo enfatiza: *Una película triste / una triste película.* En otras ocasiones el cambio de factores no altera apenas la oración: *Antes de ir a cenar pásate por mi casa / Pásate por mi casa antes de ir a cenar.* Pero en algunos enunciados puede variar todo, por las relaciones que establecen algunas palabras con la más próxima a ellas, especialmente las determinativas (ligadas por *de*).

No es lo mismo: *Javier, vendedor de zapatos de 42 años* que *Javier, de 42 años, vendedor de zapatos.*

No es lo mismo: *Para quienes tengan hijos y no lo sepan, en el centro comercial funciona una guardería* que *Para quienes no lo sepan, en el centro comercial funciona una guardería para quienes tengan hijos.*

No es lo mismo: *Ronaldinho, embajador contra el hambre de Naciones Unidas* que *Ronaldinho, embajador de Naciones Unidas contra el hambre.*

No es lo mismo: *Un padre y un hijo se encuentran después de 18 años en el supermercado sin verse* que *Un padre y un hijo se encuentran en el supermercado después de 18 años sin verse.*

La puntuación: el uso de la coma

Seis reglas

Con seis reglas muy claras se puede dominar el uso de la coma.

• Dos o más partes de una oración, cuando se escriban seguidas y sean de la misma clase, se separan con una coma. Pero no cuando medien estas tres conjunciones: *y, ni, o.*
Ejemplo: *María, Luisa, Juana.*
Pero *Juan, Pedro y Antonio. Ni el uno ni el otro. Bueno, malo o regular.*

Eso no significa que esté prohibido el uso de la coma cada vez que debiera preceder a una *y*. La norma habla de palabras que sean «de la misma clase». A veces se necesita la coma para separar oraciones unidas por una conjunción copulativa, de modo que se facilite la lectura:

Pepa y Juan se levantaron temprano para ir a Barcelona, y a Madrid no irán hasta mañana.

Si no escribiéramos esa coma, el lector podría entender como un conjunto sintáctico el grupo *para ir a Barcelona y a Madrid.* En ese ejemplo *a Barcelona* y *a Madrid* no son de la misma clase, puesto que no están coordinadas como complementos circunstanciales dentro de la misma oración, sino que pertenecen a dos oraciones distintas. Muchas conjunciones que dan paso a una oración copulativa deben llevar la coma delante.

• En una composición con varios miembros independientes entre sí, éstos se separan con una coma, vayan precedidos o no de una conjunción.

Todos cantaban, ninguno callaba, todos se mostraban felices. Al apuntar el alba, cantan las aves, y el campo se alegra, y el ambiente cobra movimiento y frescura.

Este ejemplo, extraído de la Gramática de la Real Academia, coincide con el comentario que hacíamos en el apartado anterior: el último grupo habría sido leído erróneamente de no estar ahí la coma: *Cantan las aves y el campo.*

• Las oraciones que suspenden momentáneamente el relato principal se encierran entre comas.

Los viejos amigos del colegio, al menos todos los que vinieron a la fiesta, estaban muy mayores ya.

Estas suspensiones del relato se llaman *aposiciones.*

• El nombre en vocativo va seguido de una coma, si está al principio; precedido de una coma, si está al final; y entre comas si se encuentra en medio de la oración.

¿Qué es un vocativo? Un caso del latín cuya función podríamos deducir mejor si se denominara «llamativo», no por sus colores sino porque sirve para *llamar* (véase pág. 343). Por ejemplo: *Escúchame, maestro, antes de que te duermas.* El vocativo es *maestro.*

• Cuando se invierte el orden regular de las oraciones de la composición, adelantando la que había de ir después, debe ponerse una coma al final de la parte que se anticipa.

Antes de que dieran las diez de la noche en el reloj de la discoteca, nosotros ya estábamos allí.

Pero no hace falta la coma cuando la transposición es corta y muy perceptible: *Antes de las diez ya estábamos allí.*

- La elipsis de verbo se indicará con una coma.

Ejemplo: *Brasil, nuevo campeón del mundo.* Ya hemos explicado páginas más arriba que *elipsis* significa «supresión»; en este caso, del verbo. Este recurso se puede emplear con los verbos *ser, estar* y los que indiquen dirección: *El presidente, a China.* No debe, sin embargo, utilizarse con otros: es correcto *El presidente está enfadado / El presidente, enfadado;* pero no *El presidente aprueba el decreto / El presidente, el decreto* (a no ser que este verbo se haya usado poco antes y entonces se sobreentienda sin problema).

Esta norma no se puede llevar hasta el extremo de situar la coma en todas las frases similares, pues en ocasiones no se busca crear una oración sino un enunciado. Así el título de la novela de Gabriel García Márquez *El general en su laberinto,* que no podríamos corregir como *El general, en su laberinto* porque no se da una elisión del verbo sino una frase sin él.

La coma reparte juego

Hay que tener en cuenta que la coma es una especie de guardia de tráfico que envía las palabras por una carretera o por otra. A unas las separa y a otras las junta. Juguemos con los siguientes ejemplos:

El novio que no quería la boda en la iglesia el año pasado acabó aceptando.

El novio, que no quería la boda, en la iglesia el año pasado acabó aceptando.

El novio, que no quería la boda en la iglesia, el año pasado acabó aceptando.

El novio que no quería la boda en la iglesia, el año pasado, acabó aceptando.

El novio, que no quería, la boda en la iglesia el año pasado acabó aceptando.

Otro ejemplo de cómo distribuye las relaciones la coma:

(A) —*Pedro, ¿está Juan aquí?*
(B) —*No está aquí.*
(A) —*¿No está aquí, Alberto?*
(C) —*No, está aquí.*

Vemos con claridad que C dice lo contrario que B, y que entre tan diferentes asertos sólo media una coma.

Ya examinamos más arriba el papel de las comas en las aposiciones y en las oraciones de relativo explicativas. Ahora insistiremos con un ejemplo que concierne a los adverbios, por su papel delimitador de una parte de la oración o de toda ella.

La coma delante de «pero»

Este signo de puntuación resulta superfluo en muchas ocasiones en que suele aparecer delante de las conjunciones *pero* y *aunque* cuando la oración principal es corta y la segunda oración contiene, sobreentendidos, elementos de la primera:

Quise ir a la fiesta pero se había suspendido (Quise ir a la fiesta pero la fiesta se había suspendido).

Conecta tu teléfono aunque te resulte molesto (Conecta tu teléfono aunque conectarlo te resulte molesto).

Siempre queda un margen para el criterio del autor, pero llenar un texto de comas no facilita la lectura, y en estos dos ejemplos pueden resultar prescindibles. (Obsérvese que en la frase anterior se ha usado una coma delante de *pero,* debido a que la primera oración es más larga y a que la segunda no tiene elementos sobreentendidos y relacionados en la primera).

La «coma» y el «como»

En este reparto de funciones que se trae entre manos la coma encontraremos muchos casos relativos al adverbio relativo *como,* que puede convertirse en conjunción de modo:

No lo hice, **como** *me dijiste.*
No lo hice **como** *me dijiste.*

En el primer caso no lo hizo. En el segundo lo hizo pero no de esa manera.

La coma rompe la función adjetiva que podría esperarse, y convierte la oración en una subordinada de modo. La coma impide que *como* se vincule directamente a *hice* como adverbio de modo, y entonces establece la relación con la oración entera: *No lo hice* (porque la conjunción forma parte ya de la oración subordinada).

La coma después de «luego»

Cuando se pueda dar una confusión, es necesario colocar una coma detrás de *luego* para determinar si se trata de un adverbio de tiempo (equivalente a *después)* o de una conjunción consecutiva (equivalente a *por tanto):*

Ayer comí demasiado. Luego no pude jugar al fútbol.
Ayer comí demasiado. Luego, no pude jugar al fútbol.

—El otro día llegaste tarde, y tú eres una persona educada...
—Luego te pediré disculpas.

—El otro día llegaste tarde, y tú eres una persona educada...
—Luego, te pediré disculpas.

La coma después de «mientras»

En un caso similar a *luego,* aquí se establece la diferencia entre la conjunción *mientras* y el adverbio de tiempo *mientras.*

Mientras, tú vienes.
Mientras tú vienes.

Cuantas menos comas, mejor

La coma debe usarse sólo cuando es imprescindible para delimitar el significado exacto que deseamos transmitir. Siempre que consideremos opinable una coma escribiremos mejor omitiéndola. Eso da más agilidad a la lectura. Por ejemplo, en esta alternativa:

Yo soy de Burgos; y tú, de Cervera.
Yo soy de Burgos, y tú de Cervera.

Siempre será preferible la segunda opción.

OTROS SIGNOS DE PUNTUACIÓN

El punto y coma

Este signo doble cumple una función intermedia entre la coma y el punto. Estamos aquí ante el signo más personal, pero también han de cumplirse en su uso ciertas normas.

Debe emplearse el punto y coma en los siguientes casos:

• Para distinguir entre sí las partes de un periodo en las que hay ya alguna coma.

Ejemplo incorrecto:

«He elogiado mucho la tarea de mi primo, pero ahora le veo roto, herido, acabado, tan joven, para su profesión».

Ejemplo correcto:

He elogiado mucho la tarea de mi primo, pero ahora le veo roto, herido; acabado, tan joven, para su profesión.

Sin el punto y coma, leeremos como una relación de iguales *roto, herido, acabado, tan joven;* pero *acabado* no es un adjetivo más de la relación, sino que en este caso está modificado por *para su profesión,* de modo que *tan joven* es una aposición entre ambos y no un elemento más de la serie.

- Entre oraciones coordinadas adversativas.

No quiero ir de vacaciones contigo; sin embargo, acepto que pasemos juntos un fin de semana.

En este caso se puede emplear también un punto pero no una coma. Si se utilizara una coma, el «sin embargo» quedaría entre dos aguas: el lector no sabría a cuál de las dos oraciones corresponde: «No puedo ir de vacaciones contigo, sin embargo, acepto que pasemos juntos un fin de semana». Podría entenderse *No puedo ir de vacaciones contigo, sin embargo* o *Sin embargo, acepto que pasemos juntos un fin de semana.* El punto y coma aclara lo que deseemos decir:

No puedo ir de vacaciones contigo, sin embargo; acepto que pasemos juntos un fin de semana.
No puedo ir de vacaciones contigo; sin embargo, acepto que pasemos juntos un fin de semana.

- Cuando a una oración sigue otra precedida de conjunción, que no tiene perfecto enlace con la anterior.

Subimos a la montaña por el lado más complicado, con nuestras alpargatas desgastadas y cargando unas tiendas de campaña; y por la parte más sinuosa nos dimos cuenta de que era un paisaje extraordinario.

Sin el punto y coma se uniría *y por la parte más sinuosa* a la relación *por el lado más complicado, con nuestras alpargatas desgastadas y cargando unas tiendas de campaña,* de este modo:

«Subimos a la montaña por el lado más complicado, con nuestras alpargatas desgastadas y cargando unas tiendas de campaña, y por la parte más sinuosa nos dimos cuenta de que era un paisaje extraordinario».

En ese caso podría sospecharse un error de puntuación (faltaría un punto) antes de *nos dimos cuenta,* o bien obligaría a una segunda lectura.

• Cuando después de varios incisos separados por comas la frase final se refiera a ellos o los abarque y comprenda todos.

Muchas obras en las calles, edificios con grandes andamios, limpieza de estatuas y de jardines; da la impresión de que nos visita alguien ilustre.

• En las relaciones de nombres, cuando a éstos les siguen el cargo u ocupación de la persona.

Estuvieron presentes el ministro de Cultura, Anastasio López; el de Marina, Alberto Navío; la ministra de Agricultura, Rosa Naranjo; el de Educación, Eduardo Maestre, y la ministra del Ejército, María Espada.

En el último elemento de la serie se suprime el punto y coma, cuyo lugar ocupa una coma. No obstante, en ocasiones puede usarse si con ello ganamos en claridad:

Los titulares a cinco columnas no deben tener más de una línea; a cuatro, dos; a tres, dos; a dos, tres; y a una, cuatro o cinco.

• Generalmente, se entiende que una oración o frase entre comas puede suprimirse. Cuando hayamos escrito un texto en el que eso no ocurra, el punto y coma facilitará siempre la lectura (aun no siendo obligatorio). Por ejemplo:

Yo soy coordinador de las actividades, y tú, el que hace las actividades.

Ante el riesgo (aunque pequeño) de tomar el grupo como una relación de iguales (*Yo soy coordinador —y tú—, el que hace las actividades*), el punto y coma reparte el juego y el orden:

Yo soy coordinador de las actividades; y tú, el que hace las actividades.

Los dos puntos

Este signo ortográfico puede convertirse en una marca de estilo. Los dos puntos suponen un evidente ahorro de espacio y de palabras, porque pueden sustituir con ventaja a expresiones como *el siguiente, es decir, esto es, o sea, por tanto, igual que…*

El signo de dos puntos denota, a diferencia del punto, que no ha terminado con ello la enumeración del pensamiento completo. Y se usa en los siguientes casos:

• Ante una enumeración explicativa.

Vinieron a mi actuación en el teatro sólo dos personas: mi esposa y mi madre.

• Ante una cita textual.

El presidente del banco declaró: «A mí tampoco me regalan el dinero».

• Ante una oración que demuestra lo establecido en la precedente.

Es una casa muy valiosa: me costó 3 millones de dólares.

El punto

Sirve para señalar el final de una composición. Siempre se sitúa por detrás del paréntesis y de cualquier otro signo. El *punto y seguido* enlaza oraciones del mismo grupo de argumentación. El *punto y aparte* abre una unidad de sentido distinta. El *punto final* (nunca «punto y final») cierra el texto.

El punto delante de *pero* o de engarces similares es legítimo: *No estoy seguro de que él quiera. Pero lo intentaré.* Aunque también sea correcta la puntuación *No estoy seguro de que él quiera pero lo intentaré.* La diferencia queda a criterio de quien escribe, y del ritmo que desee dar a su texto.

Los puntos suspensivos

Son tres, y nada más que tres. Se usan cuando deseamos dejar la oración inacabada, con objeto de expresar desconocimiento, duda o temor. También pueden usarse para abrir una cierta intriga o expectación ante lo que se va a escribir seguidamente.

Para significar que se ha suprimido alguna parte de una cita textual, se ponen entre paréntesis.

Este signo no interrumpe ninguna otra puntuación, por lo que a continuación de ellos se pueden poner una coma o dos puntos, por ejemplo:

Bañarse en la piscina, hacer excursiones, reencontrar a los amigos…: las vacaciones me encantan.

Únicamente se suprime tras ellos el punto: es decir, no debemos escribir cuatro puntos. Se entiende que el último de los tres puntos cumple funciones de punto y seguido cuando la siguiente oración empieza por mayúscula (y si es un nombre propio, mala suerte; pero no será grave).

Otros signos ortográficos

Repasaremos los principales:

➤ **Paréntesis** (…)
Sirven para acoger aposiciones o explicaciones, generalmente largas. También para incluir un dato relativo a lo que se está contando (por ejemplo, el significado de unas siglas).

➤ **Guiones largos (o rayas)** —…—
Tienen un papel similar al paréntesis pero se usan más en frases y oraciones explicativas; y menos para incluir un dato relativo a lo que se está contando. Igualmente, se emplean para abrir y cerrar un inciso dentro de un paréntesis.

➤ **Guión corto** -
De trazo más corto que la raya. Este signo no separa, sino que une: «acuerdo árabe-israelí». En estos casos, los dos adjetivos conservan su identidad separada. Si suprimimos el guión, obtenemos un significado conjunto: «comunidad hispanoestadounidense».

➤ **Interrogación y exclamación** ¿? ¡!
No presentan mayor dificultad. Se ha de recordar que en español son necesarios los signos de apertura de exclamación o interrogación, a diferencia del inglés, el francés y

otras lenguas. Esos idiomas cuentan con recursos sintácticos y morfológicos especiales que indican ya desde el principio de la pregunta o exclamación que el lector ha de disponerse a acompañar la enunciación verbal con la correspondiente cadencia musical que refuerza lo que la sintaxis ha ido caracterizando durante siglos como construcción interrogativa o exclamativa. Pero la libertad sintáctica del español aconseja ese signo, para anticipar en la lectura la naturaleza interrogativa o exclamativa de la frase que sigue.

APÉNDICE II
JUEGOS DE MAGIA

JUEGO DE VERBOS

Ya que hemos llegado hasta aquí, vamos a divertirnos un rato. ¿Quiere el lector hacer un juego de magia lingüístico para sus amigos? Siga estos pasos:

1. Dígales que tomen un papel y un bolígrafo (o puntero, o lapicero, o pluma...).

2. Pídales que se inventen un verbo a partir de un sustantivo. Por ejemplo, qué verbo emplearían para decir «ir muy a menudo en bicicleta», «pasarse el verano metido en la piscina» o «construir camiones». O cualquiera que deseen inventar.

3. Mientras se aplican a la tarea, explíqueles que su potente magia va a conseguir que todos los presentes conecten sus mentes con una fuerza formidable.

4. Cuando hayan terminado su ejercicio, dígales que, gracias a la potencia parapsicológica que ha emitido mientras pensaban, todos habrán escrito un verbo de la misma conjugación. Es decir, o todos habrán elegido un verbo terminado en -*ar*, o todos en -*er*, o todos en -*ir*.

5. Pídales que lean en voz alta lo que han escrito, y comprobarán todos que así ha sucedido.

¿Por qué ha pasado eso? La respuesta se halla en esta gramática.

JUEGO DE ADVERBIOS

1. Diga a sus alumnos o a sus amigos, o a sus compañeros, que formen un adverbio por el procedimiento de añadir -*mente* a los adjetivos que usted les vaya dando. Anuncie un gran premio para quien cumpla con fidelidad sus instrucciones. Insista en que es muy fácil: sólo se trata de añadir -*mente* a la palabra que usted les dé.

2. Vaya leyendo una retahíla de adjetivos en género masculino, y pida a su público que apunte el adverbio correspondiente. Usted dirá, por ejemplo, *estrecho, ancho, legítimo, largo, ínfimo…* Y ellos deberán componer un adverbio terminado en -*mente*.

3. Pídales que lean las palabras que han apuntado.

4. Cuando lo hayan hecho, podrá anunciarles tranquilamente que ninguno ha cumplido con lo que usted había solicitado. Usted pidió que añadieran -*mente* al adjetivo que les leía; pero todos cambiaron la palabra del género masculino que usted les dio por una del género femenino: *estrechamente, anchamente, legítimamente, largamente, ínfimamente…*

Si se apostó algo, ha ganado.

JUEGO DE AFIJOS

Un último juego para pensar sobre las palabras.

1. Reparta entre su público distintos papelitos que deben tener escritos los siguientes sustantivos: *hombre, rata, rey, mosca, insecto, padre, libertad.*

2. Entregue luego a sus espectadores igual número de papelitos con la forma verbal *mata,* por un lado, y el sufijo *-cida,* por otro.

3. Pídales que compongan una palabra con cada sustantivo que signifique *matar a* lo significado en la raíz. Para ello pueden alterar la raíz del sustantivo —por ejemplo, acudiendo al latín— o completarla —con un sufijo— como consideren conveniente.

4. Cuando lo hayan hecho, proclame con gran rimbombancia que quienes hayan usado *mata* lo habrán puesto delante del sustantivo (por ejemplo, *matarratas),* y que quienes hayan empleado *-cida* lo habrán colocado por detrás (por ejemplo, *raticida).*

5. Pídales que lean sus papelitos, y verá como así ha sucedido.

Apéndice III
Palabras técnicas

Algunas palabras técnicas que no se han empleado en esta gramática

Acronimia. Formación de un vocablo mediante la unión de elementos de varias palabras. Por ejemplo, *láser* o *radar* (que proceden, respectivamente, de las palabras inglesas *light amplification by stimulated emission of radiation* y *radio detecting and ranging*).

Actualizador. Presentador. Técnicamente, «aquellos que hacen que los elementos lingüísticos abstractos o virtuales se conviertan en concretos e individuales, constituyendo mensajes inteligibles». Por ejemplo, los artículos. Puede equivaler a «determinante».

Alomorfo. Variante. Un morfema es alomorfo cuando tiene un significado idéntico a otro: por ejemplo, *-ista* y *-or* en su equivalencia como formadores de nombres de profesión: *dentista, cobrador.*

Apositivos. Las palabras que se sitúan junto a un sustantivo para explicarlo. *El ministro de Hacienda, el banquero Amado Ingreso, tomó posesión ayer de su cargo.* Los grupos de palabras *el ministro de Hacienda* y *el banquero Amado Ingreso* están en aposición.

Asíndeton. Recurso estilístico y gramatical que consiste en suprimir alguna conjunción. *Le ruego me responda cuanto antes* (en vez de *Le ruego que me responda cuanto antes*). Es lo contrario del polisíndeton.

Braquilogía. Se llama así a la supresión de un complemento directo destinada a dar mayor rapidez a la acción. *Le dio un regalo a Jacinto, y a Emilia, y a Jaime* (en vez de *Le dio un regalo a Jacinto, y otro a Emilia, y otro a Jaime*).

Conector. Elementos gramaticales que enlazan proposiciones (partes de la oración) del mismo tipo sintáctico. Son conectores las conjunciones coordinantes, ya sean copulativas, disyuntivas, adversativas o distributivas.

Clase abierta. Categoría gramatical que aún puede incrementar sus integrantes; por ejemplo, los nombres.

Clase cerrada. Categoría gramatical en la que es imposible incrementar sus integrantes. Por ejemplo, las preposiciones.

CORDE. *Corpus diacrónico del español.* Forma parte del banco de datos de la Academia, con registros de obras históricas.

CREA. *Corpus de Referencia del Español Actual.* Forma parte del banco de datos de la Academia, con registros de obras actuales.

Cuantificadores. Palabras que establecen una cantidad o se refieren a ella. Por ejemplo, *tanto, tan, cuanto, cuan...*

Deíctico. Señalador. Son los elementos lingüísticos que muestran algo, como *este, ese, aquel;* también los que indican una persona, como *yo, nosotros...;* o un lugar, como *allí, arriba...;* o un tiempo, como *ayer, luego...*

DRAE. *Diccionario de la Real Academia Española.*

Epíteto. Adjetivo de juicio. Es un adjetivo que juzga la palabra modificada.

Género dependiente. El que está en función de cómo termina la palabra. Por ejemplo *Barcelona es muy atractiva, Madrid está repleto de obras.*

Género inherente. El que no tiene reflejo en la realidad: *la ventana, la bombilla, el sillón.*

Haplología. Simplificación. Se produce cuando el idioma economiza sus fonemas o palabras. Por ejemplo, *impudicia* en vez de *impudidicia.*

Heteronimia. Vocablos diferentes. Se emplea este término para referirse a palabras que, siendo opuestas, proceden de raíces diferentes: *padre/ madre, caballo/ yegua.*

Monomorfémicas. Palabras constituidas por un solo morfema. Por ejemplo, *mesa.*

Morfema léxico. Equivale a la raíz de una palabra.

Morfemas afijales. Son los que preceden o suceden a un morfema léxico; es decir, a una raíz.

Morfemas libres. Prefijos independientes, despegados de la palabra. Algunos gramáticos consideran prefijos libres a las preposiciones, las conjunciones y el artículo.

Morfemas trabados. Son los que van unidos a la raíz: sufijos, prefijos, interfijos y desinencias.

Nombres adjetivos. Se ha usado «adjetivos» en esta gramática.

Nombres continuos. Se ha usado «sustantivos no contables» en esta gramática.

Nombres discontinuos. Se ha usado «sustantivos contables» en esta gramática.

Nombres personales. Otra forma de llamar al pronombre personal.

Nombres sustantivos. Se ha usado «sustantivo» o «nombre» en esta gramática.

Polimorfémicas. Palabras constituidas por más de un morfema. Por ejemplo, *mesita, supercaro, hipermercado.*

Polisíndeton. Recurso estilístico o gramatical que consiste en usar más conjunciones de las necesarias: *Y le dije que estuviera sentado, y le recomendé que estudiara, y le di un somnífero, y ni así se quedaba quieto.* Es lo contrario del asíndeton.

Posesivo relativo. Es una manera de denominar al relativo *cuyo.*

Pronombres extrínsecos. Los que son a veces pronombres y a veces adjetivos. Por ejemplo, *este.*

Pronombres intrínsecos. Son los pronombres que sólo pueden ser pronombres, y no adjetivos. Por ejemplo, *yo.*

Proposición. Es una unidad lingüística inferior a la oración y más grande que el sintagma. Necesita un verbo conjugado; pero no posee autonomía sintáctica, porque siempre está incluida en la oración compleja. Ejemplo de proposición: *Ayer compré una bolsa de basura **en la que echaré tu disco.*** Es la oración encajada en el esquema de un verbo dominante.

RAE. Real Academia Española.

Relatores (o relacionantes). Pronombres relativos y adverbios relativos.

Transpositores. Son elementos de la oración encargados de que una proposición funcione dentro de la oración como un sintagma nominal o como un adyacente del sintagma nominal. Se trata de las conjunciones y locuciones conjuntivas subordinantes, así como algunos adverbios con valor más conjuntivo que adverbial.

ALGUNAS PALABRAS TÉCNICAS QUE SÍ SE HAN EMPLEADO

Adyacente. Véase «modificador».

Antonomasia, por. Locución adverbial que se emplea cuando una cosa es la más importante, la más conocida o la más característica en su género, o en su clase, en el contexto en que se habla o escribe. En *la guerra del Golfo, Golfo* es por antonomasia «el golfo Pérsico». En *Cuatro pateras cruzaron el Estrecho, Estrecho* es por antonomasia, en un contexto español, «el estrecho de Gibraltar».

Apodíctico. Palabra que procede del griego, donde significaba «demostrativo»; es decir, lo que se demuestra con claridad.

Apódosis. Procede de la palabra griega *apódosis,* que significaba «explicación». Es la segunda parte del periodo en que se completa o cierra el sentido que queda pendiente en la prótasis (véase «prótasis»). Se llama así a la segunda cláusula de una oración condicional, que ejerce como oración principal. *Si hubiera podido* (prótasis) *habría ido* (apódosis).

Aposición. Construcción en la que un sustantivo o grupo nominal sigue inmediatamente, con autonomía tonal, a otro elemento de esta misma clase para explicar algo relativo a él. *Mariano, el sindicalista, es una persona insobornable.* Las aposiciones suelen escribirse entre comas.

Clíticos. Pronombres átonos que van vinculados a un verbo. Por ejemplo, *me da, dame.*

Diacrítico. Diferenciador. Se llama así al acento que sirve para distinguir dos palabras que sin él tendrían la misma escritura: *aun* y *aún.*

Elidido, elipsis, elíptico. Son palabras de la misma familia, y se refieren a elementos que no están expresos en una oración pero que se sobreentienden. *Elidido* y *elíptico* —que vienen a significar lo mismo— son adjetivos; y *elipsis,* sustantivo. Estos términos proceden de *elidir,* verbo que significa «ocultar» o «suprimir».

Enclíticos. Los clíticos que se sitúan tras el verbo, y pegados a él: *Decirle.*

Epiceno. Común. Nombre que no se define sobre el sexo de la persona o animal nombrado. Por ejemplo, *bebé, víctima, huésped, mamut, criatura.*

Étimo. La raíz original de la que procede una palabra. Por ejemplo, *os* («boca», en latín) es el étimo de *ósculo* («beso»).

Lexema. La parte de la palabra que porta el significado sin morfemas gramaticales añadidos. Por ejemplo, *mar-* en la palabra *marítimo.* Técnicamente, «unidad mínima con significado léxico que no presenta morfemas gramaticales; o que, poseyéndolos, prescinde de ellos por un proceso de segmentación».

Modificador. Que complementa. Es la forma gramatical que determina o transforma palabras y otros elementos. También se conoce como «adyacente». Son modificadores los adverbios y los adjetivos; así como las oraciones que cumplen esos papeles.

Oración compleja. La que tiene otro verbo dentro de ella. Es decir, la que tiene dos o más verbos.

Parasintéticas. Palabras mecano. Están formadas por varias raíces y algún sufijo. Por ejemplo, *barriobajero, pordiosero, guerracivilista, quemeimportismo, yocreísmo…*

Patrimoniales. Se llama «palabras patrimoniales» del español a las que han experimentado las evoluciones fonéticas que les correspondían al través de los siglos. Casi siempre proceden del latín, del griego o del árabe. Se trata, por tanto, de las palabras que llevan muchos siglos en nuestra lengua.

Proclíticos. Los clíticos que se sitúan delante del verbo, y separados de él: *Le diré.*

Prótasis. Procede de la palabra griega *prótasis,* que traducimos como «primera parte». Designa la primera parte del periodo en que queda pendiente el sentido, que se completa o cierra en la apódosis (véase «apódosis»). Se llama así a la cláusula de una oración condicional introducida por la conjunción: *Si hubiera podido* (prótasis) *habría ido* (apódosis).

Vocativo. La parte de la oración (aunque se considera que no forma parte de ella, pues suele figurar en aposición) que sirve para invocar, llamar o nombrar, ya sea a una persona o a una cosa personificada: *Estoy harto, Hermenegilda, de que seas tan exagerada. Esta gramática, amiga mía, no es tan buena como me dijiste.*

BIBLIOGRAFÍA

Si ha llegado usted hasta aquí, podrá decir que tiene unas nociones de gramática. Sin embargo, esto no ha sido sino una puerta para que el lector decida adentrarse en conocimientos mucho más detallados, científicos y nuevos. Para ello le resultarían de gran utilidad algunos de los libros que a continuación se citan, y que han servido de consulta en la elaboración de esta obra.

ALARCOS, Emilio, *Gramática de la Lengua Española*. Espasa Calpe. Madrid, 1994.

ALCINA FRANCH, Juan; BLECUA, José Manuel, *Gramática española*. Ariel. Barcelona, 2001.

ALMELA PÉREZ, Ramón, *Procedimientos de formación de palabras en español*. Ariel Practicum. Barcelona, 1999.

ALONSO, Amado, *Noción, emoción, acción y fantasía en los diminutivos*. Gredos. Madrid, 1996.

ALVAR EZQUERRA, Manuel, *La formación de palabras en español*. Arco Libros. Madrid, 1996.

BELLO, Andrés, *Gramática de la lengua castellana*. Edaf. Madrid, 1984.

CASADO, Manuel, *El castellano actual: usos y normas*. Eunsa. Pamplona, 2005.

FERNÁNDEZ LEBORANS, María Jesús, *Los sintagmas del español. El sintagma nominal*. Arco Libros. Madrid, 2003.

FERNÁNDEZ SORIANO, Olga (dir.), *Los pronombres átonos*. Taurus Universitaria. Madrid, 1993.

GILI GAYA, Samuel, *Curso superior de sintaxis española*. Vox. Barcelona, 1998.

GÓMEZ TORREGO, Leonardo, *Gramática didáctica del español*. SM. Madrid, 1997.

HERNÁNDEZ ALONSO, César, *Nueva sintaxis de la lengua española*. Ediciones Colegio de España. Salamanca, 1995.

JOVER, Guadalupe, *Formación de palabras en español*. Ediciones Octaedro. Barcelona, 1999.

MARSÁ, Francisco, *Gramática y redacción*. Gassó Libros. Barcelona, 1961.

MENÉNDEZ PIDAL, Ramón, *Manual de Gramática Histórica de España*. Editorial Espasa. Madrid, 1999.

MONTOLIÚ, Manuel de, *Gramática castellana*. Tercer grado. Seix Barral. Barcelona, 1932.

NEBRIJA, Antonio de, *Gramática de la lengua castellana*. Centro de Estudios Ramón Areces. Madrid, 1989.

PENNY, Ralph, *Gramática histórica del español*. Ariel Lingüística. Barcelona, 1993.

PÉREZ BAJO, Elena, *La derivación nominal en español*. Arco Libros. Madrid, 1997.

REAL ACADEMIA ESPAÑOLA. *Diccionario de la lengua española*. Distintas ediciones. Espasa Calpe. Madrid.

REAL ACADEMIA ESPAÑOLA. *Esbozo de una nueva gramática de la lengua española*. Espasa. Madrid, 1973.

REAL ACADEMIA ESPAÑOLA. *Ortografía de la lengua española*. Espasa. Madrid, 1999.

ROBERTS, Edward A.; PASTOR, Bárbara, *Diccionario etimológico indoeuropeo de la lengua española*. Alianza Diccionarios. Madrid, 1996.

ROJO, Guillermo, *Cláusulas y oraciones*. Universidad de Santiago de Compostela, 1978.

ROJO, Guillermo; JIMÉNEZ JULIÁ, T., *Fundamentos de análisis sintáctico funcional*. Santiago de Compostela, 1989.

ROJO, G.; MONTERO, E., *La evolución de los esquemas condicionales*. Universidad de Santiago de Compostela, 1983.

SECO, Manuel, *Gramática esencial del español*. Espasa. Madrid, 2004.

Varela Ortega, Soledad, *Morfología léxica: la formación de palabras*. Gredos. Madrid, 2005.

Veciana, Roberto, *La acentuación española. Nuevo manual de las normas acentuales*. Universidad de Cantabria. Santander, 2004.

VV. AA., *Enciclopedia del Estudiante*. 01. Lengua castellana. Santillana - El País. Madrid, 2005.

AGRADECIMIENTOS

A Pilar Barbeito, Enrique Ferr y María José Rodríguez Fierro, que han mejorado considerablemente esta obra con sus correcciones y sugerencias.

La gramática descomplicada se terminó
de imprimir en marzo de 2007, en
Mhegacrox, Sur 113-9, 2149,
Col. Juventino Rosas,
C.P. 08700, México, D.F.